CONTENTIEUX
DU DROIT DE L'URBANISME

Logiques juridiques

Fondée par Gérard Marcou

Dirigée par Thomas Perroud

Série « Droit de l'urbanisme et de l'aménagement »

Dirigée par Jean-Luc Pissaloux

Le droit n'est pas seulement un savoir, il est d'abord un ensemble de rapports et pratiques que l'on rencontre dans presque toutes les formes de sociétés. C'est pourquoi il a toujours donné lieu à la fois à une littérature de juristes professionnels, produisant le savoir juridique, et à une littérature sur le droit, produite par des philosophes, des sociologues ou des économistes notamment.

Parce que le domaine du droit s'étend sans cesse et rend de plus en plus souvent nécessaire le recours au savoir juridique spécialisé, même dans des matières où il n'avait jadis qu'une importance secondaire, les ouvrages juridiques à caractère professionnel ou pédagogique dominent l'édition, et ils tendent à réduire la recherche en droit à sa seule dimension positive. À l'inverse de cette tendance, la collection « Logiques juridiques » des éditions L'Harmattan est ouverte à toutes les approches du droit. Tout en publiant aussi des ouvrages à vocation professionnelle ou pédagogique, elle se fixe avant tout pour but de contribuer à la publication et à la diffusion des recherches en droit, ainsi qu'au dialogue scientifique sur le droit. Comme son nom l'indique, elle se veut plurielle.

Dernières parutions

Abraham LE GUEN et Noémie LE PEUVEDIC (dir.), *Apparence et normativité en droit public*, 2026.

Rigobert N. BUTANDU, *La neutralisation judiciaire de Joseph Kabila Kabange, Un tournant décisif pour la justice et la responsabilité en Afrique*, 2026.

Evelyne BONIS et Charlotte CLAVERIE-ROUSSET (dir.), *La délinquance lucrative. Tome 1 : Formes et approches criminologiques*, 2026.

Evelyne BONIS et Charlotte CLAVERIE-ROUSSET (dir.), *La délinquance lucrative. Tome 2 : Traitement procédural et sanctions,* 2026.

Maëlenn CORFMAT, *Intelligence artificielle et données de santé, Droit comparé : France, Québec et Californie*, 2026.

Vincent BOYER, *Penser le Parlement sous la Ve République à l'aune du droit gouvernemental*, 2026.

Laurent ONYEMBA DJONGANDEKE, *Les partis politiques et la construction de l'Etat de droit constitutionnel en RDC. Contribution à la théorie du multipartisme rationalisé en droit constitutionnel congolais*, 2026.

Guy Armel TAMKAM SILATCHOM, *Droit et médiation dans l'espace OHADA. Le cadre juridique de l'Acte uniforme relatif à la médiation*, 2026.

Anne Rainaud

CONTENTIEUX DU DROIT DE L'URBANISME

L'Harmattan

De la même auteure

Le droit public face aux défis actuels de l'urbanisation, quelles difficultés ? Quelles solutions ?
Actes du colloque, Florence Nicoud et Anne Rainaud (dir.),
GRIDAUH, n° 34-2025, p. 237- 402.

Le traité du Quirinal, nouveau paradigme pour la coopération transfrontalière franco-italienne,
Robert Botteghi, Raffaela Colleti, Anne Rainaud,
Giulio Salerno, Gabriela Sapputelli, Philippe Weckel,
L'Harmattan, Collection du Grale, 2025.

L'eau dans tous ses états,
Jean-Luc Pissaloux, Gérald Orange et Anne Rainaud (dir.),
L'Harmattan, « DGCT », Grale, 2024.

Les collectivités territoriales face aux défis environnementaux, questions d'actualité,
HAL et LexSociété, « Universités d'été de la décentralisation », Grale,
Anne Rainaud (dir.), 2024.

L'actualité de l'action publique locale,
« Universités d'été de la décentralisation », Actes du colloque, Grale,
Florence Crouzatier-Durand et Anne Rainaud (dir.),
Pouvoirs Locaux, n° 121, novembre 2022.

*Ségrégation territoriale en France : manifestations et correction*s,
Actes du colloque, Anne Rainaud (dir.),
Mare & Martin, 2018.

Les 30 ans de la loi littoral,
Jean-Luc Pissaloux et Anne Rainaud (dir.), L'Harmattan, 2017.

5-7, rue de l'École-Polytechnique - 75005 Paris
www.editions-harmattan.fr
ISBN : 978-2-336-63296-4
EAN : 9782336632964
Dépôt légal : août 2026

SOMMAIRE

- **AJCT** – Actualité Juridique Collectivités Territoriales
- **AJDA** – Actualité Juridique Droit Administratif
- **ALUR** – Accès au Logement et un Urbanisme Rénové
- **BJDU** – Bulletin de Jurisprudence de Droit de l'Urbanisme
- **CAA** – Cour Administrative d'Appel
- **CCH** – Code de la Construction et de l'Habitation
- **CDAC** – Commission Départementale d'Aménagement Commercial
- **CE** – Conseil d'État
- **CEDH** –Cour européenne des droits de l'homme
- **CGCT** – Code Général des Collectivités Territoriales
- **CJA** – Code de Justice Administrative
- **CNAC** – Commission Nationale d'Aménagement Commercial
- **CU** – Certificat d'Urbanisme
- **DAACT** – Déclaration Attestant l'Achèvement et la Conformité des Travaux
- **DAC** – Déclaration d'Achèvement et de Conformité
- **DC** – Décision du Conseil constitutionnel
- **DP** – Déclaration préalable
- **EHPAD** – Établissement d'Hébergement pour Personnes Âgées Dépendantes
- **ELAN** – Évolution du Logement, de l'Aménagement et du Numérique
- **EnR** – Énergies Renouvelables
- **EPCI** – Établissement Public de Coopération Intercommunale
- **GOU** – Grande Opération d'Urbanisme
- **ICPE** – Installation Classée pour la Protection de l'Environnement
- **JCP** – JurisClasseur Périodique
- **JO** – Journal Officiel
- **JOAN** – Journal Officiel de l'Assemblée nationale
- **JORF** – Journal Officiel de la République Française
- **NOR** – Numéro officiel d'identification des textes administratifs
- **OAP** – Orientations d'Aménagement et de Programmation
- **OIN** – Opération d'Intérêt National

- **OPH** – Office Public de l'Habitat
- **PADD** – Projet d'Aménagement et de Développement Durables
- **PC** – Permis de Construire
- **PLU** – Plan Local d'Urbanisme
- **PLUi** – Plan Local d'Urbanisme intercommunal
- **POS** – Plan d'Occupation des Sols
- **PPRI** – Plan de Prévention du Risque Inondation
- **PV** – Procès-Verbal
- **QPC** – Question Prioritaire de Constitutionnalité
- **RAPO** – Recours Administratif Préalable Obligatoire
- **RDI** – Revue de Droit Immobilier
- **RDP** – Revue du Droit Public
- **REP** – Recours pour Excès de Pouvoir
- **RFDA** – Revue Française de Droit Administratif
- **RNU** – Règlement National d'Urbanisme
- **SCoT** – Schéma de Cohérence Territoriale
- **SRU** – Solidarité et Renouvellement Urbains
- **TA** – Tribunal Administratif
- **UTN** – Unité Touristique Nouvelle
- **VEFA** – Vente en l'État Futur d'Achèvement
- **ZAC** – Zone d'Aménagement Concerté
- **ZAN** – Zéro Artificialisation Nette

Propos introductif sur le contentieux du droit de l'urbanisme

Le contentieux du droit de l'urbanisme est une matière complexe et mouvante où se mêlent plusieurs branches du droit.

Deux constats principaux doivent être soulignés :

– La diversité des contentieux en matière d'urbanisme. Le contentieux de l'urbanisme recouvre une grande variété de domaines juridiques : il concerne tant le contrôle de la légalité des actes administratifs que la mise en œuvre de la responsabilité (administrative, civile ou pénale). Il inclut également les procédures d'urgence, le contentieux pénal relatif aux infractions aux règles d'urbanisme, ainsi que les litiges portant sur les taxes d'urbanisme et les participations financières. Enfin, certaines questions peuvent également relever du contrôle de constitutionnalité.

– L'importance croissante du contentieux de l'urbanisme devant le juge administratif. Ce contentieux constitue aujourd'hui une part substantielle de l'activité des juridictions administratives. Il témoigne des enjeux majeurs liés à l'aménagement du territoire, à la protection de l'environnement et à la préservation de l'intérêt général, tout en reflétant les tensions entre développement économique, libertés individuelles et exigences réglementaires.

Selon les chiffres clés donnés chaque année par le Conseil d'État, le contentieux de l'urbanisme occupe une place significative mais relative selon le degré de juridiction. Placé en 2e position *ex aequo* sur 10 thématiques au total devant le Conseil d'État, le contentieux suscité par l'urbanisme rétrograde en 4e place sur 5 catégories au niveau des cours administratives d'appel[1] pour finir au 6ème rang sur 9 devant les tribunaux administratifs.

Il est intéressant de pouvoir apprécier par année la place du contentieux de l'urbanisme devant le juge administratif grâce aux données collectées par la Haute juridiction administrative.

Pour ce faire, un tableau synthétique des données collectées en 2024 a été repris et réalisé à partir des publications fournies par le Conseil d'État, accessibles à l'adresse suivante : « L'année 2024 en quelques chiffres clés », Rapport public d'activités, Conseil d'État 2025 », in : https://www.conseil-État.fr/CE/Fichiers/ChiffresClesJA2024.pdf. Une démarche similaire a été poursuivie pour l'activité juridictionnelle en 2025.

[1] Voir infra : Thème IV : La durée du procès devant le juge administratif §.1. La réduction dans le temps du procès par suppression de l'appel : R 811-1-1 CJA

* Selon les données issues de « L'année 2024 en quelques chiffres clés », Rapport public d'activités, Conseil d'État 2025 :

Juridiction	Affaires jugées (2024) + % d'après 2023	Jugées en urgence (référés)	Délai moyen de jugement	Évolution délai moyen (2014-2024)
Conseil d'État	9 763 (+0,2 %)	484	7 mois 8 jours	-13 %
Cours administratives d'appel	31 025 (-3,5 %)	1732	11 mois 12 jours	-4 %
Tribunaux administratifs	254 644 (+4,8 %)	46 910	9 mois 29 jours	-4 %

Ces indications ont été enrichies par le rapport de 2026 publié par le Conseil d'État, intitulé « Rapport public 2026 - Activité juridictionnelle et consultative des juridictions administratives 2025 », cf. : https://www.conseil-etat.fr/site/content/download/239421/document/Rapport%20public_2025.pdf

Les données suivantes fournies par le Conseil méritaient d'être reprises car fort éclairantes sur le contentieux (cf. p. 23 et s. du rapport 2026 précité).

Évolution des entrées, des sorties et des stocks

TA	2021	2022	2023	2024	2025
Affaires enregis-trées	241 384 +14,7 %	241 187 −0,1 %	257 329 +6,7 %	278 964 +8,4 %	334 706 +20 %
Affaires réglées	233 254 +16,4 %	232 332 −0,4 %	243 089 +4,6 %	254 644 +4,8 %	283 136 +11,2 %
Affaires en stock	191 053 +4,6 %	200 093 +4,7 %	214 292 +7,1 %	238 655 +11,4 %	290 345 +21,7 %

CAA	2021	2022	2023	2024	2025
Affaires enregis-trées	34 012 +12,5 %	30 446 −10,5 %	31 586 +3,7 %	31 522 −0,2 %	32 344 +2,6 %
Affaires réglées	34 006 +10,7 %	31 981 −6 %	32 144 +0,5 %	31 025 −3,5 %	30 605 −1,4 %
Affaires en stock	30 514 +0,2 %	28 845 −5,5 %	28 303 −1,9 %	28 820 +1,8 %	30 597 +6,2 %

CE	2021	2022	2023	2024	2025
Affaires enregis-trées	11 313 +12,7 %	9 772 −13,6 %	9 574 −2 %	9 528 −0,5 %	10 809 +13,4 %
Affaires réglées	11 633 +20,3 %	9 833 −15,5 %	9 746 −0,9 %	9 763 +0,2 %	10 693 +9,5 %
Affaires en stock	5 562 −5,1 %	5 387 −3,1 %	5 387 −3,4 %	5 003 −3,9 %	5 075 +1,4 %

On constate une augmentation significative du nombre de recours en 2025. Si un chiffre peut être retenu en 2025, c'est celui de 334 706 affaires enregistrées auprès des tribunaux administratifs.

* Répartition des affaires enregistrées par domaine contentieux dans le rapport précité de 2025 (en %)

Domaine	**Conseil d'État**	**Cours administratives d'appel**	**Tribunaux administratifs**
Droit des étrangers	16 %	55 %	43 %
Fonction publique	10 %	9 %	8 %
Urbanisme/Aménagement	**10 %**	**7 %**	**5 %**
Fiscalité	9 %	8 %	4 %
Droits des personnes et libertés pub.	9 %	—	4 %
Aide sociale	5 %	—	6 %
Professions réglementées	5 %	—	—
Environnement	4 %	—	—
Logement	3 %	—	9 %
Travail	3 %	—	—
Police	—	—	6 %
Autres	—	21 %	15 %

En 2026, le rapport du Conseil d'État[2] indique pour le domaine Urbanisme et aménagement les pourcentages suivants au regard des affaires jugées en 2025 et ce, en % du total :

- Affaires enregistrées « Urbanisme et aménagement » en % du total
TA : 13 867 soit 4,1 %,
CAA : 2 056 soit 6,4 %
CE : 932 soit 8,6 %

[2] Voir pages 45 et 46 du Rapport public 2026 - Activité juridictionnelle et consultative des juridictions, concernant le "Bilan d'activité statistique de la juridiction administrative", in https://www.conseil-etat.fr/site/content/download/239421/document/Rapport%20public_2025.pdf

- Décisions rendues « Urbanisme et aménagement »
TA : 12 941 soit 4,6 %
CAA : 2043 soit 6,7 %
CE : 959 soit 9,2 %

Malgré une très légère baisse, les pourcentages relatifs à l'urbanisme et l'aménagement sont assez stables.

Ces remarques introductives conduisent à souligner une réalité qui a été exprimée avec force dès 1994. « *Le droit de l'urbanisme est malade de son contentieux* »[3]. En conséquence, les pouvoirs publics ont exprimé une volonté claire et pérenne d'apporter de la sécurité juridique aux différents acteurs dans ce domaine.

- Le premier texte de loi à vouloir appréhender la question du contentieux de l'urbanisme est la loi du 9 février 1994 portant diverses dispositions en matière d'urbanisme et de construction (loi n° 94-112, *JORF* n° 34 du 10 février 1994).

Ce texte est l'aboutissement du rapport du Conseil d'État de 1992 intitulé « L'urbanisme : pour un droit plus efficace »[4]. Avant la loi précitée de 1994, le projet de loi « Blanco » (ministre de l'Équipement, du Logement et des Transports) déposé en 1992, s'inspirait fortement du vent de réforme suggéré par le rapport de la Haute juridiction, pour aller même parfois au-delà. La loi « Bosson » de 1994 n'aura pas la même ampleur, d'où son appellation : la « petite » loi d'urbanisme.

- Il n'en reste pas moins que sur le plan du contentieux administratif, la loi amène de sensibles améliorations rendues nécessaires. Selon certains observateurs, dont Jean-Bernard Auby[5], le droit de l'urbanisme pâtit de son contentieux.

L'auteur avançait déjà que « les recours contre les décisions d'urbanisme n'ont pas cessé de se multiplier. Le contentieux devient dans certains contextes (...) absolument systématique, comme un tir de barrage obligé... ». Cela reste toujours vrai plus de trente ans plus tard. En 1995, un spécialiste estimait que « la plupart des permis de construire relatifs à des opérations importantes étaient frappés de recours qui aboutissaient une fois sur deux à une annulation »[6].

---

[3] AUBY J.-B., « La loi du 9 février 1994 et le contentieux de l'urbanisme », *RFDA* 1995, p. 25.
[4] LABETOULLE D., Paris, *Documentation Française*, 1992. 203 p.
[5] AUBY J.-B., op.cit.
[6] GILLI J.-P., « Contentieux du permis de construire : la légalité sous réserve », *AJDA*, 20 mai 1995, p. 355.

Lors d'un rapport sénatorial de 1999-2000[7], celui-ci indiquait que « de son côté, l'Association des Maires de France a pu relever que le nombre de recours pour excès de pouvoir a quadruplé en vingt ans, passant de 2 700 en 1978 à 11 000 en 1999, tandis que le nombre de POS annulés est d'environ 200 chaque année ». Le Sénat mentionnait également : « Avec la multiplication des recours, il en résulte un accroissement des délais de jugement. Le délai total minimum qui court entre le dépôt d'une requête introductive, le jugement du tribunal administratif, les arrêts de la Cour administrative d'appel et, le cas échéant, du Conseil d'État, oscille entre cinq et sept ans. Dans certaines affaires, il atteint même dix ans ».

- L'ambition du texte législatif de 1994, cantonné à ce secteur contentieux, s'avère essentielle.

D'une part, elle a traité de trois questions de fond du contentieux de l'urbanisme où la jurisprudence était devenue difficilement compréhensible et applicable. Il s'agit 1) des conséquences de l'annulation ou de la déclaration d'illégalité de documents d'urbanisme, 2) des répercussions de l'annulation des refus d'autorisation ou des oppositions à des travaux déclarés, 3) des effets de l'annulation ou de la déclaration d'illégalité des décisions de préemption.

D'autre part, la loi est intervenue sur le plan de la procédure contentieuse, domaine sur lequel notre propos sera de consacrer, dans cet ouvrage, les développements nécessaires pour tenter de mieux appréhender cette matière pourtant assez instable et dont la mise en œuvre soulève des questions permanentes.

Connaître la procédure et éviter les « chausse-trappes » est la clef d'accès au contentieux de l'urbanisme d'autant que de nombreux textes ont été adoptés dans la veine de la loi de 1994 pour empêcher que les recours ne viennent bloquer la construction au sens large du terme. La tendance est telle qu'il devient assez aléatoire de se lancer dans un recours contentieux en matière d'urbanisme, notamment en raison du processus de régularisation des actes et des documents qui a été prévu par le législateur et pratiqué par le juge.

- Les auteurs reconnaissent la spécificité du droit de l'urbanisme à son contentieux : « l*e droit de l'urbanisme se caractérise par un particularisme contentieux qui accroît sa spécificité au sein de l'action administrative (...). Ce particularisme résulte essentiellement de la volonté du législateur de garantir la sécurité juridique en matière de conditions d'utilisation des sols et de l'espace* »[8]. Certes, cette logique s'inscrit dans une vision très pragmatique,

---

[7] Rapport du Sénat, N° 265, session ordinaire de 1999-2000, https://www.senat.fr/rap/r99-265/r99-2651.pdf

[8] JOSENDE, L, Encyclopédie Dalloz. Voir également, MAUGUE, Ch. ; BARROIS DE SARGNY, C., « 2018 : une nouvelle étape de la spécificité du contentieux de l'urbanisme », RFDA, 2019, p. 33.

visant à réduire les entraves contentieuses à l'action publique comme à l'entreprise privée.

La fréquence des recours, tout spécialement devant le juge administratif qui se trouve donc particulièrement encombré, a conduit les gouvernements successifs comme les parlementaires à développer des solutions pour limiter les recours. Cela est particulièrement appréciable pour les aménageurs privés et les acteurs publics lorsque les projets visent des choix stratégiques d'aménagement impliquant un certain partenariat public-privé. Les textes n'ont ainsi cessé de se succéder en ce domaine avec comme résultats de rendre d'un côté plus difficile l'accès au juge, voire assez incertain, d'un autre, parfois peu utile un recours en annulation contre un permis et surtout un document d'urbanisme.

Enfin, nous indiquerons que le contentieux de l'urbanisme suit une tendance générale qui se retrouve dans d'autres domaines que l'urbanisme et qui ont comme point commun de toucher au secteur économique. Alors qu'un commentaire était fait à propos de décisions de juridictions américaines relatives d'une part à une faillite[9], d'autre part à un vol de technologie[10], l'auteur résumait l'esprit du contentieux évoqué et son aspect stratégique : « *La justice peut ainsi être intégrée dans une stratégie d'intimidation pour amener à négocier la partie étrangère qui refuse de transiger. Le droit et sa complexité, la justice et son imprévisibilité sont ainsi utilisés comme repoussoir. Les plaignants menacent, sans aucun scrupule, d'exténuer financièrement la partie adverse de façon à obtenir de l'argent par le biais de la transaction*[11].

---

[9] Aldini c. République française, ministère des Armées et Direction Générale de l'Armement (2018-2025)

[10] Telesocial, Inc. c. Orange SA (2014-2017)

[11] SCHIMMEL D., Des décisions américaines à regarder de près…, *Le Monde du droit*, 31 juillet 2025, in https://www.lemondedudroit.fr/decryptages/100247-decisions-americaines-a-regarder-de-pres.html

THÈME 1.
CONTENTIEUX DE LA LÉGALITÉ

I. Synthèse préalable : Qui attaque quoi ?

L'identification de celui qui agit et de ce qu'il conteste constitue le préalable indispensable à toute analyse du contentieux de l'urbanisme : celle-ci impose d'appréhender la nature précise de l'acte déféré au juge, tout en appréciant la capacité du requérant à agir, qu'il s'agisse d'une personne physique, d'une personne morale de droit public (une collectivité territoriale, un établissement public de coopération intercommunale…), ou de droit privé, une association notamment. Cette question relève plus largement du contentieux administratif et ne seront évoqués ci-après que quelques rappels de base nécessaires pour aborder le contentieux de l'urbanisme.

1. Nature de l'acte contesté, objet de recours

- décision administrative octroyant une autorisation

- décision explicite ou implicite

- décision de non-opposition

Le juge administratif a pu préciser que la demande illégale de pièce complémentaire ne fait justement pas obstacle à la naissance d'une décision tacite de non-opposition à déclaration préalable ou d'un permis tacite, une fois le délai d'instruction expiré (CE, 9 déc. 2022, n° 454521, Commune de Saint-Herblain, A, Lebon).

- décision de refus d'accorder une autorisation ou opposition à déclaration préalable de travaux

- décision de retrait

- octroi d'un certificat d'urbanisme positif ou négatif

- délibération relative à la création, modification, révision d'un document d'urbanisme

- délibération relative à une opération d'aménagement

- délibération relative au droit de préemption

2. Une nécessaire capacité pour agir du requérant

Nous évoquerons uniquement les cas des personnes physiques, des collectivités territoriales et des associations.

§. 1. Les personnes physiques

Il faut que le requérant ait la capacité juridique de contester un acte (personne majeure capable ou représentation par une personne dûment habilitée...).

La capacité pour agir est un préalable à l'action contentieuse qui suppose la recevabilité de celle-ci. Le bénéficiaire d'une autorisation d'urbanisme ou d'une décision de non-opposition à déclaration préalable doit pouvoir montrer qu'il a qualité pour agir (par exemple un titre de propriété sachant que des pièces sont obligatoires à fournir) et comme il sera vu plus loin, un intérêt pour agir.

En cas de transfert de permis, le Conseil d'État a précisé que le nouveau bénéficiaire dispose des mêmes droits que le titulaire initial (CE, 31 mars 2026, n° 494252) : « *Dans le cas où une autorisation d'urbanisme est transférée à un nouveau bénéficiaire, tant celui-ci que son titulaire initial ont qualité pour exercer une voie de recours à l'encontre du jugement annulant cette autorisation, alors même que seul l'un d'entre eux aurait été mis en cause dans l'instance. Il ressort en l'espèce des pièces du dossier que le permis litigieux, délivré à M. et Mme J... par un arrêté du 22 juillet 2020, a été transféré à Mme B... par un arrêté du 11 janvier 2024. Par suite, celle-ci a, contrairement à ce que soutiennent M. et Mme K..., qualité pour se pourvoir en cassation contre le jugement du 18 janvier 2024 par lequel le tribunal administratif (...) a annulé cet arrêté ainsi que le rejet de leur recours gracieux* ».

§. 2. Au sein des collectivités territoriales

Dans ce cadre, le conseil délibère afin de confier à l'exécutif le pouvoir d'agir en justice pour défendre les intérêts de l'institution. En pratique, en raison de la répartition des compétences dans ce domaine, ce sont les maires ou les présidents d'établissements publics de coopération intercommunale (EPCI) qui bénéficient de cette habilitation.

Selon l'article L.2122-22 du Code général des collectivités territoriales (CGCT), « *le maire peut, en outre, par délégation du conseil municipal, être chargé, en tout ou partie, et pour la durée de son mandat :*
(...) 16° D'intenter au nom de la commune les actions en justice ou de défendre la commune dans les actions intentées contre elle, dans les cas définis par le conseil municipal, et de transiger avec les tiers dans la limite de 1 000 € pour les communes de moins de 50 000 habitants et de 5 000 € pour les communes de 50 000 habitants et plus ; »

De plus, conformément à l'article L.2132-1 CGCT, « *sous réserve des dispositions du 16° de l'article L.2122-22, le conseil municipal délibère sur les actions à intenter au nom de la commune* ».

Une circulaire du 6 avril 2012, relative à la capacité à ester en justice au nom de la commune (NOR : IOCB1210275C) donne des précisions utiles à ce sujet.

Le Conseil d'État a jugé qu'il « *résulte des dispositions des articles L.316-1 et L.122-20 du code des communes (devenus les articles L.2132-1 et L.2122-22 du Code général des collectivités territoriales) que le conseil municipal peut légalement donner au maire une délégation générale pour ester en justice au nom de la commune pendant la durée de son mandat* », Conseil d'État, 30 juillet 1997, n° 169574, Lebon ; Conseil d'État, 4 mai 1998, n° 188292, Lebon.

Le même raisonnement a été suivi par la Chambre criminelle de la Cour de cassation lors d'un arrêt en date du 4 avril 2023 (Cass. Crim., 4 avril 2023, n° 22.83-613). La Cour admet la régularité et la validité, au soutien des constitutions de partie civile des collectivités, des délibérations d'ester en justice générales : « *en jugeant (...) que les délibérations produites, en se bornant à reproduire le texte de l'article 2122-22 du code général des collectivités territoriales de manière générale sans spécifier les affaires pour lesquelles le maire a une délégation pour agir en justice, ne répondent pas à l'impératif de précision exigé par la loi et la jurisprudence de la Cour de cassation et ne constituent pas une délégation valable pour se constituer partie civile, la cour d'appel a violé les articles L. 2132-1 et L. 2122-22 du code général des collectivités territoriales* ».

Pour les présidents d'EPCI, selon l'article L.5211-9 du CGCT, « *Il représente en justice l'établissement public de coopération intercommunale* ».

Le Conseil d'État avait déjà adopté une approche favorable à leur capacité d'agir alors que l'ampleur de la délégation d'un conseil communautaire était contestée lors d'un contentieux. Il estimera qu'en l'absence de mention explicite restreignant le champ d'application de la délégation, cette dernière doit être regardée comme ayant une portée générale. Il indique ainsi :

« … *qu'il ressort des pièces du dossier que, par une délibération du 29 juillet 2009, le conseil de la communauté d'agglomération du Pays d'Aix a donné délégation au président pour « intenter, au nom de la communauté, les actions en justice ou défendre la communauté dans les actions intentées contre elle, dans les cas définis par le conseil communautaire » ; que la seule circonstance qu'une délégation reproduise les dispositions du Code général des collectivités territoriales qui permettent de limiter sa portée aux cas fixés par l'organe délibérant* ***ne saurait, en l'absence de toute mention explicite restreignant son champ d'application, la priver d'une portée générale*** *; que, par suite, en jugeant, pour faire droit à la requête d'appel de la société des établissements (...), que la métropole Aix-Marseille Provence, venant aux droits de la communauté d'agglomération du Pays d'Aix, n'établissait pas la qualité pour agir du président de la communauté d'agglomération devant le* *tribunal administratif de Marseille, et que la demande présentée par celle-ci était dès lors irrecevable, la Cour administrative d'appel de Marseille a commis une erreur de droit ; qu'il suit de là que la métropole Aix-Marseille Provence est fondée, sans qu'il soit besoin d'examiner l'autre moyen du pourvoi, à demander l'annulation de l'arrêt attaqué en tant qu'il a statué sur l'appel de la société des établissements (...).* », CE, 18 juillet 2018, n° 416407.

La Cour administrative d'appel de Marseille, avait eu une formulation également très claire sur la question : « *qu'en l'absence de dispositions légales ou réglementaires réservant à l'organe délibérant de l'établissement public de coopération intercommunale la compétence pour ester en justice au nom de cet établissement public, le président de l'organe délibérant, qui « représente en justice l'établissement public de coopération intercommunal » aux termes des dispositions de l'article L.5211-9 (...), a qualité pour interjeter appel au nom de l'établissement sans y être autorisé par une délibération spéciale* ; », CAA Marseille, 20 juin 2006, n°03MA01310.

§. 3. Les associations

Dans le contentieux de l'urbanisme, la capacité pour agir en justice des associations se pose fréquemment en raison de leur réactivité considérable pour mener des actions devant le juge. La capacité dépend de plusieurs conditions juridiques, principalement régies par la loi du 1er juillet 1901 relative au contrat d'association, ainsi que par des dispositions du Code de procédure civile et du Code civil. De manière très synthétique, il est possible de rappeler les points essentiels suivants :

1. Capacité juridique d'une association

Une association acquiert la personnalité juridique lorsqu'elle est déclarée en préfecture et après publication officielle de l'information relative à sa création au journal officiel. Mais selon l'arrêt de principe C. E, Assemblée, 31 octobre 1969, Syndicat de défense des canaux de la Durance, n° 61310, le Conseil d'État y affirme que : « *Les associations, même non déclarées, peuvent se prévaloir d'une existence légale (...) ; si elles n'ont pas la capacité d'ester en justice pour défendre des droits patrimoniaux, l'absence de déclaration ne fait pas obstacle à ce que, par la voie du recours pour excès de pouvoir, toutes les associations légalement constituées aient qualité pour contester la légalité des actes administratifs faisant grief aux intérêts qu'elles ont pour mission de défendre* ». Plus tard, le Conseil d'État réaffirme qu'une association non déclarée mais légalement constituée peut demander l'annulation d'un acte administratif portant atteinte aux intérêts collectifs qu'elle s'est donné pour objet de défendre, CE, 9 avril 1999, Université Paris Dauphine, n° 154186.

En droit de l'urbanisme, des considérations de temps sont imposées pour contester un permis ou une décision de non-opposition et cela conditionne la recevabilité de son action : « *Une association n'est recevable à agir contre une décision relative à l'occupation ou l'utilisation des sols que si le dépôt des statuts de l'association en préfecture est intervenu au moins un an avant l'affichage en mairie de la demande du pétitionnaire* » (L. 600-1-1).

2. Conditions pour agir en justice

Pour qu'une association puisse engager une action en justice, plusieurs conditions doivent être remplies :

- Avoir un intérêt à agir tel qu'il ressort des statuts qui ont été déposés. Dans une décision de 2017, le Conseil d'État mentionne « *qu'il appartient au juge administratif, lorsque cette condition est remplie, d'apprécier si l'association requérante justifie d'un intérêt lui donnant qualité pour agir contre la décision qu'elle attaque* ***en se fondant sur les statuts tels qu'ils ont été déposés à la préfecture*** *antérieurement à la date de l'affichage en mairie de la demande du pétitionnaire ;* ». En cas de modification des statuts : « *Pour apprécier l'intérêt à agir d'une association, seules les* ***modifications*** *de ses statuts* ***déposées*** *en préfecture* ***avant*** *l'affichage en mairie de la demande du pétitionnaire sont prises en compte par le juge* », Conseil d'État, 29 mars 2017, n° 395419. L'action doit donc entrer dans le cadre de l'objet social de l'association. Une association ne peut agir que si l'objet de l'action est lié à son objet statutaire. Le juge rejette l'action des associations ayant des statuts trop larges ou flous. L'espèce précitée est nette sur ce point : *« Considérant, d'une part, qu'il ressort des énonciations de l'arrêt attaqué que les statuts de l'association requérante, qui lui donnent pour mission "toutes études et réalisations de nature à préserver ou améliorer la qualité de vie à Garches", (...) qu'en estimant qu'un tel objet, qui présente* ***un caractère très général****, ne conférait pas à cette association un intérêt lui donnant qualité pour agir contre les décisions individuelles d'urbanisme, la cour a exactement qualifié les faits de la cause* ».

- Prévoir la possibilité d'agir en justice dans les statuts.

Il est souvent précisé dans les statuts qui est habilité à représenter l'association en justice (souvent le président ou un membre désigné).

3. Cas particuliers : droit d'action reconnu par la loi

Certaines associations agréées ou reconnues d'utilité publique peuvent avoir des droits d'action spécifiques prévus par la loi, par exemple une association de protection de l'environnement (art. L. 142-1 du Code de l'environnement)[12]

[12] Il existe également les cas d'associations de lutte contre les discriminations (art. 48-1 du Code de procédure pénale) et d'associations de consommateurs agréées (art. L. 621-1 du Code de la consommation)

4. Actions en justice possibles

Une association, comme tout autre requérant selon les cas rencontrés, peut agir devant le juge administratif comme le juge de droit privé. Agir devant le juge administratif permet classiquement de contester un acte administratif (recours pour excès de pouvoir, référé ou demander des dommages-intérêts). Mener une action devant le juge de droit privé autorise de se constituer partie civile dans une procédure pénale ou de déposer plainte.

Elle peut engager une action collective si la loi le permet. Mais la procédure s'est avérée complexe et une certaine refonte résulte de la loi n° 2025-391, 30 avr. 2025, portant diverses dispositions d'adaptation au droit de l'Union européenne en matière économique, financière, environnementale, énergétique, de transport, de santé et de circulation des personnes[13]. En droit de l'urbanisme, l'utilité de ce dispositif ne s'est jamais démontrée.

---

[13] Voir notamment : Service Dalloz — fiche/note doctrinale « Action de groupe (Procédure civile) », mentionnant et commentant l'art. 16 de la loi n° 2025-391 (février/2025), Dalloz. JCP S, n° 19 (21 mai 2025) — « Loi n° 2025-391 du 30 avril 2025… » : notice d'actualité sur les dispositions relatives à l'action de groupe et autres modifications législatives (JurisClasseur/JCP). https://www.actu-juridique.fr/affaires/droit-economique/droit-de-la-consommation-a-t-on-sauve-laction-de-groupe/

II. Les pièges à éviter pour présenter une requête recevable devant le juge administratif

Pour garantir les chances de succès des recours devant le juge administratif, il est essentiel de respecter plusieurs exigences procédurales précises.

D'abord, il est impératif de respecter **l'obligation de notification des recours**. Tout requérant formant un recours contentieux contre une autorisation d'urbanisme doit notifier ce recours, dans un délai de quinze jours francs à compter de son enregistrement au greffe, à l'auteur de la décision ainsi qu'au titulaire de l'autorisation. À défaut, le recours sera jugé irrecevable (1).

Ensuite, **le respect des délais de recours** constitue une condition fondamentale. Le délai de deux mois pour contester une décision en matière d'urbanisme court à partir de l'affichage régulier du permis sur le terrain, matérialisé par un panneau d'affichage conforme. Ce panneau permet de faire courir un délai unique pour tous les requérants potentiels (2).

En matière d'urbanisme commercial, il est également nécessaire de respecter une procédure préalable obligatoire : **le recours administratif préalable obligatoire (RAPO)**. Avant toute saisine du juge, un recours administratif doit être exercé contre la décision contestée, sous peine d'irrecevabilité du recours contentieux ultérieur (3).

Il convient par ailleurs de rappeler que **les associations spontanées**, c'est-à-dire créées après la délivrance de l'autorisation d'urbanisme uniquement pour contester cette dernière, sont en principe irrecevables à agir. Seules les associations régulièrement déclarées et ayant un objet en lien avec l'urbanisme peuvent valablement introduire un recours (4).

De plus, une **irrecevabilité des recours** est encourue si l'action est engagée **plus de six mois après la déclaration d'achèvement des travaux**. Ce délai, prévu pour sécuriser les opérations d'urbanisme, impose aux requérants de réagir rapidement sous peine d'être forclos (5).

En ce qui concerne les moyens invoqués à l'appui du recours, il est important de noter que **la cristallisation des moyens** limite la possibilité d'introduire de nouveaux arguments au-delà d'une date fixée par le code ou par le juge. Les requérants doivent donc veiller à soulever dès l'introduction de leur recours tous les moyens susceptibles de prospérer, faute de quoi ces moyens seraient déclarés irrecevables (6).

Enfin, pour que le recours soit recevable, il est indispensable de **caractériser l'intérêt pour agir**. Le requérant doit démontrer que la décision administrative porte atteinte de manière directe et certaine à ses intérêts personnels. Une simple opposition de principe ou un intérêt trop général ne saurait suffire (7).

1. L'obligation de notification des recours : R. 600.1

L'obligation de notifier le recours en matière d'urbanisme est précisée à l'article R. 600.1 du Code de l'urbanisme.

L'obligation de notification des recours en matière d'urbanisme à peine d'irrecevabilité, certes justifiée, a suscité un important contentieux. Le but est de renforcer la sécurité juridique du titulaire de l'autorisation qui est donc prévenu par l'auteur du recours de sa volonté d'empêcher la réalisation du projet immobilier tel que prévu dans l'acte qui le permet. Théoriquement, le détenteur du permis s'abstient alors de commencer les travaux, mais au regard du peu d'empressement, en général, à contraindre à la démolition, des limitations introduites en droit à ce sujet et de la relative lenteur de la justice, la politique du fait accompli peut s'avérer « profitable » quoique périlleux.

En pratique l'objectif *a priori* simple d'imposer une transparence sur les recours engagés, s'est avéré assez contraignant à mettre en œuvre et nombre de recours ont été considérés comme irrecevables en raison d'erreurs commises à l'occasion de la notification.

Le principe résulte de la loi n° 94-112 du 9 février 1994 portant diverses dispositions en matière d'urbanisme et de construction (*JORF* 10 février 1994) qui avait alors créé dans le Code de l'urbanisme un article L. 600-3 complété par le décret n° 94-701 du 16 août 1994 portant application de l'article L. 600-3 et modifiant le Code de l'urbanisme en insérant deux nouveaux articles, R. 600-1 et R. 600-2. Encore actuellement, le juge donne toujours des précisions sur les obligations liées à cette disposition du code qui a été réécrite et dont la numérotation a été modifiée. Ces modifications dans le temps et sur le fond ne facilitent pas nécessairement la tâche des requérants.

Les difficultés inhérentes au respect de l'obligation de notification des recours s'expliquent essentiellement d'une part par son champ d'application qui est assez large et d'autre part par la nécessité de respecter différents points de procédure.

En l'état du droit positif (décret n° 2019-303 du 10 avril 2019), l'obligation de notifier les recours est inscrite à l'article R. 600-1 du Code de l'urbanisme qui est reproduit ci-dessous :

« En cas de déféré du préfet ou de recours contentieux à l'encontre d'un certificat d'urbanisme, ou d'une décision relative à l'occupation ou l'utilisation du sol régie par le présent code, le préfet ou l'auteur du recours est tenu, à peine d'irrecevabilité, de notifier son recours à l'auteur de la décision et au titulaire de l'autorisation. Cette notification doit également être effectuée dans les mêmes conditions en cas de demande tendant à l'annulation ou à la réformation d'une décision juridictionnelle concernant un certificat d'urbanisme, ou une décision relative à l'occupation ou l'utilisation du sol régie par le présent code. L'auteur d'un recours administratif est également tenu de le

notifier à peine d'irrecevabilité du recours contentieux qu'il pourrait intenter ultérieurement en cas de rejet du recours administratif.

La notification prévue au précédent alinéa doit intervenir par lettre recommandée avec accusé de réception, dans un délai de quinze jours francs à compter du dépôt du déféré ou du recours.

La notification du recours à l'auteur de la décision et, s'il y a lieu, au titulaire de l'autorisation est réputée accomplie à la date d'envoi de la lettre recommandée avec accusé de réception. Cette date est établie par le certificat de dépôt de la lettre recommandée auprès des services postaux.

Les dispositions du présent article ne sont pas applicables en cas de contestation d'un permis modificatif, d'une décision modificative ou d'une mesure de régularisation dans les conditions prévues par l'article L. 600-5-2 ».

§. 1. R. 600-1 : un champ d'application très large

Cette disposition du Code de l'urbanisme a connu plusieurs versions dans le temps.

- De 1994 à 2001, il s'agissait de l'article L. 600-3 qui imposait la notification en cas de déféré du préfet, de recours administratif ou contentieux à l'encontre d'un document d'urbanisme ou d'une décision relative à l'occupation ou l'utilisation du sol régie par le présent code. Cette obligation était aussi prévue en cas de demande tendant à l'annulation ou à la réformation d'une décision juridictionnelle concernant l'un de ces actes et dans l'hypothèse d'un recours administratif.

Initialement, cette nécessité impérieuse concernait en effet non seulement les autorisations (permis de construire, d'aménager ou de démolir), les déclarations préalables mais également les documents d'urbanisme. Or, l'incertitude qui a pu planer sur la notion même de document d'urbanisme a parfois conduit à porter des affaires jusqu'en dernière instance, devant le Conseil d'État, pour voir la Haute juridiction débouter les requérants au motif qu'il n'y avait pas eu notification préalable du recours contre le document d'urbanisme contesté (CE, 7 juillet 2000 Secrétaire d'État au Logement c/Association Quetigny environnement, n° 200949, Lebon, pour un plan d'exposition aux bruits).

- Entre le 1er janvier 2001 et le 1er octobre 2001, l'article L. 600-3 est devenu R. 600-1.

- À partir du décret n° 2007-18 du 5 janvier 2007, trois modifications notables se font jour.

* Tout d'abord, les documents d'urbanisme ne sont plus concernés par cette notification. Certes, les élus locaux ont intégré actuellement que toute révision, voire modification va impliquer des recours de multiples personnes. Le

recours administratif comme contentieux est consubstantiel à l'écriture comme la réécriture de documents d'urbanisme.

* Ensuite, le certificat d'urbanisme est désormais visé depuis la version de 2007 de l'article R. 600-1. Le décret précité du 5 janvier 2007 a donc élargi l'obligation de notification à ces actes précédant la demande de permis.

Avant cette date, ils n'y étaient pas assujettis comme l'avait très clairement indiqué le Conseil dans un avis émis en 2000 (CE, avis, 13 oct. 2000, Procarione, n° 223297) : « *le législateur [en 1994], en employant l'expression de "décision relative à l'occupation ou à l'utilisation du sol régie par le présent code", n'a entendu viser, conformément à l'objectif de sécurité juridique poursuivi par la loi, que les décisions valant autorisation d'occupation ou d'utilisation du sol qui sont régies par le Code de l'urbanisme. Il en résulte qu'un certificat d'urbanisme, dont l'objet, précisé par l'article L. 410-1 du Code de l'urbanisme, n'est pas d'autoriser une construction ou la réalisation d'une opération d'urbanisme sur le terrain pour lequel il est délivré, n'entre pas dans le champ de l'article L. 600-3 du Code de l'urbanisme* ».

À l'époque, le Conseil d'État avait précisé dans l'espèce précitée que la non-obligation de notifier un recours contre un certificat était générale : « Cette *solution vaut pour un certificat d'urbanisme positif, tel que celui qui est en cause dans l'affaire qui a donné lieu à la présente demande d'avis de la part du tribunal administratif de Nice. Elle vaut aussi, d'ailleurs, pour un certificat d'urbanisme négatif, ainsi que l'a jugé le Conseil d'État statuant au contentieux par une décision n° 196578 du 16 juin 2000, rendue sur un pourvoi formé par la commune de Gassin* ».

Depuis l'entrée en vigueur du décret, la situation a donc évolué pour le requérant. Mais l'obligation de notification ne vaut que pour les certificats positifs et perdure l'absence d'obligation de notifier les recours contre les certificats d'urbanisme négatifs. Le certificat d'urbanisme négatif n'étant pas une décision créatrice de droit, un recours à son encontre n'est pas soumis à l'obligation de notifier le recours. Le Conseil a éclairé cette question par un avis en 2010 (CE, 1er avril 2010, Mme Roque, avis n° 334113) : « *Il ressort de ces dispositions qu'en mentionnant les certificats d'urbanisme le décret, conformément à l'objectif de sécurité juridique qu'il poursuit, n'a pas entendu viser les certificats d'urbanisme négatifs qui ne confèrent aucun droit à leur titulaire et n'entrent donc pas dans le champ d'application de l'article R. 600-1 du Code de l'urbanisme* ». Cet avis a rapidement été confirmé par une décision du Conseil d'État (CE, 16 avril 2012, Min. d'État, min. de l'Écologie, de l'Énergie, du Développement durable et de l'Aménagement du territoire, n° 323555)

* Puis, à partir de 2007, la formule « décision relative à l'occupation ou l'utilisation du sol » est abandonnée provisoirement pour adopter l'énumération suivante : une décision de non-opposition à une déclaration préalable ou un

permis de construire, d'aménager ou de démolir. Le champ d'application s'est donc potentiellement restreint.

* Enfin, depuis le décret n° 2018-617 du 17 juillet 2018, la formule se stabilise ainsi : « En cas de déféré du préfet ou de recours contentieux à l'encontre d'un certificat d'urbanisme, ou d'une décision relative à l'occupation ou l'utilisation du sol régie par le présent code... ».

* La dernière rédaction de l'article R. 600-1 prévoit des exceptions à l'obligation de notification (modification issue du décret n° 2019-303 du 10 avril 2019 pris pour l'application de l'article L. 600-5-2) :

« *Les dispositions du présent article ne sont pas applicables en cas de contestation d'un permis modificatif, d'une décision modificative ou d'une mesure de régularisation dans les conditions prévues par l'article L. 600-5-2* ». Cela s'explique par la rédaction de cet article L. 600-5-2 qui prévoit que « *la légalité de cet acte ne peut être contestée par les parties que dans le cadre de cette même instance* ».

Le Conseil d'État, dans cette logique, a considéré que l'obligation de notification ne s'applique pas « *lorsque, le juge ayant recouru à l'article L. 600-5-1 du Code de l'urbanisme* [décision de sursis à statuer], *une mesure de régularisation lui est notifiée et que, celui-ci ayant invité comme il le doit les parties à présenter leurs observations, ces dernières contestent la légalité de cette mesure* » (CE, 28 mai 2021, n° 437429). En effet, comme le précise le juge, « *à compter de la décision par laquelle le juge recourt à l'article L. 600-5-1, seuls des moyens dirigés contre la mesure de régularisation notifiée, le cas échéant, au juge peuvent être invoqués devant ce dernier* ». Nul besoin de procéder à une notification du recours car en pratique, les parties se positionnent toujours bien dans le même cadre contentieux.

§. 2. R. 600-1 et droit de recours : conventionnalité et constitutionnalité de la disposition

- Malgré les limites inhérentes à cette disposition quant à la capacité d'exercer un recours en justice, l'article R. 600-1 du Code de l'urbanisme n'a pas été jugé contraire à la Convention européenne des droits de l'homme (CEDH) et n'a pas été vu comme faisant obstacle à l'application du principe du droit au recours effectif des articles 6 § 1er et 13 de la Convention (CAA Marseille, 23 juillet 1998, Syndicat des copropriétaires de la copropriété des « Jardins des Doges » et Syndicat des copropriétaires de la copropriété de « Kantia », n° 98MA00425 ; CAA Paris, 24 mai 2007, SCI Gambrinus, n° 03PA00740).

- L'obligation de notification dans les quinze jours ne doit pas faire obstacle au mécanisme de recours à l'aide juridictionnelle qui a pour objet de rendre effectif le principe à valeur constitutionnelle du droit d'exercer un recours. Le juge administratif a estimé que l'article obligeant à peine d'irrecevabilité de notifier le recours doit pouvoir logiquement se combiner avec les dispositions propres à l'aide juridictionnelle.

Le Conseil d'État a donné cette précision dans une décision du 10 janvier 2001 (CE, 10 janvier 2001, Mme Coren, n° 211878). Il indique dans cette espèce « *qu'en vertu de l'article 39 du décret n° 91-1266 du 19 décembre 1991 (...), lorsqu'une demande d'aide juridictionnelle en vue de se pourvoir devant le Conseil d'État est adressée au bureau d'aide juridictionnelle établi près cette juridiction avant l'expiration du délai imparti pour le dépôt du pourvoi, ce délai est interrompu ; que selon ces mêmes dispositions : "un nouveau délai court à compter du jour de la réception par l'intéressé de la notification de la décision du bureau d'aide juridictionnelle"* ».

Par contre, si l'aide juridictionnelle n'est pas donnée, toute contestation de ce refus est inopérante sur les délais à respecter : si « *l'intéressé qui s'est vu refuser l'aide juridictionnelle demandée en vue de se pourvoir devant le Conseil d'État peut, selon le motif de la décision, soit former un recours devant le président de la section du contentieux, soit demander au bureau d'aide juridictionnelle une nouvelle délibération, il ne résulte ni de ces dispositions, ni d'aucune autre de la loi et du décret précité, que ce recours ait pour effet d'interrompre à nouveau le délai imparti à l'intéressé pour se pourvoir* ».

Donc, l'irrecevabilité instituée ne peut être opposée à un requérant qui a sollicité le bénéfice de l'aide juridictionnelle tant que sa requête est présentée dans le délai prorogé par sa demande d'aide juridictionnelle.

§. 3. L'obligation de notification ne concerne que les décisions créatrices de droit

Le but de la notification du recours est de garantir la sécurité juridique des personnes détentrices de ces décisions valant autorisation d'occupation ou d'utilisation du sol.

L'obligation de notifier les recours dirigés contre les décisions positives implique corrélativement l'absence d'obligation de notifier les recours dirigés contre les décisions de refus qui ne créent pas de droit à construire. Dans le doute, il est prudent de procéder à une notification du recours à l'auteur et au bénéficiaire de la décision, car la mise en œuvre non nécessaire d'une telle formalité est sans incidence sur la recevabilité alors que le fait de ne pas y procéder peut éventuellement exposer à une irrecevabilité si le juge estime qu'elle était nécessaire au regard des arguments développés par la partie adverse.

Selon une réponse ministérielle, si le tribunal administratif annule un certificat d'urbanisme, une décision de non-opposition à une déclaration préalable ou un permis de construire, d'aménager ou de démolir, le titulaire de l'autorisation annulée, comme son auteur, n'est pas tenu de notifier sa requête d'appel aux demandeurs de première instance (Réponse du ministère de l'Écologie, de l'Énergie, du Développement durable et de l'Aménagement du territoire, JO Sénat du 01/01/2009 - page 28).

Au regard de cet état du droit, les solutions évoquées ci-dessus au sujet du certificat d'urbanisme négatif se justifient pleinement.

A. Le cas des refus

Des refus peuvent être opposés par les autorités compétentes et dont la contestation ne nécessitera pas une notification, avec quelques nuances nécessaires cependant à formuler.

a. Le refus de permis de construire

Illustrations :

* Tribunal administratif de Nice, 10 mai 2023, n° 1903338 : « *Un refus de permis de construire n'est pas au nombre des décisions limitativement visées par les dispositions précitées de l'article R. 600-1 du Code de l'urbanisme et devant faire l'objet d'une notification à l'auteur de la décision attaquée ainsi qu'à son bénéficiaire. Dans ces conditions, la fin de non-recevoir opposée par la commune du (...) tirée du défaut d'accomplissement par les requérants des formalités prescrites par ces dispositions doit être écartée* ».

Bien avant, la même solution avait été retenue pour le recours en appel contre le jugement d'un tribunal administratif qui rejette le recours contre un refus de permis de construire (CE 12 mars 1999, Sté CIMAMED, n° 175721). Selon le Conseil d'État, dès 1996 (CE, Avis Section, 6 mai 1996, n° 178426, Lebon) : le code « *en employant l'expression de "décision relative à l'occupation ou l'utilisation du sol régie par le présent code", n'a entendu viser, conformément à l'objectif de sécurité juridique poursuivi par la loi, que les décisions valant autorisation d'occupation ou d'utilisation du sol qui sont régies par le Code de l'urbanisme. Il en résulte qu'un refus de permis de construire ne constitue pas une décision entrant dans le champ de l'article L. 600-3 du Code de l'urbanisme* ».

* Par ailleurs, lorsque le juge enjoint à l'administration de délivrer un permis de construire, celui-ci n'existe pas encore. Ainsi le Conseil d'État a précisé que « *la décision juridictionnelle qui (...) annule un refus d'autorisation d'urbanisme et enjoint à l'autorité compétente de délivrer cette autorisation n'a ni pour effet de constater l'existence d'une telle autorisation ni, par elle-même, de rendre le requérant bénéficiaire de cette décision, titulaire d'une telle autorisation. Par suite, le défendeur à l'instance initiale qui forme un appel ou se pourvoit en cassation contre cette décision juridictionnelle n'est pas tenu de notifier son recours sur le fondement des dispositions de l'article R. 600-1 du Code de l'urbanisme* » (CE, Avis, 8 avril 2019 n° 427729).

* Cependant, le refus d'un retrait de permis de construire implique une notification de recours (car le droit de construire existe toujours pour le bénéficiaire).

Ainsi, récemment, le Conseil d'État a précisé que les recours dirigés contre les refus de retirer un permis de construire doivent être notifiés selon les modalités prévues par l'article R. 600-1 du Code de l'urbanisme (CE, 27 septembre 2022, n° 456071). Le conseil indique que « *la décision refusant de retirer un permis de construire constitue (...), une décision relative à l'occupation ou l'utilisation du sol régie par le Code de l'urbanisme. Dès lors, il appartient à l'auteur d'un recours contentieux dirigé contre une telle décision d'adresser au greffe de la juridiction où le recours contentieux a été enregistré la preuve de la notification de ce recours à l'auteur de la décision contestée et au titulaire de l'autorisation. Il appartient au juge, au besoin d'office, de rejeter le recours comme irrecevable, lorsque son auteur, après y avoir été invité par lui, n'a pas justifié de l'accomplissement des formalités requises par les dispositions de l'article R. 600-1 du Code de l'urbanisme* ». Dans cette espèce, le Conseil souligne qu'il juge l'affaire dans sa version résultant du décret du 17 juillet 2018 portant modification du code de justice administrative et du Code de l'urbanisme.

* À noter que le refus de constater la caducité du permis a connu une évolution contradictoire en matière de notification du recours.

Dans un premier temps, le juge a exigé une notification de recours. Dans la décision suivante du Conseil (CE, 27 mars 2000, Syndicat des copropriétaires de l'immeuble Le Lympia, n° 205430), il estime : « *qu'il résulte des dispositions précitées de l'article L. 600-3 du Code de l'urbanisme que le législateur, en employant l'expression de "décision relative à l'occupation ou à l'utilisation du sol régie par le présent code", n'a entendu viser que les décisions valant autorisation d'occupation ou d'utilisation ; que doit être regardée comme présentant ce caractère la décision administrative par laquelle le maire refuse de constater la caducité d'un permis de construire sur le fondement des dispositions précitées de l'article R. 421-32 du Code de l'urbanisme et qui a nécessairement pour effet de confirmer la validité d'une décision valant autorisation d'occupation ou d'utilisation du sol au sens de l'article L. 600-3 précité* ».

Puis, à partir de 2017, le juge a pris une position inverse en n'imposant pas l'obligation de notifier un recours contre la décision par laquelle le maire refuse de constater la caducité d'un permis de construire. Mais cette décision concerne une affaire qui a été traitée sous l'empire du décret de 2007 qui avait abandonné la formule large de décision relative à l'utilisation ou occupation du sol pour préférer l'énumération restrictive alors en vigueur, à savoir « *une décision de non-opposition à une déclaration préalable ou un permis de construire, d'aménager ou de démolir* ». Le juge en déduit que la décision de refus de constater la caducité d'un permis de construire n'est pas au nombre des décisions strictement énumérées par l'article R. 600-1 dans sa rédaction issue du décret du 5 janvier 2007 (CE, 17 mars 2017, M. et Mme Malsoute, n° 396362) : « *La décision par laquelle le maire refuse de constater la caducité d'un permis de construire n'est pas au nombre des décisions limitativement énumérées par cet article. Par suite, en jugeant que le recours contentieux exercé par M. et Mme D... contre la décision du maire de La Cadière-d'Azur refusant de constater la caducité du permis de construire initial du 2 avril 2008 entrait dans le champ d'application de l'article R. 600-1 du Code de l'urbanisme, la présidente de la 1re chambre du tribunal administratif de Toulon a commis une erreur de droit* ». Dans la mesure où la rédaction de l'article R. 600-1 a été modifiée avec usage de la formule plus large initiale, cette décision connaîtra vraisemblablement un revirement.

b. Le refus de délivrance d'un certificat de conformité

Illustrations :

- CAA Nantes, 2 décembre 2003, M. Bazin-Laziou, n°02NT00664. Pour le juge, le certificat de conformité est en dehors du champ d'application de l'obligation de notifier le recours : « *le législateur, en employant l'expression de décision relative à l'occupation ou l'utilisation du sol régie par le présent code, n'a entendu viser, conformément à l'objectif de sécurité juridique poursuivi par la loi, que les décisions valant autorisation d'occupation ou d'utilisation du sol qui sont régies par le Code de l'urbanisme ; qu'il en résulte que le refus de délivrer un certificat constatant la conformité des travaux autorisés avec le permis de construire délivré, sur le fondement des articles L. 460-2 et R. 460-4 du Code de l'urbanisme, ne concerne pas, en tout état de cause, une décision entrant dans le champ d'application de l'article R. 600-1* ».

En ce domaine, la question a évolué depuis qu'il y a la déclaration attestant l'achèvement et la conformité des travaux (DAACT). En effet, dans le cas général (hors monuments historiques, secteur sauvegardé, risques naturels et technologiques), la mairie dispose de 3 mois pour contester la conformité des travaux à partir de la date de réception de la DAACT. En l'absence de réponse de la mairie dans les délais, les travaux sont considérés achevés et conformes. Les certificats ont donc perdu de leur utilité mais il est toujours possible de demander une attestation de non-contestation dont les modalités diffèrent en fonction du lieu (province ou Paris).

c. La décision d'opposition à des travaux soumis à déclaration préalable

Illustration :

- CE, 21 octobre 2009, M. Auboin, SNC Agrobase, n° 331053 : « *une décision d'opposition à des travaux soumis à déclaration préalable ne constitue pas une décision d'occupation ou d'utilisation des sols entrant dans le champ d'application de l'article R. 600-1 du Code de l'urbanisme ».* Cela est logique puisque le déclarant ne détient aucun droit de construire en raison du désaccord de l'autorité compétente.

- Récemment une Cour administrative d'appel (CAA de Versailles, 16 juin 2023, n°21VE02511), a exposé clairement la règle jurisprudentielle en la matière : « *une décision d'opposition ou un retrait de la décision de ne pas s'opposer à des travaux soumis à déclaration ne constitue pas une décision entrant dans le champ d'application de l'article R. 600-1 du Code de l'urbanisme »*.

- Cette position est constante et suivie par les différents degrés de juridiction (Tribunal administratif de Nîmes, 20 septembre 2022, n° 200267).

B. Absence d'obligation de notifier les recours dirigés contre les décisions de retrait

Se trouve par exemple concerné le retrait de permis (CE, 29 novembre 2004, SCI Modicom Immo, n° 265642).

C. Absence d'obligation de notifier les recours contre les constatations de caducité

Le Conseil d'État est venu préciser qu'une requête dirigée contre la décision d'un maire constatant la caducité d'une décision de non-opposition aux travaux déclarés n'était pas soumise aux formalités prévues par les dispositions de l'article R. 600-1 du Code de l'urbanisme (CE 25 septembre 2013, Maunoury, n° 351103) : « *la requête formée (...) contre la décision du maire (...) du 2 mars 2007 constatant la caducité de la décision de non-opposition à travaux qui lui avait été délivrée le 10 janvier 2001, qui n'était pas dirigée contre une décision ayant pour objet d'autoriser l'occupation ou l'utilisation du sol, n'était pas soumise aux formalités prévues par ces dispositions (R. 600-1)* ».

A contrario, un appel ou un pourvoi en cassation contre une décision juridictionnelle constatant l'absence de caducité d'une autorisation d'urbanisme doit être notifié à son bénéficiaire et à l'autorité qui l'a délivrée, à peine d'irrecevabilité du recours. « *La notification prévue par ces dispositions, qui ont pour objet de renforcer la sécurité juridique des titulaires d'autorisation de construire, doit être effectuée, à peine d'irrecevabilité, par le requérant qui interjette appel ou se pourvoit en cassation contre une décision juridictionnelle qui constate l'absence de caducité d'un permis de construire, et annule, pour ce motif, une décision constatant cette caducité* » (CE, 12 avril 2023, Sté Cystaim V3, n° 456141).

D. En cas d'appel ou de recours en cassation contre une décision juridictionnelle

* Il y a une obligation de notification du recours exercé contre une décision juridictionnelle constatant l'existence d'une telle autorisation, CE, 8 avril 2019, n° 427729, Lebon : « *Ces dispositions visent, dans un but de sécurité juridique, à permettre au bénéficiaire d'une autorisation d'urbanisme, ainsi qu'à l'auteur de cette décision, d'être informés à bref délai de l'existence d'un recours contentieux dirigé contre elle et doivent, à cet égard, être regardées comme s'appliquant également à un recours exercé contre une décision juridictionnelle constatant l'existence d'une telle autorisation* ».

* En cas d'appel ou de pourvoi incident contre un jugement d'un tribunal administratif annulant partiellement, dans l'espèce mentionnée ci-après, un arrêté accordant un permis.

Dans une affaire jugée en 2024 par le Conseil d'État, celui-ci précise qu'un parallélisme des formes doit être conservé selon ce que prévoient les dispositions du code de justice administrative : « *L'article R. 631-1 du code de justice administrative dispose que : "Les demandes incidentes sont introduites et instruites dans les mêmes formes que la requête (...)". Il résulte de ces dispositions que l'auteur d'un recours contentieux contre une décision d'urbanisme qu'elles mentionnent, y compris présenté par la voie d'un appel incident ou d'un pourvoi incident, est tenu de notifier une copie du recours tant à l'auteur de l'acte ou de la décision qu'il attaque qu'à son bénéficiaire. Il appartient au juge, au besoin d'office, de rejeter le recours comme irrecevable lorsque son auteur, après y avoir été invité par lui, n'a pas justifié de l'accomplissement des formalités requises par ces dispositions* », CE, 1er octobre 2024, Commune de Saint-Cloud, n° 477859.

* Cependant, comme déjà mentionné plus haut (3. A. a.), il n'y a pas d'obligation de notification du recours contre une décision juridictionnelle enjoignant à l'administration de délivrer une autorisation d'urbanisme (CE, CE 8 avril 2019, avis n° 427729, Lebon). Dans ce cas d'espèce, nous sommes dans la configuration où le juge a annulé un refus d'autorisation ou une opposition à une déclaration et le pétitionnaire n'est détenteur d'aucun droit de construire.

E. Absence d'obligation de notifier un recours concernant les « autres » décisions régies par le Code de l'urbanisme

Il n'y a pas d'obligation de notification du recours contre les autorisations autres que celles envisagées par l'article R. 600-1 du Code de l'urbanisme. Il en est ainsi, par exemple, des décisions suivantes :

* création d'unité touristique nouvelle (UTN), CE 9 octobre 2015, n° 384804 :

« *que la décision autorisant la création d'une unité touristique nouvelle, prise sur le fondement de l'article L. 145-11 du Code de l'urbanisme, n'est pas au nombre de ces décisions ; que, par suite, en jugeant que l'obligation de notification du recours édictée par l'article R. 600-1 n'était pas opposable à la demande à fin d'annulation présentée devant le tribunal administratif de Marseille par l'Union départementale pour la sauvegarde de la vie, de la nature et de l'environnement, la Cour administrative d'appel de Marseille n'a pas commis d'erreur de droit* ».

* la décision de préemption (CE 30 décembre 2003, Commune de Saint-Gratien, n° 249402 : « *les recours tendant à l'annulation des décisions d'exercice du droit de préemption ne sont pas au nombre de ceux visés par ces dispositions* » (L. 600-3 du Code de l'urbanisme à l'époque).

* la délibération instituant un droit de préemption urbain (CAA Versailles, 29 octobre 2009, Sté Partner et a., n° 08VE02980).

* la décision qualifiant un projet de travaux de projet d'intérêt général (CE 18 nov. 2009, Commune de Saint-Denis-les-Sens, n° 309096)

* cependant obligation de notifier un recours contre un permis de construire valant autorisation d'exploitation commerciale : CE, 23 décembre 2016, n° 398077 : « *Ces dispositions s'appliquent, comme pour tout permis de construire, au recours formé par un professionnel mentionné au I de l'article L. 752-17 du code de commerce contre un permis de construire valant autorisation d'exploitation commerciale* ».

F. Absence d'obligation de notifier les recours dirigés contre les décisions non régies par le Code de l'urbanisme

Sont, par exemple, concernées :

* l'autorisation de défrichement (CAA Marseille, 12 mars 2007, SNC Sogedame, n°03MA00406 : « *l'autorisation de défrichement, bien que constituant une décision relative à l'occupation du sol au sens du code de l'urbanisme, et notamment de son article L.146-6, n'est pas une autorisation régie par ce code, mais par le code forestier* »).

* la délibération mandatant un maire aux fins d'acquérir une parcelle (CE 24 novembre 1997, M. et Mme Merrain, n° 159190)

* l'autorisation d'exploiter une décharge (CAA Nantes, 15 juin 1995, Syndicat Intercommunal de collecte et de traitement des déchets ménagers et a. de la région saumuroise, n° 94NT01059, Lebon)

* l'autorisation d'aménagement portuaire (CAA Marseille, 2 mars 2000, Sté Internationale Sporting Yachting Club de la mer, ville de Cannes, n° 97MA00167et n°97MA00208). Les aménagements portuaires relèvent actuellement du Code des transports.

Notons cependant que largement inspiré de l'article R. 600-1 du Code de l'urbanisme, l'article R. 181-51 du Code de l'environnement, issu du décret n° 2023-1103 pris en application de l'article L. 181-17 modifié par la loi n° 2023-973 du 23 octobre 2023 instaure une obligation de notification de tout recours contre une autorisation environnementale, tant à l'auteur qu'au bénéficiaire de celle-ci.

G. Absence d'obligation de notifier un recours à l'auteur de l'acte si le bénéficiaire conteste certaines des prescriptions ou participations imposées

* Concernant une prescription imposant de peindre la face externe des fenêtres de la même couleur que les volets, CE, 13 mars 2015, n° 358677 : « *qu'en revanche,... (les dispositions de R. 600-1) n'exigent pas que le bénéficiaire d'une autorisation d'urbanisme notifie à l'auteur de cette décision le recours contentieux qu'il forme pour la contester lorsqu'elle est assortie de prescriptions ou pour contester ces prescriptions elles-mêmes ; que, par suite, en accueillant la fin de non-recevoir opposée par la ville de Nice et tirée du défaut d'accomplissement de la formalité de notification instituée par les dispositions précitées de l'article R. 600-1 du Code de l'urbanisme, alors qu'il résulte de ce que précède que Mme A... n'était pas tenue de notifier son recours au maire de Nice, le président de la 3e chambre du tribunal administratif de Nice a commis une erreur de droit* ».

* Concernant une participation pour non-réalisation d'aires de stationnement.

CE, 24 mars 2006, n° 261591, Ville de Saint-Denis de la Réunion : « *que le législateur, en employant l'expression de décision relative à l'occupation ou l'utilisation du sol régie par le présent code, n'a entendu viser, conformément à l'objectif de sécurité juridique poursuivi par la loi, que les décisions valant autorisation d'occupation ou d'utilisation du sol qui sont régies par le Code de l'urbanisme ; que les dispositions divisibles d'un permis de construire mettant à la charge du pétitionnaire une participation pour non-réalisation d'aires de stationnement ne sont pas constitutives d'une telle décision* ».

§. 4. Précisions sur les contraintes de procédure

A. De manière générale

* Le requérant doit adresser au greffe de la juridiction une copie du certificat de dépôt de la lettre recommandée par laquelle il a adressé copie de son recours à l'auteur de la décision contestée et au titulaire de l'autorisation. Il doit joindre, avec son courrier de notification, la copie intégrale de son recours « *et non une simple lettre informant l'auteur de la décision* » (CE, Avis Section, 1er mars 1996, n° 175126, Lebon). L'idée est de ne pas confondre l'information, selon des procédés non encadrés, discrétionnairement engagés par le requérant et la notification telle qu'envisagée par le Code de l'urbanisme.

* La formalité est réputée accomplie à la date d'envoi de la lettre recommandée avec accusé de réception. Cette date est établie par le certificat de dépôt de la

lettre recommandée auprès des services postaux et non par le certificat d'accusé-réception que reçoit le requérant par la poste.

* il faut notifier une copie du recours contentieux et, le cas échéant, du recours gracieux qui l'a précédé, ou un courrier reprenant intégralement l'exposé des faits et moyens ainsi que les conclusions de la demande. Il peut s'agir d'une copie faite à la main et qui reprend totalement les exigences précitées.

* La production du certificat de dépôt de la lettre recommandée suffit à justifier de l'accomplissement de la formalité de notification dès lors qu'il n'est pas soutenu par la partie adverse qu'elle aurait eu un contenu insuffisant (CE, 15 mai 2013, Association santenoise de défense de l'environnement naturel "Vivre à l'orée de L'arc boisé", n° 352308).

* Notion employée de « son recours » : l'article R. 600-1 mentionne en effet la formule suivante : « *... le préfet ou l'auteur du recours est tenu, à peine d'irrecevabilité, de notifier* ***son*** *recours...* ». Celle-ci a conduit le Conseil d'État à faire la précision ci-après : « *Considérant qu'il résulte des termes mêmes de l'article R. 600-1 du Code de l'urbanisme que l'auteur d'un recours contentieux a l'obligation de notifier, dans les hypothèses visées à cet article, "son recours" à l'auteur de la décision contestée et au titulaire de l'autorisation ; qu'il suit de là que c'est une* ***copie du texte intégral du recours tel qu'il a été déposé devant la juridiction qui doit être notifiée*** *; que la circonstance que ce recours ne contienne l'exposé d'aucun fait ni d'aucun moyen est sans incidence sur le respect de cette obligation* », CE, 28 novembre 2014, n° 367968.

Le juge n'a donc pas à apprécier la qualité du recours qui a été rédigé, mais seulement la notification du recours tel qu'il a été rédigé avec ses qualités et défauts.

La notification du recours n'impose pas celle des pièces jointes ou du mémoire ampliatif.

Enfin, il ne faut pas oublier de fournir la décision contestée reproduite intégralement.

B. Cas d'une omission de notification que le requérant cherche à régulariser

* Omission de notification et cas d'un nouveau recours avec respect de cette obligation :

CE, 17 mars 2017, n° 397107 :

« *Que ces dispositions ne font pas obstacle à ce qu'un requérant qui a omis de notifier dans un délai de quinze jours sa requête à l'auteur de la décision et au titulaire de l'autorisation* ***se désiste*** *de l'instance engagée et* ***présente une nouvelle requête identique****, qui sera recevable* ***sous réserve*** *que le délai de* *recours ne soit pas expiré et que l'obligation de notification prévue par l'article R. 600-1 du Code de l'urbanisme soit remplie ; ...* »

Dans cette affaire, le juge d'appel avait opposé, à tort, une irrecevabilité manifeste à la deuxième requête, en se fondant sur le motif tiré de ce que les deux requêtes se rattachant au même litige, le respect de cette obligation de notification devait selon lui s'apprécier au regard de la première requête.

* Omission de la notification, formalité non régularisable en appel :

Cour administrative d'appel de Lyon, 2 août 2023, n° 22LY01100 :

« *Lorsque l'auteur d'un recours entrant dans le champ d'application de l'article R. 600-1 du Code de l'urbanisme et n'a pas justifié en première instance de l'accomplissement des formalités de notification requises alors qu'il a été mis à même de le faire, soit par une fin de non-recevoir opposée par le défendeur, soit par une invitation à régulariser adressée par le tribunal administratif,* ***il n'est pas recevable à produire ces justifications pour la première fois en appel*** ».

C. Concernant l'auteur de la décision

* Cas d'une notification au maire d'arrondissement :

Conseil d'État, 30 janvier 2024, n° 471649 : « *Eu égard au rôle dévolu dans l'instruction des demandes d'autorisation d'utilisation du sol au maire d'arrondissement, élu de la personne morale que constitue la Ville de Paris, la notification d'un recours gracieux ou d'un recours contentieux contre un permis de construire délivré par le maire de Paris, au maire de l'arrondissement dans lequel se situe le terrain d'assiette du projet, à l'adresse de la mairie d'arrondissement,* ***doit être regardée comme une notification faite à l'auteur de la décision au sens de l'article R. 600-1*** *du Code de l'urbanisme, alors même que l'affichage de ce permis sur ce terrain ne fait pas mention de cette adresse* ».

D. Concernant les titulaires de l'autorisation

* Cas de plusieurs bénéficiaires du permis (indivision) :

Conseil d'État, 4 décembre 2017, n° 407165 : « *la formalité doit être regardée comme régulièrement accomplie lorsque la notification est faite au titulaire de l'autorisation tel que désigné par l'acte attaqué, à l'adresse qui y est mentionnée ; que, lorsqu'un permis de construire est délivré à plusieurs bénéficiaires, la notification doit être effectuée à l'égard de chacun des bénéficiaires du permis, tels que désignés, avec leur adresse, dans l'acte attaqué ; qu'en particulier, dans le cas où le permis est délivré aux membres d'une indivision,* ***la notification doit être faite à ceux des co-indivisaires qui ont présenté la demande de permis et dont le nom, comme l'adresse, figure dans l'acte attaqué*** *ou, lorsque les co-indivisaires ont désigné un mandataire, à ce dernier à l'adresse figurant dans l'acte attaqué* ».

* Le principe veut donc qu'il appartient au requérant de se fonder sur les informations présentes sur permis de construire pour effectuer les notifications qui lui incombent.

Si on relève l'absence de mention sur l'acte attaqué de l'adresse de l'un des co-titulaires du permis de construire en litige, la commune compétente pour délivrer l'acte et les sociétés défenderesses ne peuvent se prévaloir de l'absence de notification du recours contentieux à la société qui n'est pas citée par l'acte, au titre de l'article R. 600-1 du Code de l'urbanisme, pour contester la recevabilité du présent recours, TA Marseille,14 mars 2019, n° 1706064.

E. Cas de transfert de permis

La notification du recours dirigé contre le permis de construire initial peut être faite indifféremment au titulaire initial du permis ou à son nouveau bénéficiaire.

La Cour administrative d'appel de Lyon a récemment précisé que :

« *Si ces dispositions [R. 600-1] dispensent le tiers qui demande au juge l'annulation d'un permis de construire de rechercher l'identité du titulaire actuel de l'autorisation et permettent de s'acquitter de la formalité de notification du recours auprès du seul titulaire désigné dans l'acte initial, elles admettent toutefois, eu égard à l'objectif de sécurité juridique qu'elles visent, que soit regardée comme régulière, en cas de transfert du permis de construire, la notification du recours auprès du seul nouveau titulaire du permis de construire et de l'auteur de la décision* », CAA de Lyon, 6 février 2024, SARL Alta Mauna, n° 23LY00963,

Cette position avait été arrêté depuis un certain temps par le Conseil d'État : « *que cette formalité est régulièrement accomplie dès lors que la notification du recours est adressée au titulaire de l'autorisation tel qu'il est désigné par l'acte attaqué, sans qu'ait d'incidence la circonstance que l'autorisation a été transférée à un nouveau bénéficiaire antérieurement à cette notification* », CE 23 avril 2003, n° 25160.

F. Concernant un cumul de recours (administratif et contentieux)

Dès 1996, le Conseil d'État avait donné des précisions importantes, notamment :

* « *L'auteur d'un recours administratif formé à l'encontre d'un document d'urbanisme ou d'une décision relative à l'occupation ou l'utilisation du sol régie par le code de l'urbanisme est tenu de le notifier dans les mêmes conditions que s'il s'agissait de l'exercice d'un recours contentieux.*

À cet égard, la circonstance qu'une personne forme successivement, ou même simultanément, un recours administratif et un recours contentieux contre le même acte ne la dispense pas du respect des formalités de notification propres à chaque catégorie de recours.

... Pour un recours administratif, le défaut d'accomplissement des formalités de notification de ce recours dans le délai requis rend en principe irrecevable le recours contentieux qui en prendrait la suite.

Toutefois, l'article L. 600-3 du code de l'urbanisme n'a ni pour objet, ni pour effet de frapper d'irrecevabilité un recours contentieux qui, même s'il a été précédé d'un recours administratif non assorti des formalités de notification, a été ***introduit dans le délai de recours contentieux de droit commun de deux mois****. Dans cette hypothèse, la recevabilité du recours contentieux n'est donc subordonnée qu'à la notification de ce recours, aux personnes désignées par la loi, dans les quinze jours francs suivant son enregistrement ».*

Le nouvel article L. 600-12-2 résultant de la loi n° 2025-1129 du 26 novembre 2025 de simplification du droit de l'urbanisme et du logement, rend cette double notification de moins en moins vraisemblable. En effet, la possibilité d'exercer un recours administratif pour pouvoir disposer de plus de temps pour préparer le recours contentieux a disparu. Cet article indique ainsi que *« le délai de recours contentieux contre une décision mentionnée au premier alinéa n'est pas prorogé par l'exercice d'un recours gracieux ou d'un recours hiérarchique »*. Par ailleurs le premier alinéa de cet article dispose que *« le délai d'introduction d'un recours gracieux ou d'un recours hiérarchique à l'encontre d'une décision relative à une autorisation d'urbanisme est d'un mois. Le silence gardé pendant plus de deux mois sur ce recours par l'autorité compétente vaut décision de rejet »*.

§. 5. Tableaux synthétiques de conclusion

Pour vous aider, consultez les tableaux de synthèse à votre disposition :

A. Tableau de synthèse relative à l'évolution de l'article R. 600-1 et de son champ d'application

Le tableau ci-après met en évidence les différentes évolutions et clarifications apportées par la jurisprudence et les réformes successives.

Période	Référence	Évolution et modifications
1994 - 2001	Article L. 600-3	Obligation de notification pour les recours contre les décisions relatives à l'occupation ou l'utilisation du sol, y compris les documents d'urbanisme.
2000	CE, 7 juillet 2000 (Affaire Quetigny Environnement)	Confirmation par le Conseil d'État de l'obligation de notification pour les recours contre les documents d'urbanisme.
Janvier 2001	Article R. 600-1 (remplaçant L. 600-3)	Transposition réglementaire de l'obligation de notification.
2007 (Décret 2007-18 du 5 janvier)	R. 600-1 modifié	- Exclusion des documents d'urbanisme du champ d'application. - Inclusion des certificats d'urbanisme positifs. - Abandon de la formule "décision relative à l'occupation ou l'utilisation du sol" au profit d'une énumération plus précise (permis, déclaration préalable).
2010	CE, Avis du 1er avril 2010 (Mme Roque)	Confirmation que les certificats d'urbanisme négatifs ne nécessitent pas de notification.
2018 (Décret n° 2018-617 du 17 juillet)	Nouvelle rédaction	Stabilisation de la formule : notification requise pour les certificats d'urbanisme et décisions relatives à l'occupation ou l'utilisation du sol.
2019 (Décret n° 2019-303 du 10 avril)	Exceptions introduites	Exclusion des permis modificatifs, décisions modificatives et mesures de régularisation de l'obligation de notification (L. 600-5-2).
2021	CE, 28 mai 2021, n° 437429	La notification ne s'applique pas aux mesures de régularisation adoptées dans le cadre d'un sursis à statuer (L. 600-5-1)

B. Tableau de synthèse des cas relatifs à l'obligation de notification

Catégorie	Décision	Obligation de notification
Refus de l'autorité compétente	Refus de permis de construire	NON
	Refus de retrait de permis de construire	OUI
	Refus de constater la caducité du permis de construire	OUI (avant 2017)/ NON (depuis 2017)
	Refus de délivrance d'un certificat de conformité	NON
	Opposition à des travaux soumis à déclaration préalable	NON
Retrait de décisions d'urbanisme	Retrait d'un permis de construire	NON
Constatations de caducité	Constatation de caducité d'une décision de non-opposition aux travaux	NON
	Appel ou pourvoi contre une décision juridictionnelle constatant l'absence de caducité	OUI
Recours en appel ou pourvoi incidents contre une décision juridictionnelle	Recours contre une décision juridictionnelle constatant l'existence d'une autorisation	OUI
	Recours contre un jugement annulant partiellement un permis	OUI

Catégorie	Décision	Obligation de notification
	Recours contre une décision juridictionnelle enjoignant l'administration de délivrer une autorisation	NON
Autres décisions régies par le Code de l'urbanisme	Unité touristique nouvelle (UTN)	NON
	Décision de préemption	NON
	Délibération instituant un droit de préemption urbain	NON
	Décision qualifiant un projet de travaux d'intérêt général	NON
	Permis de construire valant autorisation d'exploitation commerciale	OUI
Décisions non régies par le Code de l'urbanisme	Autorisation de défrichement (Code de l'environnement)	NON
	Autorisation d'exploiter une décharge (Code de l'environnement)	NON
	Délibération mandatant un maire pour acquérir une parcelle	NON

C. Tableau de synthèse des contraintes procédurales liées à la notification

Catégorie	Règles et précisions
De manière générale	- Le requérant doit adresser au greffe une copie du certificat de dépôt de la lettre recommandée notifiant le recours à l'auteur de la décision contestée et au titulaire de l'autorisation. - La notification doit inclure la copie intégrale du recours et non une simple lettre d'information. - La formalité est réputée accomplie à la date d'envoi de la lettre recommandée avec AR, attestée par le certificat de dépôt. - La copie du recours peut être manuscrite si elle reprend intégralement le texte original. - La production du certificat de dépôt suffit à justifier la notification, sauf preuve contraire apportée par la partie adverse. - La notification n'inclut pas les pièces jointes ou le mémoire ampliatif.
Omission de notification et régularisation	- Un requérant ayant omis de notifier peut se désister et déposer un nouveau recours dans le délai légal en respectant l'obligation de notification (CE, 17 mars 2017, n° 397107). - Si la régularisation n'a pas été effectuée en première instance malgré une invitation à le faire, elle est irrecevable en appel (CAA Lyon, 2 août 2023, n°22LY01100).
Auteur de décision : maire et maire d'arrondissement	- Un recours contre un permis délivré par le maire de Paris peut être notifié au maire d'arrondissement concerné (CE, 30 janvier 2024, n° 471649).
Notification aux titulaires de l'autorisation	- En cas de plusieurs bénéficiaires (indivision), la notification doit être faite à chaque bénéficiaire mentionné dans l'acte ou à leur mandataire désigné (CE, 4 décembre 2017, n° 407165). - Si l'acte attaqué ne mentionne pas l'adresse d'un co-titulaire, l'absence de notification ne peut être invoquée contre le requérant (TA Marseille, 14 mars 2019, n° 1706064).

Catégorie	Règles et précisions
Transfert de permis	- La notification peut être adressée au titulaire initial ou au nouveau bénéficiaire du permis (CAA Lyon, 6 février 2024, n°23LY00963). - La notification reste valable même si le permis a été transféré avant celle-ci (CE, 23 avril 2003, n° 25160).
Cumul de recours (gracieux et contentieux)	- Chaque recours doit être notifié séparément, sauf si le recours contentieux est introduit dans le délai de deux mois (CE, 1996).

2. Le respect des délais de recours : le panneau d'affichage, date unique pour la computation du délai de recours

La recevabilité du recours est liée à la réalisation d'un acte matériel dans le respect des exigences du Code de l'urbanisme, l'affichage de la décision sur le terrain.

Un requérant peut voir son recours pour excès de pouvoir irrecevable en raison du dépassement des délais classiques courant à compter de l'affichage de l'autorisation sur le terrain. Mais il est possible que des informations incomplètes ou non visibles permettent au requérant de ne pas être contraint par la rigueur traditionnelle du délai de recours de 2 mois.

§. 1. La règle de droit positif

Le panneau d'affichage de l'autorisation est devenu **la référence à retenir pour faire courir les délais** de recours. La date d'affichage sur le terrain est en effet la date **unique** à prendre en compte pour la computation du délai de recours de 2 mois.

Le panneau d'affichage est donc sur le plan procédural une disposition importante pour la recevabilité du recours en étant le seul fait générateur pour déclencher le délai de recours comme l'indique l'article **R. 600-2** du Code de l'urbanisme dans sa version applicable depuis le 1er octobre 2007 : « *Le délai de recours contentieux à l'encontre d'une décision de non-opposition à une déclaration préalable ou d'un permis de construire, d'aménager ou de démolir court à l'égard des tiers à compter du premier jour d'une période continue de deux mois d'affichage sur le terrain des pièces mentionnées à l'article R. 424-15.* »

Certes, cette disposition n'est pas nouvelle **mais** ce qui l'est tient dans la suppression de la double référence, à savoir l'affichage sur le terrain et l'affichage en mairie, dans l'appréciation du point de départ du délai de recours.

Cette suppression est moins favorable au requérant car on retenait sous l'empire du droit antérieur la plus tardive des formalités accomplies.

L'affichage en mairie est toujours **obligatoire** mais on comprend qu'il occupe une place **moindre**. Il n'apparaît qu'au 3e alinéa de l'article R 424-15 qui dispose ainsi :

« *En outre, dans les **huit jours** de la délivrance expresse ou tacite du permis ou de la décision de non-opposition à la déclaration préalable, **un extrait** du permis ou de la déclaration, le cas échéant accompagné de la décision explicite de l'autorité administrative mentionnée au II de l'article L. 632-2 du code du patrimoine [l'architecte des bâtiments de France], est publié par voie d'**affichage à la mairie pendant deux mois**. Lorsqu'une dérogation ou une adaptation mineure est accordée, l'affichage en mairie porte sur l'intégralité de l'arrêté. L'exécution de la formalité d'affichage en mairie fait l'objet d'une mention au registre chronologique des actes de publication et de notification des arrêtés du maire prévu à l'article R. 2122-7 du Code général des collectivités territoriales.*
La publication par voie d'affichage en mairie prévue au troisième alinéa peut être remplacée par une publication par voie électronique sur le site internet de la commune ».

§. 2. Les modalités à respecter pour l'affichage (R 424-15)

L'affichage sur le terrain est encadré par l'article R. 424-15 qui donne plusieurs précisions :

- c'est une obligation
- à faire par le détenteur du permis
- très rapidement
- pendant les travaux
- qui se doit d'être visible

« *Mention du permis explicite ou tacite ou de la déclaration préalable doit être affichée sur le terrain, de manière visible de l'extérieur, par les soins de son bénéficiaire, dès la notification de l'arrêté ou dès la date à laquelle le permis tacite ou la décision de non-opposition à la déclaration préalable est acquis et pendant toute la durée du chantier* ».

Le droit choisit de responsabiliser le bénéficiaire du permis dont on suppose qu'il sera réactif dans l'accomplissement de l'affichage de « son » permis sur le terrain plutôt que préférer l'affichage en mairie. La publicité des actes individuels délivrés par une collectivité publique par un affichage en mairie avec tampon officiel de la date de cet affichage, avec enregistrement matérialisé ou dématérialisé par site web devrait être, de notre point de vue la référence logiquement privilégiée. Mais tel n'est pas le cas, alors que peuvent exister des difficultés liées à l'affichage sur le terrain.

§. 3. Les possibles difficultés contentieuses liées à l'affichage sur le terrain

En effet, l'affichage sur le terrain est tenu par une visibilité et une continuité que devra assurer le bénéficiaire du permis. Il doit par ailleurs mentionner toutes les informations nécessaires sinon le délai de recours ne peut commencer à courir.

A. Concernant la visibilité de l'affichage du panneau

Le Conseil d'État a apporté les précisions suivantes dans ce domaine : lisibilité de l'affichage depuis la voie publique ou privée ouverte à la circulation. C'est une obligation quel que soit l'emplacement du terrain par rapport à la voie publique ou privée la plus proche. Le but est de permettre une information des tiers qui, théoriquement, n'empruntent pas les voies d'un lotissement où une construction a été projetée et autorisée. Le Conseil d'État, dans une décision du 27 juillet 2015, n° 370846, au sujet d'un affichage du permis sur terrain non visible depuis la route, a donné les précisions suivantes :

« 2.... *l'affichage du permis de construire sur le terrain d'assiette de la construction autorisée doit être effectué de telle façon que les mentions qu'il comporte soient* ***lisibles*** *de la voie publique ou, lorsque le terrain n'est pas desservi par une voie publique, d'une voie privée ouverte à la circulation du public ; que lorsque le terrain d'assiette n'est pas desservi par une telle voie et que l'affichage sur le terrain ne pourrait, dès lors, satisfaire à cette exigence, seul un affichage sur un panneau placé en bordure de la voie publique ou de la voie privée ouverte à la circulation du public la plus proche du terrain fait courir le délai de recours contentieux à l'égard des tiers autres que les voisins qui empruntent la voie desservant le terrain pour leurs besoins propres ;*

3.... qu'après avoir relevé que la parcelle sur laquelle M. et Mme B... envisageaient de construire leur maison se trouvait au sein d'un lotissement au fond d'une impasse, la Cour administrative d'appel de Douai a jugé qu'il ne ressortait pas des pièces du dossier que cette voie privée ait été ouverte à la circulation publique ; qu'elle a ainsi souverainement apprécié, sans les dénaturer, les pièces du dossier qui lui était soumis ; qu'elle a pu en déduire sans commettre d'erreur de droit que M. et Mme B..., qui avaient apposé le panneau d'affichage en bordure de leur terrain, ne justifiaient pas du caractère visible de la voie publique ou d'une voie privée ouverte à la circulation du public des renseignements exigés, conformément aux dispositions des articles R. 421-39 et A. 421-7 du Code de l'urbanisme et qu'ainsi le délai de recours contentieux n'avait pu courir à l'encontre du

Groupement de défense de l'environnement de l'arrondissement de Montreuil-sur-Mer ; ».

B. Concernant la continuité de l'affichage du panneau

La preuve de la pérennité de l'affichage peut être établie par tous moyens, y compris par des témoignages de particuliers, du voisinage, des personnes qui de préférence n'ont pas de liens spécifiques avec le bénéficiaire du permis. Le procès-verbal d'huissier est sûrement le procédé le plus fiable. Plus certainement les outils numériques liés à la dématérialisation sont des moyens de preuve permettant d'attester de la continuité de l'affichage.

La Cour administrative d'appel de Lyon a donné des précisions utiles en indiquant que les constatations d'un commissaire de justice, fondées sur un accès sécurisé à un coffre-fort numérique contenant des preuves datées de l'affichage d'un permis de construire, sont recevables et probantes, malgré l'absence de constat sur le terrain :

« 6. (…) *il ressort des pièces du dossier qu'un huissier (désormais commissaire de justice) a attesté le 2 décembre 2019 s'être connecté avec son propre matériel informatique à l'adresse internet du coffre-fort numérique sécurisé "Digiposte" ouvert par les bénéficiaires du permis de construire en litige, en détaillant les modalités précises de connexion. Il a inséré dans son constat des captures d'écran des cinq photographies d'affichage sur le terrain de ce permis, qui se trouvent dans ce coffre-fort et qui indiquent leurs dates d'insertion, les 28 septembre, 1er octobre et 8 décembre 2017. Il relève enfin dans ce même constat s'être déplacé sur les lieux, le jour de ce constat, pour relever l'exactitude de la géolocalisation, en prenant à cette date à nouveau des photographies du panneau et en soulignant qu'elles corroborent les photographies précédemment prises, tant dans leur contenu que leur emplacement. Ces constatations sont, en outre, corroborées par diverses attestations produites par les pétitionnaires dont l'une, bien qu'établie le 11 juin 2020, est suffisamment circonstanciée.* ***Les constatations faites par l'huissier, relatives à l'affichage du permis de construire en litige sur le terrain, doivent, eu égard notamment à la nature de ce coffre-fort numérique et à la sécurité qu'il apporte, plus particulièrement s'agissant des dates de versement des documents, qui ne peuvent être modifiées, être prises en compte, alors même qu'aucun constat d'huissier propre à attester de cet affichage sur le terrain n'a été réalisé en 2017****. Ces constatations ne sont par ailleurs contredites par aucun élément produit par les requérants. Dans ces conditions, elles permettent d'établir l'existence et la continuité de l'affichage du permis de construire à compter du 28 septembre 2017 sur le terrain d'assiette du projet, le long de la rue du 19 mars 1962, la circonstance que le panneau d'affichage ait été déplacé de quelques mètres le long de la même façade étant sans incidence sur la réalité et la continuité de celui-ci* », CAA Lyon, 12 décembre 2023, M. et Mme B ; n°21LY04307.

Le juge ne peut obliger le bénéficiaire du permis à apporter la preuve de la continuité de l'affichage lorsqu'il avance pour sa défense que le recours est irrecevable et alors que les requérants en attaquant le permis se sont bornés « *à déclarer que rien n'établissait que l'affichage avait été régulier, sans apporter le moindre élément de nature à mettre en doute qu'il ait été maintenu pendant une période continue de deux mois* ».

Pour le Conseil d'État, le juge « *doit apprécier la continuité de l'affichage en examinant l'ensemble des pièces qui figurent au dossier qui lui est soumis* ». Dans un cas d'espèce jugé en 2018, la Haute juridiction précise : « *Toutefois, s'il incombe au bénéficiaire d'un permis de construire de justifier qu'il a accompli les formalités d'affichage prescrites par les dispositions précitées, le juge doit apprécier la continuité de l'affichage en examinant l'ensemble des pièces qui figurent au dossier qui lui est soumis. Il suit de là qu'en mettant à la charge [du bénéficiaire] la preuve de la continuité de l'affichage sur le terrain, alors que [les requérants] se bornaient à déclarer que rien n'établissait que l'affichage avait été régulier, sans apporter le moindre élément de nature à mettre en doute qu'il ait été maintenu pendant une période continue de deux mois, la Cour administrative d'appel a commis une erreur de droit qui justifie la cassation de l'arrêt attaqué* », Conseil d'État, 17 décembre 2018, n° 411920.
La seule charge de principe qui incombe au bénéficiaire d'un permis de construire est de justifier qu'il a accompli les formalités d'affichage prescrites par les dispositions. Le bénéficiaire n'a pas à apporter la preuve de la continuité de l'affichage sur le terrain, alors que le requérant ne donne aucun élément mettant en doute cette continuité. Il est ainsi impossible de contester la continuité de l'affichage sans apporter le moindre élément à l'appui de ce genre d'allégations, ce qui est assez compréhensible.

C. Concernant les informations présentes sur le panneau

a. L'obligation de notifier le recours

Une des informations essentielles à indiquer est transcrite au 2e alinéa de l'article R 424-15 et concerne l'obligation de notifier le recours. Un arrêté ministériel règle le contenu et les formes de l'affichage. Aux termes de l'article A. 424-17 du Code de l'urbanisme : « Le panneau d'affichage comprend la mention suivante : « *Le délai de recours contentieux est de deux mois à compter du premier jour d'une période continue de deux mois d'affichage sur le terrain du présent panneau* ». Celui qui regarde le panneau apprend ainsi aisément qu'il doit, selon l'article R. 600-1, à peine d'irrecevabilité, notifier tout recours administratif ou tout recours contentieux à l'auteur de la décision et au bénéficiaire du permis ou de la décision prise sur la déclaration préalable.

Ainsi, si cette mention n'est pas présente sur le panneau d'affichage, les délais de recours ne courent pas pour les tiers. Par principe, un recours pour excès de pouvoir au-delà des 2 mois reste recevable.

Cependant, cette règle ne coïncide pas avec l'objectif de sécurité juridique poursuivi par les pouvoirs publics. Pour le juge : « *Le principe de sécurité juridique, qui implique que ne puissent être remises en cause sans condition de délai des situations consolidées par l'effet du temps, fait obstacle à ce que puisse être contesté* ***indéfiniment*** *par les tiers un permis de construire, une décision de non-opposition à une déclaration préalable, un permis d'aménager ou un permis de démolir* » (en ce sens, pour l'apparition de ce principe, voir CE 24 mars 2006, société KPMG n° 288460, Lebon).

Un recours contentieux doit donc, pour être recevable, être présenté dans un délai raisonnable à compter du premier jour de la période continue de deux mois d'affichage sur le terrain. En règle générale et sauf circonstance particulière dont se prévaudrait le requérant, **un délai excédant un an ne peut être regardé comme raisonnable** (Conseil d'État, 17 décembre 2018, 411920).

On comprend que la jurisprudence « *Czabaj* » (CE, 13 Juillet 2016, n° 387763) s'applique dans cette hypothèse au contentieux de l'urbanisme : l'article R. 421-5 du Code de Justice administrative (CJA) prévoit que le délai de 2 mois n'est opposable à l'auteur du recours qui peut voir sa demande rejetée pour tardiveté, que si la notification qu'il a reçue **mentionnait les voies et délais de recours**. Mais, il résulte du principe de sécurité juridique, qui bénéficie aux administrés comme à l'administration, qu'un recours juridictionnel ne peut être exercé au-delà d'un délai raisonnable (au moins par le destinataire d'une décision individuelle selon le cas de figure de la décision Czabaj). En règle générale, ce délai ne saurait excéder **un an** à compter de la date à laquelle une décision expresse lui a été **notifiée** ou de la date à laquelle il est établi qu'il **en a eu connaissance**. Par une décision prise en 2018 également (CE, 9 novembre 2018, n° 409872, Lebon), le Conseil d'Etat étend explicitement la portée de la jurisprudence Czabaj aux recours formés à l'encontre d'une autorisation d'urbanisme.

De plus, comme l'indique la décision précitée, cette limitation dans le temps du droit de recours est également à relier à l'article R. 600-3 (version en vigueur depuis le 19 juillet 2018), selon lequel : « *aucune action en vue de l'annulation d'un permis de construire ou d'aménager ou d'une décision de non-opposition à une déclaration préalable n'est recevable* ***à l'expiration d'un délai de six mois à compter de l'achèvement de la construction ou de l'aménagement****. Sauf preuve contraire, la date de cet achèvement est celle de la réception de la déclaration d'achèvement mentionnée à l'article R. 462-1* ».

Pour le Conseil d'État, le délai mentionné à R. 600-3 est impératif : « *qu'il résulte en outre de l'article R. 600-3 du Code de l'urbanisme qu'un recours présenté postérieurement à l'expiration du délai qu'il prévoit n'est pas recevable, alors même que le délai raisonnable mentionné ci-dessus [d'un an] n'aurait pas encore expiré* ». Ce délai est de 6 mois depuis juillet 2018 contre

1 an selon le décret de 2007 comme le rappelle le Conseil dans cette espèce (Conseil d'État, 9 novembre 2018, précité).

b. Des informations indispensables

L'article A. 424-16 du Code de l'urbanisme précise qu'un certain nombre d'informations sont nécessaires et leur affichage sur le panneau doit être respecté. Pour l'essentiel, il s'agit des points suivants :

- le nom, la raison sociale ou la dénomination sociale du bénéficiaire, la date et le numéro du permis, la nature du projet et la superficie du terrain ainsi que l'adresse de la mairie où le dossier peut être consulté.

- Si le projet prévoit des constructions, la **superficie du plancher** hors œuvre nette autorisée ainsi que la **hauteur** de la ou des constructions, exprimée en mètres par rapport au sol naturel.

- Si le projet prévoit des **démolitions**, la surface du ou des bâtiments à démolir.

- dans l'hypothèse d'un lotissement, le nombre maximum de lots prévus.

Selon le Conseil d'État qui a rendu une décision instructive sur ces points (CE, 25 février 2019, n° 416610) : « *qu'en imposant que figurent sur le panneau d'affichage du permis de construire diverses informations sur les caractéristiques de la construction projetée (...), les dispositions rappelées* [c'est à dire ici R. 600-2, R. 424-15, A. 424-1, A. 424-16 du Code de l'urbanisme] *ont eu pour objet de permettre aux tiers,* ***à la seule lecture de ce panneau, d'apprécier l'importance et la consistance du projet,*** *le délai de recours ne commençant à courir qu'à la date d'un affichage complet et régulier* ».

Cette jurisprudence s'inscrit dans la continuité de décisions déjà anciennes, au sujet de la hauteur de la construction prévue :

- « *Considérant qu'il ressort des pièces du dossier que le panneau installé sur le chantier des immeubles dont le permis de construire est attaqué ne comportait pas la mention de la hauteur des constructions prévues ; que cette mention était nécessaire s'agissant de volumes nouveaux ; que la publication réalisée ne peut être regardée comme complète et régulière, alors qu'aucune indication ne permettait aux tiers d'estimer cette hauteur* », CE, 16 février 1994, Société Northern Telecom Immobilier, n° 138207, Lebon.

- « *que l'affichage ne peut, en principe, être regardé comme complet et régulier si cette mention fait défaut ou si elle est affectée d'une erreur substantielle, alors qu'aucune autre indication ne permet aux tiers d'estimer cette hauteur ;*

Considérant, par suite, qu'en jugeant qu'était sans conséquence sur la régularité de l'affichage la circonstance que la mention de la hauteur du bâtiment aurait été erronée, dès lors que les mentions figurant sur le panneau permettaient d'identifier le permis de construire et d'en consulter le dossier à la mairie, la Cour administrative d'appel de Bordeaux a entaché son arrêt d'une erreur de droit », CE, 6 juillet 2012, n° 339883.

Le juge maintient ici une jurisprudence qui refuse de faire prospérer un recours sur un fondement trop fragile.

En l'occurrence, au sujet de la question du nom du bénéficiaire du permis :

« ... la circonstance que, contrairement aux prescriptions (...) de l'article A 421-7 du Code de l'urbanisme, le panneau d'affichage du permis de construire ne mentionne pas le nom du bénéficiaire, ne fait pas obstacle par elle-même à ce qu'il soit regardé comme suffisant pour l'application des dispositions précitées de l'article R. 490-7 du même code ***dès lors que les autres indications qui y sont portées permettent aux intéressés*** *qui seraient susceptibles de contester devant le juge administratif la légalité du permis* ***de l'identifier dans des conditions équivalentes*** *; que les dispositions de l'article R. 600-1 du même code sont sans incidence sur les conditions dans lesquelles doit être apprécié le caractère suffisant des modalités d'affichage pour déterminer la date à laquelle commence à courir le délai de recours contentieux contre le permis de construire ; que, par suite, en jugeant, pour admettre la recevabilité des conclusions au fond présentées par l'association des rues Mistral-Pagnol à Nice, que la mention du nom du propriétaire du terrain aux lieu et place de celui du bénéficiaire du permis entachait d'irrégularité l'affichage eu égard aux exigences de l'article R. 600-1 du Code de l'urbanisme et qu'ainsi le délai de recours n'avait pas couru, le juge des référés du tribunal administratif de Nice a commis une erreur de droit ; que la ville de Nice et M. X sont fondés à demander, pour ce motif, l'annulation de l'ordonnance attaquée (*CE, 14 novembre 2003, Ville de Nice et M. Schiller, n° 254003, 254065*).*

Le juge estime dans cette affaire que le panneau indiquait le nom du propriétaire du terrain ainsi que le nom de l'autorité décisionnaire (le maire de Nice), ce qui permettait d'identifier le bénéficiaire du permis sans difficulté auprès des services de la ville de Nice.

Parfois, le juge semble peu exigeant sur le respect des informations à indiquer, ainsi que l'indique cet arrêt de cour administrative d'appel : « s*i la date d'affichage en mairie du permis et si l'adresse de la commune ne sont pas indiquées sur le panneau d'affichage, ces erreurs ne sont pas de nature à affecter la capacité des tiers à identifier, à la seule lecture de ce panneau d'affichage, l'administration à laquelle il convient de s'adresser pour consulter le dossier* », CAA Lyon, 12 décembre 2023, M. et Mme B ; n°21LY04307.

§. 4. Tableaux de synthèse portant sur le respect des délais de recours en urbanisme à partir de l'affichage du permis sur le terrain

A. Tableau : Rappel général du régime de recours

Élément clé	Description
Point de départ du délai de recours	Affichage sur le terrain du panneau (art. R.600-2)
Durée du délai de recours	2 mois à partir d'un affichage complet et continu
Recours recevable malgré dépassement	Oui, si l'affichage est incomplet, non visible ou non conforme
Ancien régime	Le plus tardif entre l'affichage en mairie et sur le terrain (double référence)
Nouveau régime (depuis 2007)	Seul l'affichage sur le terrain fait courir le délai

B. Tableau : Conditions de validité de l'affichage sur le terrain (art. R.424-15 et A.424-16)

Condition	Détail	Jurisprudence
Visibilité	Doit être visible depuis voie publique ou voie privée ouverte à la circulation	CE, 27 juill. 2015, n° 370846
Continuité	Affichage pendant toute la durée du chantier, de manière continue	CE, 17 déc. 2018, n° 411920
Moyens de preuve	Tous moyens : témoignages, photos, constat d'huissier, coffre-fort numérique (ex. Digiposte)	CAA Lyon, 12 déc. 2023, n°21LY04307

Condition	Détail	Jurisprudence
Informations obligatoires	Nom du bénéficiaire, nature et caractéristiques du projet, adresse de la mairie, hauteur, superficie, etc.	CE, 25 févr. 2019, n° 416610
Mention de la notification du recours	Obligation d'informer sur R.600-1	Sous réserve jurispr. *Czabaj* et R. 600-3

C. Tableau : Encadrement juridique et textes applicables

Textes	Objet
Article R. 600-2	Point de départ du délai de recours (affichage sur le terrain)
Article R. 424-15	Conditions d'affichage sur le terrain
Article R. 600-1	Obligation de notifier le recours à l'auteur de la décision et au bénéficiaire
Article A. 424-16	Informations obligatoires à faire figurer sur le panneau
Article R. 600-3	Délai maximum pour contester après achèvement (6 mois)

D. Schéma logique de la computation du délai de recours

Affichage sur le terrain (R. 600-2)

Affichage conforme (Visibilité, continuité, Informations complètes)	Affichage non conforme (informations manquantes, défaut de visibilité, discontinuité)
Délai de 2 mois court	Délai ne court pas
Recours hors-délai = irrecevable	Recours hors-délai = Recevable, sous réserve de délai raisonnable et R. 600-3

3. Le recours administratif préalable obligatoire (RAPO) en matière d'urbanisme commercial

Le facteur temps est une question classique, en contentieux de droit public comme de droit privé, pour l'introduction régulière d'une contestation juridictionnelle. On le retrouve tout spécialement en droit de l'urbanisme en général et dans le cadre de l'urbanisme commercial en particulier.

Dans le domaine de l'urbanisme commercial, il est indispensable de faire un recours administratif préalable avant de poursuivre sur le plan strictement contentieux. La règle de droit positif est claire : irrecevabilité du recours contentieux en l'absence de recours administratif préalable en matière d'urbanisme commercial.

§. 1. La règle de droit positif

Le cas d'irrecevabilité, propre au contentieux de l'urbanisme commercial, qui impose au requérant pour le déjouer de faire un recours préalable obligatoire, est prévu par la loi. En effet, en vertu de l'article L. 425-4 du Code de l'urbanisme : « *À peine d'irrecevabilité, la saisine de la commission nationale par les personnes mentionnées à l'article L. 752-17 du (...) Code (du commerce) est un préalable obligatoire au recours contentieux dirigé contre la décision de l'autorité administrative compétente pour délivrer le permis de construire* ».

Les personnes susceptibles d'exercer ce RAPO sont :

- le demandeur,
- le représentant de l'État dans le département,
- tout membre de la commission départementale d'aménagement commercial,

- tout professionnel dont l'activité, exercée dans les limites de la zone de chalandise définie pour chaque projet, est susceptible d'être affectée par le projet ou toute association les représentant.

Elles peuvent, dans le délai d'un mois, **introduire un recours devant la Commission nationale d'aménagement commercial (CNAC)** contre l'avis de la commission départementale d'aménagement commercial.

Si on applique les règles du contentieux administratif, le Conseil d'État reconnaît que le requérant peut introduire son recours contentieux sans attendre la réponse de l'administration s'il pense nécessaire d'agir rapidement : « *En droit, le Tribunal doit vérifier si une décision explicite ou implicite a été rendue* ***au jour où il statue*** *et non au jour où il est saisi* » (Conseil d'État, 16 juin 2021, n° 44064, concernant le RSA par la CAF).

Les raisons du RAPO en ce domaine s'expliquent par la liaison des législations. D'après l'article L. 425-4 du Code de l'urbanisme : « *Lorsque le projet est soumis à autorisation d'exploitation commerciale au sens de l'article L. 752-1 du code de commerce,* ***le permis de construire tient lieu d'autorisation dès lors que la demande de permis a fait l'objet d'un avis favorable de la commission départementale*** *d'aménagement commercial ou, le cas échéant, de la Commission nationale d'aménagement commercial* ».

Le recours préalable, souhaité par le Conseil d'État pour le contentieux de l'urbanisme en général[14], s'est donc matérialisé dans le seul secteur de l'urbanisme commercial en 2014 sous l'effet combiné de la loi du 18 juin 2014 relative à l'artisanat, au commerce et aux très petites entreprises (*JORF*, 19 juin 2014) et la loi du 24 mars 2014 pour l'accès au logement et un urbanisme rénové (ALUR, *JORF* 26 mars 2014). Il y a ici de « l'optimisation » dans le traitement des conflits afin d'éviter l'encombrement du prétoire, mais il aurait peut-être été judicieux, au moins au titre expérimental, de l'appliquer de manière moins confinée.

Il faut préciser que le juge administratif ne peut examiner un recours contre un permis de construire valant autorisation d'exploitation commerciale que dans la limite de la qualité du requérant.

Si le requérant est un concurrent commercial, seuls les moyens relatifs à l'autorisation commerciale sont recevables. À l'inverse, un voisin « classique », c'est-à-dire une personne non visée par l'article L. 752-17 du code du commerce, ne peut contester la régularité du permis de construire qu'au regard des règles du droit de l'urbanisme *stricto sensu* et donc sans aller sur les considérations de fait et de droit liées au code du commerce.

---

[14] Conseil d'État, étude sur les recours administratifs préalables obligatoires (RAPO), 2007. « Dans beaucoup de domaines comme l'urbanisme, le choix a été fait de ne pas proposer d'extensions, du moins pour le moment », in conférence de presse.

Ainsi, selon l'article L. 600-1-4, « *Lorsqu'il est saisi par une personne mentionnée à l'article L. 752-17 du code de commerce d'un recours pour excès de pouvoir dirigé contre le permis de construire mentionné à l'article L. 425-4 du présent code, le juge administratif ne peut être saisi de conclusions tendant à l'annulation de ce permis* ***qu'en tant qu'il tient lieu*** *d'autorisation d'exploitation commerciale. Les moyens relatifs à la régularité de ce permis* ***en tant qu'il vaut autorisation de construire*** *sont irrecevables à l'appui de telles conclusions* ».

En revanche, « *lorsqu'il est saisi par une personne mentionnée à l'article L. 600-1-2 [cad une personne physique, une personne morale ou une association] d'un recours pour excès de pouvoir dirigé contre le permis de construire mentionné à l'article L. 425-4, le juge administratif ne peut être saisi de conclusions tendant à l'annulation de ce permis qu'en tant qu'il vaut autorisation de construire. Les moyens relatifs à la régularité de ce permis en tant qu'il tient lieu d'autorisation d'exploitation commerciale sont irrecevables à l'appui de telles conclusions* ».

Le cas spécifique de l'autorisation d'urbanisme commercial fait apparaître deux commissions, la Commission nationale d'aménagement commercial (CNAC) et la commission départementale d'aménagement commercial (CDAC).

La CNAC, organe collégial d'appel, est par principe saisie par le RAPO de la décision de la CDAC.

Des contraintes procédurales sont à respecter comme l'indique notamment une décision « Bridecar », CE, 4 juillet 2012, Société Bridecar, n° 353314 : « *La circonstance que le commissaire du gouvernement de la commission nationale d'aménagement commercial appartienne aux services du ministre du Commerce ne le dispense pas de recueillir et présenter l'avis de ce dernier, qui a la qualité de ministre intéressé au sens des dispositions de l'article R. 752-51 du code de commerce, avant de donner son propre avis sur les demandes examinées par la commission* ».

§. 2. Éclairages jurisprudentiels

A. Concernant les décisions rendues par la CNAC

Le code de commerce indique que « *la décision de la commission départementale d'aménagement commercial peut, dans un délai d'un mois, faire l'objet d'un recours devant la Commission nationale d'aménagement commercial. La commission nationale se prononce dans un délai de quatre mois à compter de sa saisine...* », article L. 752-17.

Lorsque la commission nationale ne s'est pas prononcée sur un recours avant l'expiration du délai de quatre mois prévus contre une décision favorable de la

CDAC, une décision implicite de rejet du recours du requérant vaut autorisation implicite à l'issue desdits quatre mois, CE, 4 juillet 2012, Société Bridecar, n° 353314).

Dans l'hypothèse d'une décision implicite de la CNAC, ensuite retirée, le Conseil d'État a précisé les effets du silence de la CNAC : elle donne naissance à une décision implicite du rejet du recours. Dans le cas du retrait ultérieur de cette décision par la CNAC par une décision explicite, l'effet de l'annulation de cette décision explicite conduit à ce que le projet bénéficie à nouveau de l'autorisation implicite de la CNAC, CE, 11 février 2015, SA Aubert France, n° 373673.

Cette espèce indique que lorsque la Commission nationale d'aménagement commerciale (CNAC) est saisie d'un recours administratif préalable obligatoire contre une décision d'autorisation de la commission départementale d'aménagement commerciale (CDAC), son silence pendant 4 mois fait naître une décision implicite de rejet du recours se substituant à la décision de la CDAC et valant nouvelle autorisation du projet. Si la CNAC retire ensuite cette décision implicite (favorable au pétitionnaire) pour y substituer une décision explicite (défavorable au pétitionnaire) faisant ainsi droit au recours administratif et refusant d'autoriser le projet, l'annulation par le juge de l'excès de pouvoir de cette décision explicite de la CNAC à la demande du pétitionnaire a pour effet de faire revivre la décision implicite autorisant le projet, qui peut également faire l'objet d'un recours pour excès de pouvoir.

Dans cette décision du Conseil du 11 février 2015, la commission départementale d'aménagement commercial de l'Essonne a accordé à la SCI GVM l'autorisation préalable requise en vue d'étendre un ensemble commercial par la création d'un magasin de 2 222 m² de surface de vente. Mais un probable concurrent, la SA Aubert France a formé contre cette décision, devant la Commission nationale d'aménagement commercial, un recours qui a été rejeté par une décision implicite du 12 mars 2011 valant autorisation du projet. Or, La CNAC va changer d'avis et par une décision du 23 mars 2011, elle a retiré cette décision du 12 mars 2011 et rejeté la demande d'autorisation.

Le Conseil d'État, saisi par la SCI GVM, et statuant au contentieux par une décision du 23 octobre 2013, a annulé la décision du 23 mars 2011. L'annulation de ce retrait a eu pour effet de faire revivre la décision implicite du 12 mars 2011 au profit de la SCI GVM, dont la SA Aubert France demandait l'annulation pour excès de pouvoir.

B. Concernant le respect des délais par la Commission nationale d'aménagement commercial (CNAC)

Dans l'hypothèse où la CNAC a notifié trop tard sa décision d'auto-saisine d'un projet, dépassant le délai légal d'un mois après l'avis favorable initial, alors elle n'était pas compétente pour substituer un avis défavorable, rendant sa décision illégale, Conseil d'État, 17 juin 2024, n° 461667 :

« *10. Il ressort des pièces du dossier que l'avis favorable au projet de la société de l'Aygue Longue émis par la commission départementale d'aménagement commercial de la Gironde le 19 septembre 2019 a été notifié à la Commission nationale d'aménagement commercial le 8 octobre 2019, de sorte que le délai d'un mois prévu par les dispositions du V de l'article L. 752-17 du code de commerce a commencé à courir dès le lendemain et expirait le 8 novembre 2019. Il ressort également des pièces du dossier que la Commission nationale d'aménagement commercial n'a expédié sa décision d'auto-saisine, en date du 7 novembre 2019, que par un pli posté le vendredi 8 novembre suivant et qu'il n'a pas été notifié au demandeur avant l'expiration du délai précité. Dans ces conditions, la société requérante est fondée à soutenir que la Commission nationale d'aménagement commercial ne s'est pas compétemment autosaisie du projet litigieux et ne pouvait, dès lors, légalement substituer, à l'avis favorable de la commission départementale, l'avis défavorable qu'elle a émis le 23 novembre 2020. Contrairement à ce que soutient la Commission nationale d'aménagement commercial, cette irrégularité a nécessairement été de nature à entacher la décision prise d'illégalité.* ».

C. Concernant la recevabilité d'une association contre un permis autorisant un centre commercial

La recevabilité d'une association contre un permis autorisant un centre commercial doit s'apprécier au regard de son statut et de la nature et l'importance des constructions autorisées : Conseil d'État, 1er décembre 2023, n° 466492, association « En toute franchise département du Var ».

Dans cette espèce, le conseil relève qu'une association requérante s'est donné pour objet statutaire d'assurer, dans l'ensemble du département du Var, « *la défense et la préservation du cadre de vie contre toute atteinte qui y serait portée par la planification ou l'autorisation de surfaces destinées au commerce* », notamment en veillant *« à la légalité des autorisations d'urbanisme portant sur des surfaces destinées au commerce, y compris celles ne nécessitant pas la saisine de la commission départementale d'aménagement commercial* ». L'association requérante justifie, eu égard à son objet statutaire et à la nature et l'importance des constructions autorisées, d'un intérêt lui donnant qualité pour demander l'annulation excès de pouvoir du permis litigieux. En l'occurrence, le permis autorisait trois bâtiments à construire en vertu de l'acte attaqué, totalisant une surface de plancher de plus de 7 100 mètres carrés et destinés à accueillir des activités artisanales et commerciales.

On note ici un revirement du Conseil d'État : la jurisprudence « *Association pour la sauvegarde du patrimoine martiniquais* » avait refusé de reconnaître l'intérêt à agir d'une association, qui entendait défendre notamment le cadre de vie dans l'ensemble du département, contre un permis de construire de six bâtiments sur le territoire d'une commune (CE, 9 décembre 1996, n° 155477).

D. contentieux à venir

Il est fort vraisemblable que le contentieux se développe en lien avec l'application du décret d'application de la loi Climat et Résilience du 22 août 2021[15] relatif aux modalités d'octroi de l'autorisation d'exploitation commerciale pour les projets qui engendrent une artificialisation des sols. Le décret n° 2022-1312 du 13 octobre 2022 précise en effet les modalités d'application des dérogations et définit les projets commerciaux considérés comme engendrant une artificialisation des sols, au sens de cette législation.

4. L'irrecevabilité des associations spontanées

Un cas d'irrecevabilité lié au temps, peu généreux pour les requérants, se manifeste avec force à l'égard des associations. La loi n° 2006-872 du 13 juillet 2006 portant « Engagement national pour le logement » (ENEL) pose **un frein** à la recevabilité des recours en annulation déposés par des associations contre un permis ou une déclaration préalable. Cette mesure a été renforcée par la loi ELAN n° 2018-1021 du 23 novembre 2018.

En effet, en vertu de l'article L. 600-1-1 du Code de l'urbanisme : « *Une association n'est recevable à agir contre une décision relative à l'occupation ou l'utilisation des sols que si le dépôt des statuts de l'association en préfecture est intervenu* ***au moins un an avant l'affichage*** *en mairie de la demande du pétitionnaire* ». À l'affichage en mairie, il faut ajouter la publication par voie électronique sur le site internet (décret du 23 juillet 2021, sachant que la dématérialisation est effective depuis le 1er janvier 2022).

La loi ENEL de 2006 évoquait seulement que les statuts soient déposés « antérieurement » sans autre précision de temps. Cette disposition s'inscrit à rebours de la jurisprudence administrative qui a souvent témoigné d'un certain libéralisme au sujet de la recevabilité des associations parfois même en cours de constitution.

Le législateur a mis fin à la formation spontanée d'associations de quartier qui se créaient *ad hoc* pour s'opposer à un projet immobilier, en général suffisamment important pour mobiliser ainsi plusieurs propriétaires. Le législateur, par cette disposition, les réduit à des acteurs représentatifs seulement des intérêts d'un groupe minoritaire d'individus mettant en cause le bien-fondé d'une décision administrative individuelle prise par un élu qui dispose quant à lui d'une légitimité démocratique sous-tendue par un intérêt général. Cette

---

[15] Loi n° 2021-1104 du 22 août 2021 portant lutte contre le dérèglement climatique et renforcement de la résilience face à ses effets, *JORF* n° 0196 du 24 août 2021.

mesure transforme la nature des associations qui pourront effectivement se porter requérantes et celles-ci vont connaître nécessairement une certaine « professionnalisation ».

Pour rappel, à la fin des années 70, la mission du délégué à la qualité de la vie avait été chargé « *de développer la vie associative dans le domaine de la qualité de la vie* » (cf. article 2 du décret du 6 mars 1978 portant réorganisation des services du ministère de la Culture et de l'Environnement). Manifestement cela a été un succès puisque le législateur en 2006 tente de modérer cette vitalité réduite encore en 2018 avec la loi ELAN.

Cette condition de recevabilité fondée sur une considération de temps nous semble être une limitation non avouée de l'intérêt pour agir mais décidée *a priori* par le législateur et de façon telle que le juge administratif s'en trouve lié.

Certes, l'article L. 600-1-2 a tenté de minimiser l'impact de cette mesure en instaurant une présomption d'intérêt pour agir des associations, contrairement aux particuliers. En effet, cette disposition différencie explicitement les personnes autres que l'Etat, les collectivités territoriales ou leurs groupements ou une association (…) pour être recevable à former un recours pour excès de pouvoir. L'article L. 600-7 prévoyait ainsi que « *lorsqu'une association régulièrement déclarée et ayant pour objet principal la protection de l'environnement au sens de l'article L. 141-1 du code de l'environnement est l'auteur du recours, elle est* ***présumée agir*** *dans les limites de la défense de ses intérêts légitimes* ». L'objectif poursuivi était que l'association ne risquait pas d'être condamnée pour recours abusif. Mais ce dispositif a été abandonné cet article ayant été modifié par la loi ELAN n° 2018-1021 du 23 novembre 2018, ce qui est révélateur de la volonté de réduire le contentieux à l'origine duquel se trouvent les associations, ce qui est certes fréquent.

On relèvera que le Conseil d'État a jugé que « l'*article 2 de la Charte de l'environnement aux termes de laquelle "toute personne a le devoir de prendre part à la préservation et à l'amélioration de l'environnement" ne saurait par lui-même, conférer à toute personne qui l'invoque intérêt pour former un recours pour excès de pouvoir à l'encontre de toute décision administrative qu'elle entend contester* », CE, 3 août 2011, Mme Buguet[16].

---

[16] Voir le lien suivant : https://notreaffaireatous.org/vers-une-censure-de-linteret-a-agir-des-associations-de-protection-de-lenvironnement-dans-le-contentieux-administratif/

5. L'irrecevabilité des recours 6 mois après la déclaration d'achèvement des travaux (DAACT)

§. 1. Le principe : R. 600-3

Le facteur temps est indubitablement une condition de la recevabilité d'une action contentieuse dans la mesure où l'article R. 600-3 du Code de l'urbanisme dispose : « *aucune action en vue de l'annulation d'un permis de construire ou d'aménager ou d'une décision de non-opposition à une déclaration préalable n'est recevable à l'expiration d'un délai de 6 mois à compter de l'achèvement de la construction ou de l'aménagement.*

Sauf preuve contraire, la date de cet achèvement est celle de la réception de la déclaration d'achèvement mentionnée à l'article R. 462-1 ».

La période évoquée de 6 mois résulte du décret n° 2018-617 du 17 juillet 2018, sachant que depuis 2007, le délai était d'un an. Cette réduction de moitié du délai pour faire un recours dans cette hypothèse traduit la forte volonté des pouvoirs de sécuriser les situations juridiques.

Encore une fois, le bénéficiaire du permis est l'artisan de la sécurité juridique de l'acte créateur de droit à son profit. En effet, la DAACT devient une protection significative sachant que pour une configuration banale pour laquelle le contrôle n'est que facultatif (l'article R. 462-6 distingue le récolement des travaux non obligatoire de celui qui l'est en vertu de l'article R. 462-7), le service de l'urbanisme compétent a la simple faculté et non l'obligation, de vérifier la conformité des travaux dans un délai de trois mois. Sauf dénonciation par le voisinage, le service d'urbanisme souvent débordé dans certaines villes ou intercommunalités, n'a pas le temps matériel d'aller faire cette vérification ou parfois ne souhaitera pas le faire.

§. 2. DAACT et contrôle des travaux

Les textes prévoient l'existence d'un contrôle obligatoire des travaux par l'administration à côté d'un contrôle purement facultatif. Cette mesure est réalisée sous l'entière responsabilité du déclarant.

- Selon l'**article R. 462-6,** un contrôle est porté à cinq mois lorsqu'un récolement des travaux est obligatoire en application de l'article R. 462-7 du Code de l'urbanisme.

Les cas sont exhaustivement prévus par l'article **R. 462-7** modifié par le décret n° 2021-872 du 30 juin 2021.

Le récolement est en effet obligatoire lorsque pèsent des contraintes spécifiques de sécurité ou de protection. Il en va ainsi :

* pour les travaux situés dans un site patrimonial remarquable ou un site classé ou en instance de classement,

* sur un ou des immeubles de grande hauteur, ou dans établissements recevant du public,

* à l'intérieur d'un espace ayant vocation à être classé dans le cœur d'un futur parc national, à l'intérieur du cœur d'un parc national ou à l'intérieur d'une réserve naturelle,

* dans un secteur couvert par un plan de prévention des risques naturels prévisibles, par un plan de prévention des risques technologiques ou par un plan de prévention des risques miniers, sauf si le plan de prévention n'impose pas d'autres règles que le respect de normes paracycloniques ou parasismiques, ou l'obligation de réaliser une étude préalable permettant de déterminer l'aptitude du terrain à recevoir la construction

* le nouvel alinéa 2 de L. 462-1 dispose que la DAACT[17] « *est applicable aux travaux de démolition et de remise en état réalisés en application de l'article L. 121-22-5* (c'est-à-dire dans une zone exposée au recul du trait de côte). *Dans ce cas, la déclaration atteste l'achèvement des travaux et leur conformité à l'arrêté ordonnant l'exécution de l'obligation de démolition et de remise en état prévue au même article L. 121-22-5* » (cf. loi n° 2021-1104 du 22 août 2021 portant lutte contre le dérèglement climatique et renforcement de la résilience face à ses effets - art. 246).

- L'article R. 462-4-4 modifié par le décret n° 2014-253 du 27 février 2014 dispose que « *Les attestations accompagnant la déclaration attestant l'achèvement et la conformité des travaux sont fournies sous l'entière responsabilité du déclarant* ». Cette disposition formalise une pratique administrative qui avait fait l'objet d'une réponse ministérielle *(Rép. min. n° 54790 : JOAN Q 29 juin 2010, p. 7379).*

Depuis la recherche de la sobriété énergétique, il est également nécessaire de joindre des attestations de prise en compte de la réglementation environnementale RE 2020 et thermique RT 2012 (démarches à effectuer en ligne) à la déclaration d'achèvement des travaux. Cette attestation spécifique est à faire remplir par un professionnel qualifié (un architecte, un bureau de contrôle et, pour les maisons individuelles, un diagnostiqueur de performance énergétique agréé). La génération des attestations RE2020 et RT2012 se fait en renseignant les données nécessaires sur le site web du ministère de la transition écologique après création d'un compte, cf. le lien suivant : https://re-batiment2020.cstb.fr/attestations/login

Les obligations relatives à la DAACT dépendent en partie des contraintes imposées par le code de la construction et habitation. Ceci est particulièrement

---

[17] On trouve parfois l'acronyme DAC (déclaration d'achèvement et de conformité) au lieu de DAACT.

notable au sujet des obligations concernant les personnes handicapées et les obligations en matière de sobriété énergétique.

L'établissement et la fourniture d'une fausse déclaration d'achèvement et de conformité de travaux sont constitutifs d'un faux (article 441-1 al.2 du Code pénal : « *Le faux et l'usage de faux sont punis de trois ans d'emprisonnement et de 45 000 euros d'amende* »)

Au-delà de ces considérations pénales, sur le plan du contentieux de l'urbanisme, il est dans l'intérêt du bénéficiaire de l'autorisation d'urbanisme de déposer dès que possible la DAACT. En effet, d'une part, elle permet de faire démarrer le délai de recours contentieux et ainsi purger les recours possibles à l'encontre de son autorisation une fois le délai de 6 mois écoulé (cf. art. R. 600-3 du Code de l'urbanisme cité plus haut).
D'autre part, il ressort de la jurisprudence que l'absence de réactivité de l'administration est avantageuse pour le bénéficiaire du permis ou de la déclaration préalable. Dans une décision du Conseil d'État (CE 26 novembre 2018, n° 411991), il est clairement indiqué qu'il « *résulte de ces dispositions* [L. 462-2, R. 462-6 et R. 462-7 du Code de l'urbanisme] *que lorsque le bénéficiaire d'un permis ou d'une décision de non-opposition à déclaration préalable a adressé au maire une déclaration attestant l'achèvement et la conformité des travaux réalisés en vertu de cette autorisation,* ***l'autorité compétente ne peut plus en contester la conformité au permis ou à la déclaration si elle ne l'a pas fait dans le délai****, suivant les cas,* ***de trois ou de cinq mois*** *ni, dès lors, sauf le cas de fraude, exiger du propriétaire qui envisage de faire de nouveaux travaux sur la construction qu'il présente une demande de permis ou dépose une déclaration portant également sur des éléments de la construction existante, au motif que celle-ci aurait été édifiée sans respecter le permis de construire précédemment obtenu ou la déclaration préalable précédemment déposée* ».

Tableau synthétique

Thèmes	Détails principaux
Principe général (R.600-3)	Aucun recours en annulation d'un permis ou d'une décision de non-opposition n'est recevable **après 6 mois** suivant l'achèvement des travaux, sauf preuve contraire. La date d'achèvement est celle de la réception de la DAACT. (Anciennement 1 an). Objectif : **sécurisation juridique**.
Rôle de la DAACT	- Sert à **purger les recours.** - Son absence de contestation dans les délais (3 ou 5 mois) rend la conformité **incontestable** (sauf fraude), CE 26 nov. 2018, n° 411991.
Contrôle de l'administration	- **Facultatif** : par défaut (délai de 3 mois). - **Obligatoire** (délai 5 mois – art. R.462-6 & R.462-7) dans les cas suivants : sites patrimoniaux remarquables, IGH ou ERP, parcs nationaux, réserves naturelles, secteurs soumis à des plans de prévention des risques, zones soumises au recul du trait de côte (L.121-22-5)
Responsabilité du déclarant	- DAACT fournie **sous la responsabilité exclusive du déclarant** (R.462-4-4). - **Fausse déclaration** = délit de faux (art. 441-1 CP) : 3 ans prison et 45 000 € d'amende.
Documents à joindre à la DAACT	- Attestations **RT 2012/RE 2020** obligatoires (professionnels qualifiés). - Démarche en ligne via re-batiment2020.cstb.fr.

6. L'irrecevabilité des moyens sur le fond : la cristallisation des moyens

L'article R. 600-5 modifié par le décret n° 2019-303 du 10 avril 2019 prévoit que « *par dérogation à l'article R. 611-7-1 du code de justice administrative, (...) lorsque la juridiction est saisie d'une requête relative à une* ***décision d'occupation ou d'utilisation*** *du sol régie par le présent code, ou d'une demande tendant à l'annulation ou à la réformation d'une décision juridictionnelle concernant une telle décision, les parties* ***ne peuvent plus invoquer de moyens nouveaux*** *passé un délai de* ***deux mois*** *à compter de la communication aux parties du* ***premier mémoire en défense*** ».

La même règle s'applique lorsqu'un permis modificatif, une décision modificative ou une mesure de régularisation, est contesté dans les conditions prévues à l'article L. 600-5-2 (R. 600-5 al. 2).

Certes, le juge peut, à tout moment, fixer une nouvelle date de cristallisation des moyens lorsque le jugement de l'affaire le justifie (R. 600-5 al. 3).

Il est notable de remarquer que le code dispose que « *le présent article n'est pas applicable aux décisions contestées par le pétitionnaire* ». Le but est bien de sécuriser la situation juridique du bénéficiaire de l'autorisation.

§. 1. Historiquement : une faculté jugée constitutionnelle

Initialement, la cristallisation des moyens n'était qu'une faculté. L'ancien article R. 600-4 (créé par le décret n° 2013-879 du 1er octobre 2013 puis abrogé par le décret n° 2016-1480 du 2 novembre 2016), prévoyait que le juge pouvait être saisi d'une demande motivée en ce sens, et qu'il pouvait fixer une date au-delà de laquelle des moyens nouveaux ne pouvaient plus être invoqués lors de la contestation d'un permis de construire, de démolir, d'aménager.

Le Conseil d'État saisi d'un recours pour excès de pouvoir contre le décret ayant permis cette modification du code, rejette les arguments d'une atteinte au droit de recours : « *Considérant que cette règle de procédure implique que la décision du juge prise sur le fondement de ces dispositions* ***soit communiquée à l'ensemble des parties au litige, avec l'indication explicite du délai au-delà duquel des moyens nouveaux ne pourront plus être introduits*** *; que, eu égard à ces garanties, elle ne méconnaît pas le droit à un procès équitable garanti par les articles 6 et 13 de la Convention européenne de sauvegarde des droits de l'homme et des libertés fondamentales* », Conseil d'État, 23 décembre 2014, n° 373469. Ce recours avait été formé par le Syndicat de la juridiction administrative et des cabinets d'avocats contre le décret n° 2013-879 du 1er octobre 2013 relatif au contentieux de l'urbanisme.

§. 2. La cristallisation éclairée par le juge

En pratique, les parties qui contestent une autorisation d'urbanisme doivent mentionner rapidement tous les moyens de fait et de droit sur le fond et la forme, sous peine de voir des arguments allégués tardivement être rejetés.

Dans une décision du CE, 8 avril 2022, n° 442700 (Lebon), le juge a réduit la sévérité de cette règle en précisant que, dans certaines circonstances, les parties pouvaient soulever de nouveaux moyens, même si le délai de deux mois précités avait expiré.

On relève ainsi, grâce à l'intervention du juge, deux hypothèses envisagées, l'une où il dispose d'une certaine liberté d'appréciation de la situation pour reporter la date de la cristallisation et une autre où il est dans l'obligation de le faire.

Il **doit** ainsi y procéder dans le cas particulier de l'affaire précitée, où deux (2) conditions énumérées par le juge sont présentes :

• Le nouveau moyen est fondé sur une **circonstance de droit ou de fait que la partie qui l'invoque ne pouvait connaître avant l'expiration du délai de deux mois** : les requérants avaient sollicité à plusieurs reprises la transmission du dossier du permis de construire ; ils n'ont pu en disposer que tardivement, à la suite d'une mesure d'instruction diligentée par le tribunal ; ils ont alors fait valoir devant le tribunal administratif qu'ils n'avaient pu invoquer les moyens nouveaux avant la date fixée pour la cristallisation.

• Le nouveau moyen est susceptible d'influer sur la décision du juge.

Dans une telle situation, le juge se doit de fixer une nouvelle date de cristallisation des moyens.

Les considérants 4 et 5 de la décision du Conseil sont limpides :

« 4. (...). Le tribunal administratif de Paris, par le jugement attaqué, a écarté les moyens tirés de la méconnaissance des articles UG.12.3 du règlement du plan local d'urbanisme, des articles L. 111-7 et R. 111-8 du code de la construction et de l'habitation et de l'article 6 de l'arrêté du 24 décembre 2015 relatif à l'accessibilité aux personnes handicapées des bâtiments d'habitation collectifs et des maisons individuelles, au motif qu'ils avaient été invoqués par M. et Mme M... dans un mémoire enregistré le 17 octobre 2019, soit après l'expiration du délai prévu par l'article R. 600-5 du Code de l'urbanisme, et étaient, par suite, irrecevables. Il résulte toutefois des pièces du dossier de la procédure que M. et Mme M... avaient sollicité à plusieurs reprises la transmission du dossier du permis de construire, qu'ils n'ont pu en disposer que le 19 septembre 2019 à la suite d'une mesure d'instruction diligentée par le tribunal et qu'ils ont fait valoir devant le tribunal administratif qu'ils n'avaient pu, avant cette date, être à même d'invoquer les moyens nouveaux formulés dans leur mémoire du 17 octobre 2019.

5. En écartant comme irrecevables les moyens invoqués pour la première fois par les demandeurs dans leur mémoire du 17 octobre 2019, au motif que ces moyens étaient nouveaux et présentés postérieurement à l'expiration du délai imparti par les dispositions de l'article R. 600-5 du Code de l'urbanisme, sans rechercher si, ainsi qu'il était soutenu, ces moyens étaient fondés sur des circonstances de fait ou des éléments de droit dont les requérants n'étaient pas, jusqu'alors, en mesure de faire état faute d'accès au dossier de permis de construire, et s'ils étaient susceptibles d'exercer une influence sur le jugement de l'affaire, le tribunal a commis une erreur de droit ».

Le Conseil d'Etat a limité la portée de l'article R. 600-5 du code de l'urbanisme au niveau de la cassation dans une décision du 11 juin 2026 n° 502265, Lebon : « *Ces dispositions, prises dans l'objectif de bonne administration de la justice et de respect du droit à un délai raisonnable de jugement des recours en matière d'urbanisme, entendent limiter, en première instance et en appel, le délai ouvert aux parties pour invoquer des moyens nouveaux mettant en cause la légalité des décisions administratives d'occupation ou d'utilisation du sol qu'elles visent.* ***Elles ne s'appliquent pas, devant le Conseil d'Etat, aux moyens de cassation*** *susceptibles d'être invoqués pour contester les décisions juridictionnelles ayant statué en dernier ressort sur la légalité de telles décisions d'urbanisme. (...) Il résulte de ce qui vient d'être dit que le moyen de cassation tiré de l'erreur de droit commise par l'arrêt attaqué quant à la méconnaissance de l'article N 2 du règlement du plan local d'urbanisme, bien que soulevé pour la première fois plus de deux mois après la notification aux parties du premier mémoire en défense de la commune de S..., est recevable* ». Nous ne pouvons que saluer cette heureuse position du Conseil d'Etat.

§. 3. Extension de la règle de la cristallisation

La règle de la cristallisation des moyens connaît un champ d'application élargi et nous semble être appliquée parfois avec une certaine sévérité.

A. En matière d'urbanisme commercial

La contestation d'une décision valant autorisation d'exploitation commerciale reste une contestation contre une autorisation d'urbanisme et s'applique donc l'article R. 600-5 du Code de l'urbanisme.

CE, 4 avril 2023, Société Distribution Casino France, n° 460754, Lebon :

« *... la cristallisation des moyens prévue par les dispositions de l'article R. 600-5 du Code de l'urbanisme s'applique au recours formé contre un permis de construire valant autorisation d'exploitation commerciale par une personne mentionnée à l'article L. 752-17 du code de commerce* ». Il est vrai que l'article L. 600-13 du Code de l'urbanisme (version en vigueur depuis le 1er janvier 2019, modifié par Loi n° 2018-1021 du 23 novembre 2018) précise que : « *Les dispositions du présent livre sont applicables aux recours pour excès de pouvoir formés contre les permis de construire qui tiennent lieu d'autorisation au titre d'une autre législation, sauf disposition contraire de cette dernière* ».

B. Depuis le décret n° 2024-423 du 10 mai 2024

Le décret n° 2024-423 du 10 mai 2024 porte adaptation de la procédure contentieuse relative aux ouvrages hydrauliques agricoles, aux installations classées pour la protection de l'environnement en matière d'élevage et aux autorisations environnementales.

Ce décret a modifié l'article R. 611-7-2 du Code de justice administrative qui prévoit d'appliquer la règle de la cristallisation des moyens aux questions suivantes :

- les décisions relatives aux installations de production d'électricité utilisant l'énergie mécanique du vent classées au titre de l'article L. 511-2 du code de l'environnement (ICPE),

- les projets ayant pour objectif principal une activité agricole — qu'elle soit liée à la culture, à la sylviculture, à l'aquaculture ou à l'élevage — et impliquant des installations, ouvrages, travaux ou activités relevant des rubriques 1.1.2.0, 1.2.1.0, 1.2.2.0, 1.3.1.0, 3.2.3.0 et 3.2.5.0 de la nomenclature figurant en annexe de l'article R. 214-1 du Code de l'environnement,

- les projets qui nécessitent une installation d'élevage relevant des rubriques 2101, 2102, 2110, 2111, 2112, 2130 ou 3660 de la nomenclature prévue par l'article R. 511-9 du code de l'environnement.

La formulation de R. 611-7-2 du code de justice administrative est ainsi : « *Par dérogation à l'article R. 611-7-1*[18]*, et sans préjudice de l'application de l'article R. 613-1, lorsque la juridiction est saisie d'un litige régi par les articles R. 311-5, R. 811-1-3 ou R. 811-1-4, les parties ne peuvent plus invoquer de moyens nouveaux passé un délai de deux mois à compter de la communication aux parties du premier mémoire en défense. Cette communication s'effectue dans les conditions prévues au deuxième alinéa de l'article R. 611-3 du code de justice administrative.*

Le président de la formation de jugement, ou le magistrat qu'il désigne à cet effet, peut, à tout moment, fixer une nouvelle date de cristallisation des moyens lorsque le jugement de l'affaire le justifie ».

Un arrêt de la Cour administrative d'appel de Nantes est une bonne illustration du peu de clémence dont peut témoigner le juge en appliquant cette disposition : CAA Nantes, 12 juillet 2024, Association pour la préservation de l'environnement de Longuenée-en-Anjou (Apeljou)[19] n° 22NT01245.

---

[18] « *Lorsque l'affaire est en état d'être jugée, le président de la formation de jugement ou le président de la chambre chargée de l'instruction peut, sans clore l'instruction, fixer par ordonnance la date à compter de laquelle les parties ne peuvent plus invoquer de moyens nouveaux* », (al. 1).

[19] Conseil d'État, du 26 novembre 2018, n° 411991, AJDA 2024 p.2117, Cristallisation des moyens : mode d'emploi, Conclusions sur CAA Nantes, 12 juillet 2024, n° 22NT01245, Association pour la préservation de l'environnement de Longuenée-en-Anjou (Apeljou), François-Xavier Bréchot, Rapporteur public

Dans cette affaire où une association contestait l'implantation d'éoliennes, s'appliquait donc l'article R. 611-7-2 du code de justice administrative qui impose ledit délai de deux mois après la communication du premier mémoire en défense pour présenter de nouveaux moyens. Passé ce délai, les parties ne peuvent plus soumettre de moyens nouveaux, c'est-à-dire des arguments suffisamment précis pour en évaluer la portée. Cette espèce indique d'une part que les requérants ont manqué ce délai : ils n'ont précisé leurs arguments relatifs à l'étude d'impact et à l'enquête publique qu'après l'échéance, rendant ces moyens irrecevables. De même pour un moyen relatif à la sécurité publique, soulevé encore plus tard, qui est également jugé irrecevable. Elle précise d'autre part que l'interprétation de ces règles n'est ni nouvelle ni rétroactive et s'applique donc à la procédure en cours.

Ainsi, des moyens, invoqués sur le principe explicitement avant la cristallisation, mais qui n'ont été assortis des précisions nécessaires pour en apprécier la portée et le bien-fondé qu'après l'expiration du délai de cristallisation, sont appréciés par la cour comme des moyens nouveaux et donc irrecevables. Néanmoins il faut tenir compte de la portée de la récente décision du Conseil d'Etat (11 juin 2026, n° 502265) qui sera publiée au recueil Lebon et qui pose la règle selon laquelle les « *dispositions de l'article R. 600-5 du code de l'urbanisme ne s'appliquent pas, devant le Conseil d'Etat, aux moyens de cassation susceptibles d'être invoqués pour contester les décisions juridictionnelles ayant statué en dernier ressort sur la légalité de telles décisions d'urbanisme* ».

Tableau de synthèse

Thème	Contenu/Règle	Source/Référence	Remarques/Illustrations
Cristallisation automatique des moyens	Les parties ne peuvent plus invoquer de moyens nouveaux 2 mois après la communication du premier mémoire en défense	Article R. 600-5 Code de l'urbanisme (modifié par décret n° 2019-303 du 10 avril 2019)	Applicable aux décisions d'occupation ou d'utilisation du sol (urbanisme) Le juge peut fixer une nouvelle date si le jugement le justifie

Thème	Contenu/Règle	Source/Référence	Remarques/Illustrations
Cas d'un permis modificatif ou de régularisation	Idem pour contestation d'un permis modificatif ou mesure modificative ou mesure de régularisation	Article R. 600-5	Décret n° 2019-303 du 10 avril 2019 pris pour l'application de l'article L. 600-5-2 du Code de l'urbanisme
Origine historique	Avant 2013, la cristallisation était une faculté laissée au juge sur demande motivée	Ancien article R. 600-4 (abrogé)	Le Conseil d'État (CE, 23 déc. 2014, n° 373469) a jugé cette disposition constitutionnelle
Assouplissement jurisprudentiel	Le juge doit accepter de nouveaux moyens si : 1) faits/droits inconnus dans les 2 mois, 2) influence possible sur le jugement	CE, 8 avril 2022, n° 442700	Cas de requérants n'ayant eu accès au dossier du permis de construire qu'après l'expiration du délai
Urbanisme commercial	La règle s'applique aux permis de construire valant autorisation commerciale	CE, 4 avril 2023, n° 460754 + Article L. 600-13 Code de l'urbanisme	Confirmation de l'application de R. 600-5 dans ce domaine
Extension en 2024	La cristallisation s'étend à d'autres matières : ICPE, projets	Décret n° 2024-423 modifiant R. 611-7-2 CJA	Permet une cristallisation dans des litiges environnementaux spécifiques

Thème	Contenu/Règle	Source/Référence	Remarques/Illustrations
	agricoles, élevages, etc.		
Illustration stricte de la règle	Cristallisation appliquée avec rigueur par le juge administratif	CAA Nantes, 12 juillet 2024, n°22NT01245 (éoliennes)	Moyens nouveaux jugés irrecevables bien que partiellement évoqués avant le délai mais précisés après
Assouplissement	Non application de R. 600-5 en cassation	CE, 11juin 2026, n° 502265	La limitation, en première instance et en appel, du délai ouvert aux parties pour invoquer des moyens nouveaux ne vaut pas en cassation

7. L'obligation de caractériser l'intérêt pour agir

La réforme opérée par la loi n° 2006-872 du 13 juillet 2006 portant engagement national pour le logement (dite loi ENL), l'ordonnance n° 2013-638 du 18 juillet 2013 relative au contentieux de l'urbanisme et la loi n° 2018-1021 du 23 novembre 2018 portant évolution du logement, de l'aménagement et du numérique (ELAN), notamment à travers l'article L. 600-1-2 du Code de l'urbanisme, a marqué un net durcissement des conditions de recevabilité des recours en matière d'urbanisme. En adoptant une approche plus rigoureuse, fort inspirée du droit civil, le législateur a cherché à encadrer plus strictement l'intérêt pour agir des tiers, en particulier des voisins d'un projet de construction. Ces restrictions, loin d'être purement théoriques, s'accompagnent d'un encadrement au formalisme renforcé et d'une appréciation juridictionnelle de plus en plus fine, voire très poussée de l'intérêt pour agir.

Dès lors, il convient d'analyser comment l'intérêt pour agir des requérants a été restreint dans le contentieux de l'urbanisme, avant d'observer le rôle déterminant joué par le juge administratif dans l'appréciation concrète de cet intérêt. Des éclairages jurisprudentiels seront donc nécessaires.

§. 1. L'intérêt pour agir restreint par le droit positif

Les textes qui se sont multipliés depuis 2006, « *ont édicté un régime spécial de recevabilité des recours en matière d'urbanisme, qui restreint tant la capacité que l'intérêt donnant qualité pour agir* »[20]. Les particuliers ont été sensiblement visés par l'ordonnance rédigée sous l'autorité de la ministre C. Duflot. L'intérêt pour agir est revisité pour réduire l'accès au prétoire. Pourtant, les personnes requérantes ne sont pas caricaturalement mues par d'uniques préoccupations privées, égoïstes ou catégorielles. Le pétitionnaire qui souhaite construire sa maison secondaire ou faire de la promotion immobilière est également animé par un intérêt propre, personnel et/ou marchand. L'argument strictement juridique que peut vouloir avancer le requérant n'a dans cette phase que peu de poids, voire aucun. Le juge s'intéresse à l'impact de la future construction sur les conditions de vie et d'habitat du requérant. Les questions de fait sont essentielles pour justifier de l'intérêt pour agir, complétées néanmoins par des données objectives quant à la situation du requérant.

A. Un projet de « *nature à affecter directement* » : L. 600-1-2 du Code de l'urbanisme

La formule de l'article L. 600-1-2 du Code de l'urbanisme indique que le requérant ne pourra être reconnu comme ayant un intérêt à agir en justice que s'il va vraisemblablement être affecté directement par la décision qu'il conteste, en pratique, la déclaration préalable, l'autorisation de construire, d'aménager ou démolir : « *Une personne autre que l'État, les collectivités territoriales ou leurs groupements ou une association n'est recevable à former un recours pour excès de pouvoir contre une décision relative à l'occupation ou à l'utilisation du sol régie par le présent code que si la construction, l'aménagement ou le projet autorisé* ***sont de nature à affecter directement les conditions d'occupation, d'utilisation ou de jouissance*** *du bien qu'elle détient ou occupe régulièrement ou pour lequel elle bénéficie d'une promesse de vente, de bail, ou d'un contrat préliminaire mentionné à l'article L. 261-15 du code de la construction et de l'habitation (cad pour les immeubles à construire, ce contrat est le moyen de réserver une/des partie(s) d'immeuble en vertu d'un dépôt de garantie à un compte spécial).*

Le présent article n'est pas applicable aux décisions contestées par le pétitionnaire ».

Ces nouvelles dispositions (comme celles de l'article L. 600-5) qui instituent des règles de procédure concernant exclusivement les pouvoirs du juge administratif en matière de contentieux de l'urbanisme, sont, en l'absence de

---

[20] CE, 29 mars 2017, n° 395419, association Garches est à vous, conclusions Mr.Louis Dutheillet de Lamothe, rapporteur public, https://www.conseil-etat.fr/fr/arianeweb/CRP/conclusion/2017-03-29/395419?download_pdf

dispositions expresses contraires, d'application immédiate aux instances en cours, quelle que soit la date à laquelle est intervenue la décision administrative contestée. Elles peuvent être appliquées pour la première fois en appel (CE, 18 juin 2014, SCI Monou et autres, A. Avis n° 376113).

L'intérêt pour agir du pétitionnaire ne pose pas de difficultés particulières. Du reste, l'article L. 600-2-1 l'exclue de son champ d'application. S'il exerce un recours pour excès de pouvoir contre la décision qui ne lui convient pas (refus d'autorisation, opposition à déclaration préalable, autorisation sous réserve de prescriptions spéciales), il est évident que, selon la terminologie classique, ladite décision lui fait grief. Elle modifie sa situation juridique au regard d'un droit à construire ou à utiliser le sol.

Pour les tiers, l'intérêt pour agir est plus délicat à apprécier. D'où le cadrage du législateur. Il s'agit d'empêcher un recours pour une unique cause d'illégalité. Ainsi, avant que le juge ne s'intéresse à la question de fond, il faut que le requérant le persuade que la décision qu'il attaque risque quasi - indubitablement d'impacter ses conditions de vie (ensoleillement, bruits, vis-à-vis, quiétude…).
En ce sens, la décision suivante du Conseil d'État de 2016 reflète bien les exigences attendues :

« *en jugeant que M. C...ne justifiait pas d'un intérêt à agir contre le permis de construire attaqué, alors qu'il invoquait dans sa demande au tribunal être occupant d'un bien immobilier situé à proximité immédiate de la parcelle d'assiette du projet, au numéro 6 de la même voie, et faisait valoir qu'il subirait nécessairement les conséquences de ce projet, s'agissant de sa vue et de son cadre de vie, ainsi que les troubles occasionnés par les travaux dans la jouissance paisible de son bien, en ayant d'ailleurs joint à sa requête le recours gracieux adressé au maire de Marseille, lequel mentionnait notamment une hauteur de l'immeuble projeté supérieure à dix mètres et la perspective de difficultés de circulation importantes, le président de la 2e chambre du tribunal administratif de Marseille a inexactement qualifié les faits de l'espèce* », Conseil d'État, 13 avril 2016, n° 389798, A.

B. La date de l'appréciation de l'intérêt : L. 600-1-3 du Code de l'urbanisme

On précisera que la date de l'appréciation de l'intérêt pour agir a été fixée par le Code de l'urbanisme : « *Sauf pour le requérant à justifier de circonstances particulières, l'intérêt pour agir contre un permis de construire, de démolir ou d'aménager s'apprécie à la date d'affichage en mairie* ***de la demande du pétitionnaire »,*** article **L. 600-1-3**. Or, en droit administratif général, l'intérêt pour agir s'apprécie habituellement à la date d'introduction du recours : voir CE, 30 décembre 2002, Société cottage wood, n° 249860 ; conclusions Vialettes sur CE 5 juillet 2013 ; SCI Liberty, n° 354026, BJDU, n° 5, reconnaissaient la constitution d'un intérêt pour agir une fois l'autorisation délivrée (in TREMEAU. J., « La redéfinition de l'intérêt pour agir », *AJDA* 2013, p. 1901).

C. Des pièces obligatoires : R. 600-4 du Code de l'urbanisme

Pour donner enfin un minimum d'objectivité à l'appréciation du juge, le code a imposé au requérant qu'il transmette des pièces obligatoires. Celles-ci sont exigées pour la recevabilité du recours. Selon R. 600-4 : « *Les requêtes dirigées contre une décision relative à l'occupation ou l'utilisation du sol régie par le présent code* ***doivent, à peine d'irrecevabilité****, être accompagnées [selon les cas] :*

- du titre de propriété,

- de la promesse de vente, du bail,

- du contrat préliminaire mentionné à l'article L. 261-15 du code de la construction et de l'habitation,

- du contrat de bail,

- ou de tout autre acte de nature à établir le caractère régulier de l'occupation ou de la détention de son bien par le requérant.

Lorsqu'elles sont introduites par une association, ces mêmes requêtes doivent, à peine d'irrecevabilité, être accompagnées des statuts de celle-ci, ainsi que du récépissé attestant de sa déclaration en préfecture.
Le présent article n'est pas applicable aux décisions contestées par le pétitionnaire ».

Avec ledit article R. 600-4, on touche à la recevabilité et non plus spécifiquement à l'intérêt pour agir. Cependant, prouver le statut de propriétaire ou de locataire, est un élément indispensable pour mesurer l'intérêt pour agir. Les deux questions sont donc mêlées sachant que l'absence de communication des pièces permet de clore le recours rapidement.

Le Conseil d'État mentionne l'importance de donner aux juges les pièces exigées par R. 600-4 : « *Une personne, entendant agir comme propriétaire d'un tel bien, qui ne fait état ni d'un acte de propriété, ni d'une promesse de vente, ni d'un contrat préliminaire mentionné à l'article L. 261-15 du code de la construction et de l'habitation* ***ne justifie pas d'un intérêt de nature à lui donner qualité*** *pour demander l'annulation d'une décision relative à l'occupation ou à l'utilisation du sol régie par le Code de l'urbanisme, sauf à ce qu'elle puisse sérieusement revendiquer la propriété de ce bien devant le juge compétent* » CE, 25 janvier 2023, n° 445937, B. En l'occurrence dans cette affaire, les documents produits ultérieurement n'ont pas permis d'opérer une régularisation : « *En jugeant que la simple* ***présentation d'une offre pour le terrain d'assiette du projet*** *suivie de l'****engagement d'une action devant le juge civil,*** *lesquels ne sauraient faire regarder la société (...) comme pouvant* *sérieusement revendiquer la propriété de ce terrain, ne pouvaient fonder l'intérêt de la société (...) à contester la légalité du permis litigieux ni, par suite, permettre la régularisation de sa requête sur le fondement de l'article R. 600-4 du Code de l'urbanisme, l'auteur de l'ordonnance attaquée n'a ni commis d'erreur de droit, ni inexactement qualifié les faits qui lui étaient soumis ».*

Concernant les exigences requises pour les associations : l'irrecevabilité du recours prend parfois une tournure frustrante pour les requérants. Un exemple, concernant le recours d'une association, peut utilement être cité. Le Conseil d'État (CE, 29 mars 2017, Association Garches est à vous, n° 395419) applique avec rigueur le code et n'a pas admis la recevabilité d'une association en raison de ce que la modification des statuts n'a pas été déclarée en préfecture avant l'affichage en mairie de la demande de permis de construire : « *si l'association s'est prévalue de ce que ses statuts avaient été complétés le 30 mai 2002 afin de lui permettre d'exercer des actions contentieuses en matière d'urbanisme, il résulte de ce qui a été dit (...) qu'en relevant que cette modification de l'objet statutaire n'avait pas été déclarée en préfecture avant l'affichage en mairie de la demande de permis de construire, pour en déduire que les dispositions de l'article L. 600-1-1 du Code de l'urbanisme faisaient obstacle à ce qu'il soit tenu compte de cette modification des statuts de l'association pour apprécier la recevabilité de son recours, la cour n'a pas entaché son arrêt d'erreur de droit.* »

Tous les tiers ne sont pas dans une position comparable et la question du statut de voisin appelle des précisions, d'autant qu'il existe des voisins immédiats et des voisins plus ou moins proches du projet autorisé.

§. 2. Illustrations jurisprudentielles

Les nombreuses décisions prises en la matière sont majoritairement relatives à un recours pour excès de pouvoir. Il faut garder en mémoire qu'un recours en tierce opposition est cependant possible. L'article R. 832-1 du code de justice administrative (CJA) dispose que « *Toute personne peut former tierce opposition à une décision juridictionnelle qui préjudicie à ses droits, dès lors que ni elle ni ceux qu'elle représente n'ont été présents ou régulièrement appelés dans l'instance ayant abouti à cette décision* ».

Le Conseil d'État a précisé que « *si la qualité de voisin du projet de construction autorisé ne confère pas qualité pour former tierce-opposition contre un jugement annulant la* ***décision constatant*** *la caducité du permis de construire,* ***il en va autrement lorsque ce constat a été prononcé à sa demande*** », CE, 21 février 2025, n° 493902. Dans cette affaire, une décision du maire constatant la caducité du permis délivré à une société avait été prise à la suite d'une demande en ce sens des voisins. La société attaque la décision du maire. Dès lors, le jugement par lequel le tribunal administratif, saisi par ladite société, a prononcé l'annulation de cette décision doit être regardé comme ayant préjudicié aux droits des voisins au sens de l'article R. 832-1 du code de justice administrative. Cette espèce indique également que le Conseil d'État a considéré qu'était remplie la condition de la tierce opposition, à savoir de ne pas avoir été présents ou représentés dans l'instance ayant conduit à la décision juridictionnelle contestée. La Haute juridiction a protégé la situation de la personne qui a obtenu de l'administration une décision favorable à sa demande et qui n'a pas été mise en mesure de défendre cette décision dans l'instance ayant conduit à son annulation, ce qui était le cas dans ce litige. Le Conseil a donc considéré les voisins recevables à former tierce opposition contre le jugement du tribunal administratif en tant que ce jugement a annulé la décision expresse du maire constatant, à leur initiative, la caducité du permis de construire délivré à la société bénéficiaire.

Dans le cadre du recours pour excès de pouvoir, la jurisprudence illustre les exigences attendues quant à l'intérêt pour agir du voisinage.

A. Intérêts du voisinage

Les requérants doivent apporter tous les éléments permettant de mettre en exergue de futurs troubles de jouissance et leur charge devant la justice s'alourdit et ce, de manière générale. Même le voisin immédiat ou très proche de la construction litigieuse y est tenu, sachant qu'en appartenant au « voisinage », le requérant est placé dans une situation spécifique.

On se souvient des conclusions Piveteau sous l'arrêt du Conseil d'État du 22 février 2002 n° 216088 soulignant que ce n'est pas « *le voisinage en tant que tel qui confère qualité pour agir, mais les intérêts révélés par ce voisinage* ». De même, dans une décision du Conseil d'État en 2004 (CE, 16 juin 2004, n° 264185), la Haute juridiction avait également exigé d'apprécier si le projet de construction était « *susceptible d'avoir une incidence* » sur la situation des requérants. Enfin, avant même l'ordonnance de 2013, le juge administratif avait durci sa position dans l'appréciation de l'intérêt pour agir d'un voisin.

Les textes précités en la matière s'inscrivent donc dans une logique déjà impulsée par la jurisprudence. Par exemple, quelques mois avant l'ordonnance du 18 juillet 2013 relative au contentieux de l'urbanisme, le Conseil d'État (CE, 25 janvier 2012, 344705) indiquait ainsi pour un **voisin non immédiat** de la parcelle litigieuse : « *Considérant qu'en déniant à M. A un intérêt pour agir aux motifs que celui-ci n'avait pas de vue directe sur le bâtiment faisant l'objet des travaux déclarés et que le terrain d'assiette de ce bâtiment était séparé de sa propre parcelle par une parcelle construite, le tribunal administratif a porté sur la configuration des lieux une appréciation souveraine exempte de dénaturation et n'a pas commis d'erreur de droit dans l'utilisation des critères qui gouvernent l'appréciation de l'intérêt pour agir contre une autorisation individuelle d'urbanisme* ».

La situation du **voisin immédiat** sera plus avantageuse, sachant que le juge estime qu'il bénéficie d'une présomption d'intérêt pour agir. Mais les échanges de mémoires entre les parties doivent néanmoins permettre d'emporter la conviction du juge. Un éclairage jurisprudentiel s'imposera.

L'office du juge sur le registre de l'intérêt pour agir en contentieux de l'urbanisme obéit à une logique bien établie désormais. L'évaluation de l'intérêt pour agir révèle clairement le pouvoir de la justice administrative dans les précisions qu'elle peut apporter, lesquelles pourront néanmoins s'avérer fluctuantes et source d'incertitudes. Chaque affaire contentieuse révèle une situation unique.

Pour prendre sa décision, le juge se préoccupe des arguments des deux parties et tout dépend de la capacité de chacune à nourrir une bonne défense.

Désormais, le Conseil d'État analysant les requêtes rappelle systématiquement, depuis 2015, ce considérant : « *Considérant qu'il résulte de ces dispositions [L. 600-1-2] qu'il appartient, en particulier,* ***à tout requérant*** *qui saisit le juge administratif d'un recours pour excès de pouvoir tendant à l'annulation d'un permis de construire, de démolir ou d'aménager,* ***de préciser l'atteinte*** *qu'il invoque pour justifier d'un intérêt lui donnant qualité pour agir, en faisant état de tous éléments suffisamment précis et étayés de nature à établir que cette atteinte est susceptible d'affecter directement les conditions d'occupation, d'utilisation ou de jouissance de son bien ; qu'il appartient* ***au défendeur,*** *s'il entend contester l'intérêt à agir du requérant, d'apporter tous éléments de nature à établir que les atteintes alléguées sont* ***dépourvues de réalité*** *; qu'il appartient* ***ensuite au juge de l'excès de pouvoir de former sa conviction sur la recevabilité*** *de la requête* ***au vu des éléments ainsi versés*** *au dossier par les parties, en écartant le cas échéant les allégations qu'il jugerait insuffisamment étayées mais sans pour autant exiger de l'auteur du recours qu'il apporte* ***la preuve du caractère certain*** *des atteintes qu'il invoque au soutien de la recevabilité de celui-ci* », Conseil d'État, 10 juin 2015 n° 386121, A.

B. Jurisprudences significatives

Voici quelques exemples permettant de comprendre le contexte factuel de chaque affaire et de percevoir les attentes du juge pour former sa conviction :

* Conseil d'État, 10 juin 2015, n° 386121, « Brodelle et Gino » cité ci-dessus :

Les faits : recours en suspension contre une décision du préfet ayant accordé à la société Eleclink Limited un permis de construire en vue de la réalisation d'une station de conversion électrique sur un terrain situé dans la zone d'aménagement concerté (ZAC) Eurotunnel, par les propriétaires de maisons d'habitation sur le territoire de la commune de Peuplingues (Pas-de-Calais), sises à environ 700 mètres du terrain sur l'emprise duquel la société Eleclink Limited projette de construire ladite station de conversion électrique.

« *Considérant que les circonstances, invoquées par les requérants, que leurs habitations respectives soient situées à environ 700 mètres de la station en projet et que celle-ci puisse être visible depuis ces habitations* ***ne suffisent pas, par elles-mêmes, à faire regarder sa construction comme de nature à affecter directement les conditions*** *d'occupation, d'utilisation ou de jouissance des biens des requérants ; que, toutefois, ceux-ci font également valoir qu'****ils seront nécessairement exposés, du fait*** *du projet qu'ils contestent, à des nuisances sonores, en se prévalant des nuisances qu'ils subissent en raison de l'existence* ***d'une autre station de conversion implantée à 1,6 km*** *de leurs habitations respectives ; qu'en défense, la société Eleclink, bénéficiaire de l'autorisation de construire, se borne à affirmer qu'en l'espèce, le recours à un type de construction et à une technologie différents permettra d'éviter la survenance de telles nuisances ; que, dans ces conditions, la construction de la station de conversion électrique autorisée par la décision du préfet du Pas-de-Calais du 14 août 2014 doit, en l'état de l'instruction, être regardée comme de nature à affecter directement les conditions d'occupation, d'utilisation ou de jouissance des maisons d'habitation des requérants ; que, par suite, la fin de non-recevoir soulevée par la société Eleclink et par le préfet du Pas-de-Calais doit être écartée* »

Il ressort de cette décision du 10 juin 2015 que le requérant doit « *préciser l'atteinte qu'il invoque pour justifier d'un intérêt lui donnant qualité pour agir, en faisant état de tous éléments suffisamment précis et étayés de nature à établir que cette atteinte est susceptible d'affecter directement les conditions d'occupation, d'utilisation ou de jouissance de son bien* ». **Il n'y a pas en tant que telle de valeur de référence en matière de distance**. Tout dépend du contexte et de la capacité à argumenter pour convaincre le juge.

* Il est certain que l'éloignement ou la configuration des lieux peuvent altérer l'effet direct de l'atteinte. L'illustration suivante nous en persuade : Conseil d'État, 18 mars 2019, n° 422460, B.

« *Pour admettre que M. B...justifie d'un intérêt lui donnant qualité pour demander l'annulation du permis de construire délivré aux époux C..., l'ordonnance attaquée, après avoir notamment constaté que la propriété du requérant, située dans un secteur demeuré à l'état naturel,* ***est séparée de celle des bénéficiaires du permis par une parcelle longue de 67 mètres et que sa maison est distante d'environ 200 mètres de la maison d'habitation*** *dont la construction est autorisée par ce permis, relève que les boisements présents sur les terrains en cause ne suffisent pas pour "occulter toute vue et tout bruit" entre le terrain d'assiette de la construction et la propriété du requérant et que celui-ci indique avoir acquis cette propriété en raison de l'absence de voisinage. En se fondant sur de tels éléments, qui* ***n'étaient pas à eux seuls de nature à établir une atteinte directe*** *aux conditions d'occupation, d'utilisation ou de jouissance de son bien par M.B..., le juge des référés a commis une* *erreur de droit. L'ordonnance attaquée doit par suite être annulée, sans qu'il soit besoin d'examiner les autres moyens du pourvoi ».*

* Concernant des propriétaires de maisons à proximité immédiate du projet de construction, le comportement des requérants est pris en compte par le juge quant à leur capacité à fournir des suppléments d'information : Conseil d'État 10 février 2016, n° 387507.

Dans cette affaire, un recours est engagé par des propriétaires de maisons individuelles situées à proximité immédiate du terrain sur lequel le maire de Marseille a, par un arrêté du 21 avril 2014, délivré à une société un permis de construire un immeuble de deux étages comportant dix-huit logements ; ils ont demandé au tribunal administratif de Marseille l'annulation pour excès de pouvoir de ce permis de construire : « *Considérant que les écritures et les documents produits par l'auteur du recours doivent faire apparaître clairement en quoi les conditions d'occupation, d'utilisation ou de jouissance de son bien sont susceptibles d'être directement affectées par le projet litigieux ; qu'il ressort des pièces du dossier soumis aux juges du fond que, pour justifier de leur intérêt à agir, les requérants* ***se sont bornés à se prévaloir de leur qualité de "propriétaires de biens immobiliers voisins directs à la parcelle destinée à recevoir les constructions litigieuses"*** *; que, par ailleurs, les pièces qu'ils ont fournies à l'appui de leur demande* ***établissent seulement que leurs parcelles sont mitoyennes pour l'une et en co-visibilité pour l'autre du projet litigieux*** *; que, le plan de situation sommaire des parcelles qu'ils ont produit ne comportait que la mention : " façade sud fortement vitrée qui créera des vues " ; qu'invités par le greffe du tribunal administratif, par une lettre du 28 août 2014, à apporter les précisions nécessaires à l'appréciation de l'atteinte directe portée par le projet litigieux à leurs conditions d'occupation, d'utilisation ou de jouissance de leur bien, ils* ***se sont bornés à produire, le 5 septembre suivant, la copie de leurs attestations de propriété ainsi que le plan de situation cadastral déjà fourni*** *; que, dans ces conditions, la présidente de la deuxième chambre du tribunal administratif de Marseille a procédé à une exacte qualification juridique des faits en jugeant que les requérants étaient dépourvus d'intérêt à agir contre le permis de construire litigieux ».*

* Cette décision du 10 février 2016 est particulièrement sévère ; elle s'est ensuite heureusement assouplie pour le voisin immédiat, comme nous pouvons le justifier avec les décisions citées ci-après.

** Conseil d'État, 13 avril 2016, n° 389798 : le voisin immédiat bénéficie d'une certaine présomption d'intérêt pour agir :

« Qu'eu égard à sa situation particulière, le voisin immédiat justifie, en principe, d'un intérêt à agir lorsqu'il fait état devant le juge, qui statue au vu de l'ensemble des pièces du dossier, d'éléments relatifs à la nature, à l'importance ou à la localisation du projet de construction »

** Conseil d'État, 20 juin 2016, n° 386932 : la requérante a été considérée comme recevable en ayant « *apporté la preuve de sa qualité de voisin du projet litigieux et fourni des documents cartographiques permettant d'apprécier la nature, l'importance et la localisation du projet contesté* ». En pratique, la requérante dans un premier temps a donné les pièces suivantes : copie de la demande de permis, du permis délivré ainsi que d'un plan indiquant l'implantation des constructions envisagées, puis sur invitation du juge administratif souhaitant plus d'éléments pour apprécier la recevabilité : un acte de notoriété et une facture d'électricité établissant sa qualité de propriétaire voisin ainsi qu'un extrait de plan cadastral faisant apparaître la localisation du terrain d'assiette du projet par rapport à sa parcelle ainsi que la proximité de sa maison d'habitation avec ce lotissement et la voie d'accès à ce dernier.

** Néanmoins le juge n'est pas toujours aussi souple dans l'appréciation de l'intérêt pour agir, en l'espèce dans un contexte de grands travaux entrepris par la commune de Nice. Les inconvénients venant à l'appui de l'argumentation du requérant à l'occasion de son référé suspension, seront considérés comme des avantages quant aux conditions de vie de celui-ci par le tribunal administratif de Nice : TA Nice, ord., 4 avr. 2023, n° 2301167.

Un extrait de l'ordonnance du tribunal de Nice mérite d'être reproduit :

« *... le requérant, dont le domicile est situé au 18 boulevard Risso à Nice et qu'il y a lieu de considérer comme voisin immédiat du projet, bénéficiera, au terme de l'exécution du projet, de conditions d'occupation, d'utilisation ou de jouissance de son bien plus favorables. Il est en effet constant que l'objet de l'arrêté litigieux ne porte que sur la démolition du Palais Acropolis et ne comporte aucune nouvelle construction, et que le projet poursuivi par la ville de Nice consiste à démolir le Palais Acropolis afin de prolonger la « Promenade du Paillon », communément dénommée la « coulée verte », depuis la traverse de la Bourgada jusqu'à l'esplanade du Maréchal de Lattre de Tassigny. L'environnement immédiat du bien du requérant sera donc à terme plus agréable, plus verdoyant, et l'immeuble du requérant bénéficiera d'une vue plus dégagée que celle dont il bénéficiait précédemment. Si le requérant soutient ensuite que le projet est « manifestement susceptible d'altérer la salubrité » ainsi que sa « tranquillité », outre que cette allégation n'est pas suffisamment étayée, il ne saurait en tout état de cause utilement se prévaloir de l'impact des conditions de déroulement du chantier, qui ne peuvent être prises en compte pour apprécier l'intérêt pour agir contre une autorisation d'urbanisme. Si le requérant soutient en outre qu'il ne bénéficiera plus, dès lors que le palais des congrès Acropolis sera détruit, d'une structure culturelle à proximité de son domicile, outre qu'il n'établit pas une fréquentation assidue du lieu en cause, la commune de Nice fait valoir sans être contestée que l'offre culturelle en centre-ville, à proximité du domicile de l'intéressé, restera importante, avec en particulier la présence du Théâtre national de*

Nice et du Palais des expositions (futur Palais des arts et de la culture). Dans ces conditions, la commune de Nice est fondée à faire valoir que ***le requérant ne justifie pas d'un intérêt lui donnant qualité pour demander l'annulation de l'arrêté attaqué.*** *Par suite, dès lors que la requête introduite à cette fin est ainsi irrecevable, les conclusions susmentionnées aux fins de suspension dudit arrêté ne peuvent qu'être rejetées, sans qu'il soit besoin d'examiner si la condition d'urgence est remplie* ».

* Concernant le recours d'une association ayant un objet statutaire pourtant assez large, Conseil d'État, 1er décembre 2023, n°466492 :

« *Une association dont les statuts prévoient qu'elle a pour objet d'assurer la* ***défense et la préservation du cadre de vie dans l'ensemble d'un département justifie****, eu égard à son objet statutaire et à la nature et l'importance des constructions autorisées,* ***d'un intérêt*** *lui donnant qualité pour demander l'annulation pour excès de pouvoir d'un permis de construire trois bâtiments, totalisant une surface de plancher de plus de 7 100 mètres carrés, qui sont destinés à accueillir des activités artisanales et commerciales* ».

* Concernant le recours d'une association ayant un objet statutaire assez précis mais qui conteste un projet dont l'impact environnemental reste modeste au regard de la situation du terrain d'assiette lui-même déjà construit : Conseil d'État, 12 avril 2022, n°451778 :

« *Une association s'étant donné pour objet statutaire "d'assurer la protection de la nature et de l'environnement de l'île de Noirmoutier, de sauvegarder sa flore, sa faune, ses réserves naturelles, en tenant compte du milieu dont elles dépendent, de veiller au bon équilibre des intérêts humains, sociaux, culturels, scientifiques, économiques, sanitaires et touristiques"* ***ne justifie pas*** *d'un* ***intérêt suffisant*** *lui donnant qualité pour introduire un* ***recours contre*** *un permis autorisant la construction d'une* ***maison individuelle*** *sur un terrain comportant déjà une construction, dans une zone elle-même urbanisée* ».

III. Les risques liés l'exercice du droit de recours

Les risques liés à l'exercice du droit de recours mettent en lumière les limites et les incertitudes qui entourent l'action contentieuse en droit de l'urbanisme. Loin de garantir systématiquement l'annulation des décisions contestées, le recours peut se heurter à plusieurs mécanismes juridiques qui en réduisent la portée.

D'une part, certaines illégalités sont neutralisées (1). D'autre part, même en cas d'illégalité avérée, le juge dispose de pouvoirs lui permettant de favoriser la régularisation de la décision plutôt que son annulation (2). La même logique est suivie pour les documents d'urbanisme (3). Par ailleurs, l'exercice du droit de recours n'est pas sans risque pour le requérant, notamment en cas de recours abusif pouvant donner lieu à une sanction financière (4).
L'ensemble de ces évolutions s'inscrit dans une tendance plus large visant à sécuriser les opérations d'urbanisme et à encadrer strictement l'accès au juge.

1. Les illégalités sans conséquences (concertation, exception d'illégalité et la danthonysation)

La question des illégalités sans conséquences aborde les illégalités de la concertation en présentant le cadre juridique de la concertation en urbanisme, son évolution, ses objectifs et enfin les conditions dans lesquelles ses irrégularités peuvent être jugées sans incidence sur la légalité des décisions au regard du Code de l'urbanisme et de la jurisprudence.

Le paragraphe 2 relatif aux restrictions à l'exception d'illégalité expose l'évolution du droit jusqu'à la réforme de 2025 issue de la loi n° 2025-1129 du 26 novembre 2025 de simplification du droit de l'urbanisme et du logement (loi « Huwart »). Il précisera les conditions et limites dans lesquelles ce mécanisme a pu être invoqué avant sa suppression, en lien avec les règles du droit administratif général et la jurisprudence.

§.1. Les illégalités de la concertation

A. Rappels nécessaires en matière de concertation

La concertation vise à associer et à consulter le public pour lui permettre un droit à l'information et une capacité à influencer un projet d'aménagement avant que celui-ci ne soit déjà « figé », c'est-à-dire arrêté en amont par les aménageurs publics et privés qui se sont déjà entendus sur l'essentiel : sa localisation, son ampleur et son enveloppe financière.

La concertation a été introduite en droit de l'urbanisme par la loi n°85-729 du 18 juillet 1985 relative à la définition et à la mise en œuvre de principes d'aménagement. Le but est que les personnes ou les associations intéressées puissent être informées suffisamment tôt d'un projet d'aménagement qui peut s'avérer d'importance pour leur cadre de vie, dans une perspective environnementale ou socio-économique. Le genre de projet soumis à concertation implique en général des autorisations préalables obligatoires et parfois une transformation du document d'urbanisme pour permettre dans le but poursuivi de construire des opérations ou des actions d'aménagement consistants.

La loi a donc imposé par l'article L 300-2 dans sa version initiale en vigueur au 19 juillet 1985 que « *Le conseil municipal délibère sur les objectifs poursuivis et sur les modalités d'une concertation associant, pendant toute la durée de l'élaboration du projet, les habitants, les associations locales et les autres personnes concernées avant* » de décider de certains aménagements.

Mais les règles de la concertation ont évolué depuis leur formalisation en 1985. Un rappel des grandes modifications nous paraît nécessaire.

a. Initialement, 3 cibles sont visées expressément en 1985 dans la mouture initiale de l'article L. 300-2

Les trois cas visés expressément par la loi du 18 juillet 1985 sont :

- le plan d'occupation des sols (POS) pour toute modification ou révision s'il y a ouverture à l'urbanisation d'une zone d'urbanisation future

- la création d'une zone d'aménagement concerté (ZAC)

- un projet qui n'est pas anodin : « *Toute opération d'aménagement réalisée par la commune ou pour son compte lorsque, par son importance ou sa nature, cette opération modifie de façon substantielle le cadre de vie ou l'activité économique de la commune* » (...) dont les caractéristiques sont arrêtées par décret en Conseil d'État.

b. Les textes ultérieurs vont modifier le champ d'application de la concertation, dans le sens d'une extension de la concertation

- La loi SRU n° 2000-1208 du 13 décembre 2000 l'impose désormais pour l'élaboration et la révision des Schémas de Cohérence Territoriale (**SCoT**) à côté des plans locaux d'urbanisme (**PLU**).

- Puis la loi n° 2010-788 du 12 juillet 2010 d'engagement national pour l'environnement l'étend dans le **droit de l'environnement** sachant que la France a ratifié la Convention d'Aarhus et a adopté la Charte de l'environnement.

- La loi n° 2014-366 du 24 mars 2014 pour l'accès au logement et un urbanisme rénové l'envisage pour les **projets de renouvellement urbain**.

- L'ordonnance du 23 septembre 2015 (Ordonnance n° 2015-1174 du 23 septembre 2015 relative à la partie législative du livre Ier du Code de l'urbanisme entrée en vigueur le 1er janvier 2016), puis la loi n° 2020-1525 du 7 décembre 2020 d'accélération et de simplification de l'action publique, enfin par la loi n° 2025-1129 du 26 novembre 2025 de simplification du droit de l'urbanisme et du logement, vont distinguer entre les cas où la concertation est obligatoire ou non.

b. 1. Concertation obligatoire

En substance sont concernés diverses phases (élaboration, révision, modification, mise en compatibilité) des documents d'urbanisme traditionnels : SCoT, PLU, document d'urbanisme unique (fusion SCoT et PLU), Carte Communale (soumise à évaluation environnementale). Sont également visés la création de ZAC, le renouvellement urbain, les projets et opérations d'aménagement ou de construction ayant pour effet de modifier de façon substantielle le cadre de vie sur le plan environnemental au sens du code de l'environnement ou/et économique. **L'article de référence est L. 103-2 du Code de l'urbanisme.**

Cependant, il est possible d'établir un lien avec le code de l'environnement, du reste cité à l'alinéa 3 de l'article L. 103-2, car un projet de construction ou d'aménagement tenu à concertation peut-être également soumis **à une évaluation environnementale** lorsqu'il est susceptible d'avoir des incidences sur l'environnement et qu'il rentre dans les critères de la nomenclature de l'article R. 122-2 du code de l'environnement, étendus par l'article R. 122-2-2. Le Code de l'urbanisme n'est pas alors la seule source de droit positif.
Fort heureusement, par référence au seul Code de l'urbanisme, un décret est venu codifier la question à l'article R. 103-1 qui indique explicitement quelles sont les opérations d'aménagement soumises à concertation en application du 3° de l'article L. 103-2. Y sont donc énumérées les opérations d'aménagement ou de construction soumises à l'obligation de concertation. Cela concerne, sauf hypothèses touchant la défense[21] :

1. Une opération qui aurait pour objet, dans une commune non dotée d'un plan local d'urbanisme ou d'un document d'urbanisme en tenant lieu ayant fait l'objet d'une enquête publique, **la création de plus de 5.000 m² de surface de plancher** ou la **restauration**, dans les conditions définies à l'article L.313-4-1, d'un ensemble de bâtiments ayant au moins cette surface ;
2. La réalisation d'un investissement **routier** dans une partie urbanisée d'une commune d'un montant supérieur à 1.900.000 euros, et conduisant à la création de nouveaux ouvrages ou à la modification d'assiette d'ouvrages existants ;

[21] Voir article L.103-7 du Code de l'urbanisme : pour permettre la réalisation d'une opération ayant reçu la qualification d'opération sensible intéressant la défense nationale en application de l'article L. 2391-1 du code de la défense ou celle d'opération sensible intéressant la sécurité nationale en application de l'article L. 112-3 du code de la sécurité intérieure.

3. La transformation d'une voie existante **en aire piétonne** d'une superficie supérieure à 3.000 m² ou la suppression d'une aire piétonne d'une même superficie ;
4. La création d'une **gare** ferroviaire ou routière de voyageurs, de marchandises ou de transit ou l'extension de son emprise, lorsque le montant des travaux dépasse 1.900.000 euros ;
5. Les travaux de modification de gabarit, de détournement ou de couverture de **cours d'eau** dans une partie urbanisée d'une commune, lorsque le montant des travaux dépasse 1.900.000 euros ;
6. Les travaux de construction ou d'extension d'infrastructures portuaires des **ports fluviaux** ou du secteur fluvial d'un grand port fluvio-maritime situés dans une partie urbanisée d'une commune, lorsque le montant de ces travaux dépasse 1.900.000 euros, ainsi que la création d'un port fluvial de plaisance d'une capacité d'accueil supérieure à 150 places ou l'extension d'un port de plaisance portant sur au moins 150 places ;
7. Dans une partie urbanisée d'une commune, la création d'un **port maritime** de commerce, de pêche ou de plaisance, les travaux d'extension de la surface des plans d'eau abrités des ports maritimes de commerce ou de pêche d'un montant supérieur à 1.900.000 euros, ainsi que les travaux ayant pour effet d'accroître de plus de 10 % la surface du plan d'eau abrité des ports maritimes de plaisance ;
8. Les ouvrages et travaux sur une emprise de plus de 2.000 m² réalisés sur une partie de rivage, de lais ou relais de la mer située en dehors des ports et au droit d'une partie urbanisée d'une commune.

b. 2. Consultation facultative

Elle concerne *a contrario* les projets et procédures **autres** que ceux mentionnés à l'article L. 103-2 du code de l'urbanisme.

B. Contenu de l'information à partager

Sur le contenu de l'information à partager, il nous semble qu'à partir de 2012 (Ordonnance n°2012-11 du 5 janvier 2012), le droit évolue qualitativement car il s'agit de « *permettre au public d'accéder aux informations relatives au* ***projet*** et *aux* ***avis*** *requis par les dispositions législatives ou réglementaires applicables* ». L'accès aux avis extérieurs officiellement prévus donne enfin des garanties sur l'appréciation du projet. Le public peut lire plus qu'un *autosatisfecit* des porteurs du projet.

Les obligations en la matière sont régies par les textes (L. 103-4 du Code de l'urbanisme). Outre les informations portant sur les avis et le projet, doivent être prévus : une **durée** suffisante pour cette concertation, des **moyens adaptés** au regard de l'importance et des caractéristiques du projet, des

supports pour formuler des observations et propositions qui sont enregistrées et conservées par l'autorité compétente.

La concertation est organisée le plus souvent par l'organe délibérant de la collectivité ou de l'établissement public et parfois par le représentant de l'État s'il est à l'initiative de la révision du document d'urbanisme ou de l'opération.

Pour les hypothèses où la concertation n'est pas obligatoire, l'actuel article L. 300-2 al.2 qui envisage « *les projets de travaux ou d'aménagements soumis à permis de construire ou à permis d'aménager, autres que ceux mentionnés au 3° de l'article L. 103-2* »[22], impose un minimum d'information à transmettre par le maître d'ouvrage :

« *Dans ce cas, le maître d'ouvrage transmet à l'autorité compétente pour statuer un dossier de présentation du projet comportant* ***au moins une description de sa localisation*** *dans l'environnement et sur le terrain concerné, sa* ***destination****, les* ***caractéristiques*** *des constructions ou aménagements envisagés, comprenant un avant-projet architectural dans le cas où le projet comporte des* ***bâtiments****, ainsi que la desserte du projet par les équipements publics et l'aménagement de ses abords* ». Cette version est celle applicable depuis le 12 mars 2023, date d'entrée en vigueur de la modification de cet article par la loi n°2023-175 du 10 mars 2023 relative à l'accélération de la production d'énergies renouvelables.

Dans le cadre de l'article précité, le législateur a veillé à ce que la concertation fasse sens car il est prévu qu'elle doit être « *réalisée* ***préalablement au dépôt de la demande de*** permis, *à l'initiative de l'autorité compétente pour statuer sur la demande de permis ou, avec l'accord de celle-ci, à l'initiative du maître d'ouvrage* » (version en vigueur depuis le 12 mars 2023, modifiée par la loi n°2023-175 du 10 mars 2023 précitée).

C. Le but poursuivi : tirer les fruits de cette concertation

Une fois les observations ou propositions formulées, celles-ci doivent bien évidemment être **enregistrées et conservées** mais surtout un **bilan** de la concertation doit être effectué et être rendu public.

L'impact de la concertation varie selon son champ d'application.

- Dans le cadre du chapitre sur la « *Participation du public à l'élaboration des plans, programmes et projets ayant une incidence sur l'environnement* (articles L. 121-1-A à L. 121-24 du **code de l'environnement**), il est spécifié que *« le maître d'ouvrage ou la personne publique responsable indique les mesures qu'il juge nécessaire de mettre en place pour répondre aux enseignements qu'il tire de la concertation* » (article L. 121-16 du code de l'environnement sur la concertation préalable).

---

[22] Voir l'article R. 103-1 pour consulter la liste exhaustive des cas envisagés.

Mais dans le cadre de l'article L. 300-2 du **Code de l'urbanisme**, qui envisage le cas de la demande de permis de construire ou de permis d'aménager hors champ de l'article L. 103-2), il est seulement indiqué que « **l'étude d'impact et le bilan de la concertation font l'objet d'une mise à disposition du public** ». Mais on notera que même pour la concertation obligatoire en vertu du Code de l'urbanisme concernant notamment les documents d'urbanisme et projets substantiels de l'article L. 103-2, l'article L. 103-6 est peu disert. Il indique seulement qu'« *à l'issue de la concertation, l'autorité mentionnée (...) en arrête le bilan* » sans autre précision. Certes, les dispositions de l'article L. 121-16 doivent s'appliquer puisqu'il s'agit de projet ayant une incidence sur l'environnement. Par ailleurs, si une enquête publique est à réaliser, il sera nécessaire de joindre cette concertation au dossier d'enquête.

La question qui se pose est de savoir si la concertation surtout facultative dans le domaine du droit de l'urbanisme n'est pas purement formelle. Les textes permettent de réaliser ces mécanismes participatifs mais sans donner de réelles garanties sur toutes les conséquences à en tirer, en termes de co-construction d'un projet (qui du reste n'est pas souvent souhaitée localement par un maire ou président d'un EPCI).

Mais surtout, **le législateur a prévu que les illégalités qui peuvent se produire au cours de la concertation n'impactent pas en droit les actes ou les projets soumis à la concertation**. Nous sommes ici au cœur de la sécurité juridique des documents et actes de l'aménagement qui prime sur l'enrobage juridique démocratique qui les accompagne, en l'occurrence ici au sujet de la concertation.

D. Le principe des illégalités sans conséquence en matière de concertation dès 1985

Dans le registre de la concertation, le mécanisme de l'article L. 300. 2 prévoyait dès 1985 que les illégalités qui peuvent se produire sont sans conséquences sur les **seules autorisations** d'occuper ou d'utiliser le sol : « *Les autorisations d'occuper ou d'utiliser le sol ne sont pas illégales du seul fait des vices susceptibles d'entacher cette délibération ou les modalités de son exécution* ».

Mais cette règle a été modifiée **en 2003** pour en élargir le champ d'application (loi n° 2003-590 du 2 juillet 2003 urbanisme et habitat) et considérer que les vices entachant la concertation (délibération et modalités d'exécution) étaient également sans influence sur la légalité des **documents** et **opérations d'aménagement**, outre les autorisations qui peuvent être délivrées en aval.

L'idée primordiale à retenir dans cette logique est que le processus de concertation, tel que conçu avec ses imperfections potentielles, ne doit pas avoir été transgressé dans la pratique : « *Les documents d'urbanisme et les opérations (...) ne sont pas illégaux du seul fait des vices susceptibles d'entacher la concertation, dès lors que les modalités définies par la délibération prévue au premier alinéa ont été respectées. Les autorisations d'occuper ou d'utiliser le sol ne sont pas illégales du seul fait des vices susceptibles d'entacher cette délibération ou les modalités de son exécution* ».

E. La source de droit positif actuelle : article L. 600-11 du Code de l'urbanisme

Malgré les nombreuses rédactions qui se sont réalisées, le principe reste le même : « *Les documents d'urbanisme et les opérations mentionnées aux articles L. 103-2 et L. 300-2 ne sont pas illégaux du seul fait des vices susceptibles d'entacher la concertation, dès lors que les modalités définies aux articles L. 103-1 à L. 103-6 et par la décision ou la délibération prévue à l'article L. 103-3 ont été respectées. Les autorisations d'occuper ou d'utiliser le sol ne sont pas illégales du seul fait des vices susceptibles d'entacher cette délibération ou les modalités de son exécution* ».

Quelques précisions sont nécessaires à exposer dans un souci d'intelligibilité.

a. Quels sont les documents d'urbanisme et les opérations concernés ?

1. Schéma de cohérence territoriale, plan local d'urbanisme (élaboration révision, modification, mise en compatibilité) et le nouveau document d'urbanisme unique

2. Création d'une zone d'aménagement concerté

3. Les projets et opérations d'aménagement ou de construction ayant pour effet de modifier de façon substantielle le cadre de vie, notamment ceux susceptibles d'affecter l'environnement, ou l'activité économique (la liste est arrêtée par décret en Conseil d'État, voir *infra* les développements sur la concertation obligatoire).

4. Les projets de renouvellement urbain

5. Les « autres » projets de travaux ou d'aménagements soumis à permis de construire ou à permis d'aménager qui peuvent faire l'objet de la concertation par volonté des représentants des collectivités territoriales.

b. Quelles modalités à respecter ?

Ce sont les modalités légales (L. 103-1 à L. 103-6) comme celles fixées par la délibération.

La concertation doit respecter certains principes tels que :

- se dérouler pendant la durée de l'élaboration du projet (et non pas seulement en aval de celui-ci)

- permettre la participation des habitants, des associations locales et des autres personnes concernées (consignation des avis)

- donner des précisions sur les objectifs poursuivis et les modalités de la concertation

Aux termes du L. 103-4 du Code de l'urbanisme : « Les *modalités de la concertation permettent, pendant une **durée suffisante** et selon des **moyens adaptés** au regard de l'importance et des caractéristiques du projet, au public d'accéder aux informations relatives au projet et aux avis requis par les dispositions législatives ou réglementaires applicables et de formuler des observations et propositions qui sont enregistrées et conservées par l'autorité compétente* »

- préciser les personnes compétentes pour donner ces précisions, à savoir :

→ l'État lorsque la révision du document d'urbanisme ou l'opération est à son initiative

→ l'organe délibérant de la collectivité ou de l'établissement public dans les autres cas.

Cependant, comme les exécutifs sont primordiaux politiquement, le code prévoit aussi que « *les objectifs poursuivis et les modalités de la concertation peuvent être précisés par le président de l'organe délibérant de la collectivité ou de l'établissement public compétent* ».

→ le représentant légal de la société SNCF ou sa filiale si l'opération est à l'initiative de l'une de ces deux sociétés (Ordonnance n° 2019-552 du 3 juin 2019 portant diverses dispositions relatives au groupe SNCF)

- un bilan de la concertation

F. La jurisprudence du juge administratif au sujet des illégalités de la concertation

Le juge laisse une assez grande liberté de faire pour que les personnes publiques déterminent de manière appropriée les modalités de la concertation. En général, on retrouve :

- des réunions publiques qui sont organisées au sein de l'Hôtel de ville et/ou dans différents quartiers de la commune selon l'importance du projet,

- des expositions fixes ou itinérantes en utilisant parfois des bus aménagés pour ce faire,

- des lieux identifiés pour et dédiés à la consultation du dossier du projet en l'état, grâce aux informations dans la presse locale, les bulletins municipaux papiers ou dématérialisés,

- la confection de maquettes (qui seront exposées),

- la tenue de registres où les personnes peuvent inscrire leurs remarques pour infléchir éventuellement l'orientation du projet.

Les moyens de la concertation peuvent se cumuler entre eux, notamment pour les aménagements qui se révèlent importants ou qui modifient significativement la règle d'urbanisme locale avec (hypothèse du changement de destination ou de nature d'un zonage d'un PLUi).

L'idée est que la concertation permette une certaine transparence et dans l'idéal, une capacité des populations intéressées à peser sur l'orientation du projet, son ampleur.

Le Conseil d'État dans une décision assez rigoureuse a précisé que cette délibération constitue une formalité substantielle, CE 10 février 2010, Commune de Saint-Lunaire, n°327149, Lebon. Cette jurisprudence a été confirmée par la décision suivante du Conseil d'Etat : CE, 5 mai 2017, Commune de Saint Bon Tarentaise, n° 388902. Le conseil précise que la délibération reste bien substantielle d'une part s'agissant d'une éventuelle insuffisance des modalités de la concertation qu'elle définit et, d'autre part, des irrégularités ayant affecté le déroulement de la concertation au regard des modalités définies par cette délibération[23].

Néanmoins, la délibération qui prescrit l'élaboration du plan local d'urbanisme (PLU) et précise les modalités de concertation n'a pas à être notifiée à une autorité « qui n'existe pas encore localement » même si les textes prévoient le cas de figure, concernant la notification au président de l'établissement public de coopération intercommunale (EPCI) compétent pour élaborer, approuver, suivre et réviser le schéma de cohérence territoriale (SCOT). Dans le cas de figure où l'EPCI en cause est créé **postérieurement** à la délibération prescrivant l'élaboration du PLU, le défaut de notification de cette délibération au président de l'EPCI ne constitue pas la méconnaissance d'une formalité substantielle de nature à entacher la légalité de la délibération approuvant le plan, Conseil d'État, 8 octobre 2012, commune d'Illats, n°338760.

Le juge veille au respect de toutes les modalités de la concertation prévue : CE 25 novembre 2015, commune de Cazerdanes, n°372659.

Dans cette affaire, le juge a considéré qu'une concertation supplémentaire en sus des modalités initiales arrêtées n'a pas pour effet de provoquer une illégalité dans la mise en œuvre de la concertation prévue *ab initio* tant que celle-ci a bien été réalisée dans les conditions fixées préalablement.

Ainsi, selon le Conseil d'État, une commune n'a pas commis d'illégalité en organisant une concertation spécifique avec une catégorie précise d'administrés, alors même que cette formalité n'avait pas été prévue par le Conseil municipal dans sa délibération définissant les modalités de la concertation

---

[23] Voir l'analyse du Conseil d'Etat sur « les grandes décisions depuis 1873 » au sujet de cette décision : « la section du Contentieux a achevé l'abandon de la jurisprudence Commune de Saint-Lunaire en tant qu'elle permettait encore d'invoquer à l'encontre d'une délibération approuvant un PLU l'insuffisance de la délibération initiale, dans son volet de définition des objectifs », in https://www.conseil-etat.fr/decisions-de-justice/jurisprudence/les-grandes-decisions-depuis-1873/ce-5-mai-2017-commune-de-saint-bon-tarentaise-n-388902.

avec la population et les acteurs locaux. Mais la décision du Conseil prend soin de relever au préalable que la commune a bien mis en œuvre les modalités de concertation fixées au départ par le conseil municipal.

L'organisation d'autres formes de concertation en plus des modalités définies par cette dernière délibération n'a pas, par elle-même, pour effet d'entacher d'illégalité la délibération approuvant le plan local d'urbanisme. Mais le juge doit vérifier dans ce cas si cette autre concertation a eu pour effet d'entacher d'irrégularité la procédure de concertation :

« *(...) s'il résulte de ces dispositions (L. 300-2) que la légalité d'une délibération approuvant un plan local d'urbanisme ne saurait être contestée au regard des modalités de la procédure de concertation qui l'a précédée dès lors que celles-ci ont respecté les modalités définies par la délibération prescrivant l'élaboration de ce document d'urbanisme, il ne s'en déduit pas en revanche que l'organisation d'autres formes de concertation en sus des modalités définies par cette dernière délibération aurait, par elle-même, pour effet d'entacher d'illégalité la délibération approuvant le plan local d'urbanisme » (...) « (...) le conseil municipal de Cazedarnes a défini les modalités de la concertation devant précéder la révision du plan d'occupation des sols de la commune et sa transformation en plan local d'urbanisme, en prévoyant la mise à disposition d'un registre, l'information du public par bulletin et par voie de presse, l'organisation d'une réunion publique et d'une journée d'information et la mise en place d'une permanence des élus ;* ***qu'au-delà du respect des modalités ainsi prévues, la commune a organisé****, en vue de l'aménagement de la zone AU 5, destinée au développement des activités agricoles et artisanales,* ***une concertation supplémentaire auprès des viticulteurs et des artisans, qui ont été reçus individuellement le 3 octobre 2005, après qu'un questionnaire leur avait été envoyé, et dont il a été fait état dans le bilan de la concertation*** *; qu'en jugeant que le seul fait, pour le maire, d'avoir ainsi organisé de sa propre initiative une consultation en sus des modalités de concertation prévues par la délibération du 2 avril 2002 avait entaché d'illégalité la délibération du 24 septembre 2007 approuvant la révision du plan d'occupation des sols et sa transformation en plan local d'urbanisme, sans rechercher si, eu égard aux conditions dans lesquelles elle s'était déroulée, cette consultation supplémentaire avait eu pour effet d'entacher d'irrégularité la procédure de concertation prescrite par l'article L. 300-2 du Code de l'urbanisme, la cour a commis une erreur de droit* ».

La jurisprudence montre que le juge sanctionne l'inconsistance de l'information donnée et se préoccupe de l'effet utile de la concertation : TA Lille, 22 mai 2024, n° 2003640.

Dans une affaire jugée par le tribunal administratif de Lille, celui-ci précise : « *il y a lieu de considérer que la très faible information du public sur la mise en œuvre de la phase de concertation n'a pas permis de donner un effet utile aux modalités qui avaient été prévues par la délibération du 13 décembre 2017, au demeurant partiellement mises en place. Par suite, le moyen tiré de ce vice de procédure doit être accueilli* ».

Le tribunal révèle que : « l*es affiches annonçant la réunion du 27 juin 2018 se bornent à évoquer une simple réunion d'information sur la procédure de révision du PLUi et à mentionner de façon évasive ses objectifs, sans précision aucune sur l'organisation d'une procédure de concertation et les modalités selon lesquelles le public serait appelé à participer. Par ailleurs, aucune diffusion d'une telle information n'est intervenue dans les bulletins municipaux des communes membres ou dans celui de la communauté de communes. Il ne ressort d'aucune pièce du dossier que le public ait été informé de la mise à disposition de registres destinés à recueillir ses observations. La très faible information du public en amont a conduit à une très faible participation à cette étape de l'élaboration du plan local d'urbanisme, les registres n'ayant recueilli qu'une unique observation ...* ». De plus, dans ce litige, la concertation aurait dû être relative à l'élaboration d'un nouveau PLUi et non sur sa révision car le document avait été annulé en juin 2018. En conséquence, le bilan de la concertation qui a été dressé le 21 novembre 2018 avait porté à tort sur la révision sans que le public ait été informé des implications juridiques de l'annulation du PLUi. Dans ce contexte, la concertation menée est sanctionnée par le juge.

§. 2. Les restrictions à l'exception d'illégalité

Cette mesure a été mise en place pour sécuriser les documents d'urbanisme dès 1994 contre des illégalités liées à des vices de forme ou de procédure. Pour conforter cet objectif, la loi n° 2025-1129 du 26 novembre 2025 de simplification du droit de l'urbanisme et du logement a abrogé l'article L. 600-1 du Code de l'urbanisme relatif à la contestation des documents d'urbanisme par voie d'exception.

Ainsi, dans un souci d'alignement du droit de l'urbanisme sur la jurisprudence administrative[24], s'appliquent les règles de droit commun qui sont allées dans un sens croissant de sévérité ou de sécurité juridique : les conditions d'édiction d'un acte réglementaire, les vices de forme et de procédure dont il serait entaché **ne peuvent être utilement invoqués que dans le cadre du recours pour excès de pouvoir** dirigé contre l'acte réglementaire lui-même et introduit avant l'expiration du délai de recours contentieux.

Depuis que l'article L.600-1 du CU est abrogé, il devient donc impossible d'invoquer des vices de forme et de procédure par voie d'exception contre un

---

[24] CE, 18 mai 2018, Fédération des finances et des affaires économiques de la CFDT, n°414583, selon lequel les vices de forme et de procédure, invocables dans le cadre du recours dirigé directement contre un acte réglementaire, ne sont plus jamais invocables par voie d'exception, et donc pour tous les actes réglementaires.

document d'urbanisme. Le Conseil constitutionnel a estimé que « *le législateur a entendu prendre en compte le risque d'instabilité juridique pouvant résulter de la multiplicité des contestations de la légalité externe de ces actes réglementaires, ainsi que simplifier le droit de l'urbanisme en lui appliquant le régime de droit commun des exceptions d'illégalité. Ce faisant, il a poursuivi un objectif d'intérêt général* », Décision n° 2025-896 DC du 20 novembre 2025.

Dans un souci de compréhension de la question, du moins sur le plan théorique ou historique, il nous paraît nécessaire d'exposer les conditions qui avaient été fixées par le législateur avant la suppression de l'article L. 600-1.

A. L'état du droit antérieur à la loi de simplification de novembre 2025

La règle était relativement simple : les illégalités pour vice de forme et de procédure s'éteignent avec le temps (6 mois) sauf exceptions en raison de la gravité du vice.

a. La règle de droit avant abrogation : article L. 600-1 du Code de l'urbanisme

« L'illégalité pour vice de forme ou de procédure d'un schéma de cohérence territoriale, d'un plan local d'urbanisme, d'une carte communale ou d'un document d'urbanisme en tenant lieu ne peut être invoquée par voie d'exception, après l'expiration d'un délai de six mois à compter de la prise d'effet du document en cause.

Les dispositions de l'alinéa précédent sont également applicables à l'acte prescrivant l'élaboration ou la révision d'un document d'urbanisme ou créant une zone d'aménagement concerté.

Les deux alinéas précédents ne sont pas applicables lorsque le vice de forme concerne :

-soit la méconnaissance substantielle ou la violation des règles de l'enquête publique sur les schémas de cohérence territoriale, les plans locaux d'urbanisme et les cartes communales ;

-soit l'absence du rapport de présentation ou des documents graphiques », (L. 600-1 tel que modifié par l'ordonnance n°2015-1174 du 23 septembre 2015).

b. Historique législatif

Ces dispositions sur les limitations à l'exception d'illégalité datent de la **loi n°94-112 du 9 février 1994** portant diverses dispositions en matière d'urbanisme et de construction. Elles traduisent la volonté de réduire le contentieux en ce domaine et de sécuriser les documents et les autorisations d'urbanisme. À l'époque, le Conseil constitutionnel avait reconnu la conformité de cette disposition à la constitution, en considérant que ce texte avait été adopté « *eu égard à la multiplicité des contestations de la légalité externe de ces actes* » et afin de « *prendre en compte le risque d'instabilité juridique en résultant, qui est particulièrement marqué en matière d'urbanisme* », Décision n° 93-335 DC du 21 janvier 1994, *JORF* 26 janvier 1994.

B. L'État du droit depuis la loi de simplification (2025)

Un certain nombre de précisions nous paraissent nécessaires

a. Application des règles de l'exception d'illégalité du droit administratif général

L'impossibilité d'invoquer l'exception d'illégalité pour vice de forme ou de procédure a été affirmée dans une décision du Conseil d'État : Conseil d'État, Assemblée, Fédération des finances et affaires économiques de la CFDT, 18 mai 2018, 414583, Lebon.

Ainsi, selon cette décision assez éclairante : « *Si (...) la légalité des règles fixées par l'acte réglementaire, la compétence de son auteur et l'existence d'un détournement de pouvoir peuvent être utilement critiquées, il n'en va pas de même des conditions d'édiction de cet acte, les vices de forme et de procédure dont il serait entaché ne pouvant être utilement invoqués que dans le cadre du recours pour excès de pouvoir dirigé contre l'acte réglementaire lui-même et introduit avant l'expiration du délai de recours contentieux* » .

Cette décision précise également que « *en raison de la permanence de l'acte réglementaire, la* ***légalité des règles*** *qu'il fixe, comme la* ***compétence*** *de son auteur et l'existence d'un* ***détournement de pouvoir*** *doivent pouvoir être mises en cause à tout moment, de telle sorte que puissent toujours être sanctionnées les atteintes illégales que cet acte est susceptible de porter à l'ordre juridique* ». Donc, en dehors des cas visés par le Conseil, les vices de forme et de procédure ne peuvent plus être invoqués en dehors du délai de 2 mois à compter de la publication de l'acte réglementaire. Cela vient donc conforter la sécurité des documents d'urbanisme.

b. Application de la jurisprudence Danthony concernant les vices de procédures et de forme

Il s'agit d'évoquer ici la portée d'un moyen fondé sur le vice de forme ou de procédure que le requérant peut vouloir mettre en avant devant le juge.

On évoque à ce sujet l'arrêt Danthony n°335033 du 23 décembre 2011. Le Conseil d'État y a posé le principe suivant : « *Un vice affectant le déroulement d'une procédure administrative préalable [...] n'est de nature à entacher d'illégalité la décision prise que s'il ressort des pièces du dossier qu'il a été susceptible d'exercer, en l'espèce, une influence sur le sens de la décision prise ou qu'il a privé les intéressés d'une garantie* ».

Un vice de procédure n'est pas nécessairement insusceptible d'entraîner l'annulation d'un acte administratif. Certains vices de procédure justifient l'annulation de la décision dans les deux hypothèses suivantes :

* les vices sont susceptibles d'exercer une influence sur le sens de la décision ou encore

* les vices sont susceptibles de priver l'intéressé d'une garantie.

Le contentieux du droit de l'urbanisme connaît des illustrations de l'application de la jurisprudence Danthony, tout particulièrement la décision Commune de Sempy au sujet de l'approbation d'une carte communale (Conseil d'État, Section, 22 décembre 2017, 395963, Lebon) :

Dans cette affaire, la délibération d'un conseil municipal avait été approuvée sans que la commission départementale de la consommation des espaces agricoles ni la chambre d'agriculture aient été consultées. La chambre d'agriculture, saisie par la commune, a émis, postérieurement à la délibération attaquée, un avis **défavorable** sur la carte communale. « *Dans ces conditions, eu égard aux conséquences du projet de carte communale sur les réductions d'espaces agricoles et naturels au profit de l'urbanisation du bourg, notamment à proximité d'exploitations, l'omission de la consultation de la chambre d'agriculture avant l'adoption de la carte communale a été susceptible d'exercer, en l'espèce, une influence sur le sens de la délibération du conseil municipal* ».

Dans une récente décision du Conseil d'État, celui-ci a sanctionné la motivation insuffisante des conclusions d'un commissaire enquêteur. Il considère que la Cour administrative d'appel a commis une erreur de droit en estimant que le commissaire avait correctement motivé ses conclusions, alors qu'il avait sciemment refusé de répondre à une part importante des observations du public sur un des secteurs dit des « Quatre Chemins ». En effet, le commissaire avait tenu compte d'une procédure contentieuse en cours devant le tribunal administratif de Nice à l'encontre d'une précédente délibération du conseil municipal de la commune approuvant la mise en comptabilité du plan local d'urbanisme avec une opération d'aménagement projetée dans le quartier mentionné. La Haute juridiction a estimé que les requérants sont fondés à soutenir que cette irrégularité, qui a privé le public d'une garantie et a été susceptible d'exercer, en l'espèce, une influence sur le sens de la délibération litigieuse, entache d'illégalité la révision du plan local d'urbanisme, Conseil d'État, 30 avril 2025, n°490965. Dans ce cas d'espèce, le Conseil invitera cependant à la régularisation de cette illégalité : « *L'illégalité qui résulte de ces vices peut être régularisée par l'adoption d'une nouvelle délibération approuvant le document d'urbanisme, le cas échéant sur les seuls éléments entachés d'illégalité, dès lors que celle-ci répond aux exigences de forme ou a été précédée de l'exécution régulière de la ou des formalités qui avaient été omises* ».

c. Une question importante : pouvoir différencier un vice de forme et un vice concernant la légalité interne

Notons que le Conseil d'État avait jugé que l'insuffisance du rapport de présentation d'un plan d'occupation des sols (POS) constitue une illégalité de forme (Conseil d'État, 12 juin 1995, Association intercommunale contre un projet de carrière, conclusions J.-C. BONICHOT). Donc, s'appliquait la limitation de temps des 6 mois, sauf si le juge assimile selon le cas d'espèce, insuffisance et absence de rapport de présentation, auquel cas la limite de temps disparaît.

Avec la suppression de l'article L. 600-1, l'insuffisance du rapport de présentation ne peut être attaquée que par voie d'action et non par la voie de l'exception d'illégalité.

Une jurisprudence assez récente indique que l'insuffisance d'un rapport de présentation peut conduire à une annulation partielle et que l'illégalité peut être régularisée si l'impact n'est pas important pour le plan : CE 7 juillet 2022 M. et Mme B, n° 451137, Lebon. En l'espèce, « *il résulte des articles L. 153-27 et R. 151-4 du Code de l'urbanisme que les indicateurs nécessaires à l'analyse des résultats de l'application du plan local d'urbanisme (PLU) à laquelle il devra être procédé neuf ans au plus tard après son approbation, en vue de décider de son éventuelle révision, doivent être identifiés dès l'élaboration du plan et figurer dans le rapport de présentation. Si l'absence dans le plan local d'urbanisme approuvé de tels indicateurs est constitutive d'une illégalité, une telle illégalité, qui est par elle-même, eu égard à l'objet des indicateurs,* ***sans conséquence sur le plan local d'urbanisme*** *en tant qu'il fixe les règles susceptibles d'être opposées aux demandes d'autorisation d'urbanisme, n'est de nature à justifier que l'annulation partielle de la délibération approuvant le plan, en tant seulement qu'elle a omis d'identifier les indicateurs en cause ». De plus dans cette affaire, le Conseil d'État a même considéré que « la régularisation restait possible même après l'expiration du délai imparti par le juge et jusqu'à la clôture de l'instruction* ».

d. Les conséquences de l'usage de l'exception d'illégalité pour le requérant qui soulève l'illégalité du permis sur le fondement de l'illégalité du document d'urbanisme

Le Conseil d'État exige que l'appréciation de l'illégalité du permis soit également effectuée par rapport au document remis en vigueur. En effet, selon l'article L. 600-12, s'il y a une annulation ou une déclaration d'illégalité d'un document d'urbanisme, l'effet est de remettre en vigueur le document immédiatement antérieur. Il est certain qu'il est logique alors d'apprécier la légalité du permis contesté avec l'ancien document d'urbanisme remis en vigueur à la suite de l'annulation du document qui a servi de première base légale. Citons en ce sens l'avis suivant du Conseil, CE Section, **avis** 2 octobre 2020 n° 436934 :

« lorsqu'un motif d'illégalité non étranger aux règles d'urbanisme applicables au projet, est susceptible de conduire à remettre en vigueur tout ou partie du document local d'urbanisme immédiatement antérieur, le moyen tiré de l'exception d'illégalité du document local d'urbanisme à l'appui d'un recours en annulation d'une autorisation d'urbanisme, ne peut être utilement soulevé ***que si le requérant soutient également que cette autorisation méconnaît les dispositions pertinentes ainsi remises en vigueur*** *».*

Selon l'avis précité du Conseil d'État (2 octobre 2020), dans le cadre de l'application de cet article L. 600-12-1, il appartient au juge de vérifier d'abord **si l'un au moins des motifs d'illégalité du document local d'urbanisme est en rapport direct avec les règles applicables à l'autorisation d'urbanisme**. Si c'est le cas, le juge doit ensuite apprécier la légalité de l'autorisation au regard du document d'urbanisme qui redevient applicable du fait de cette illégalité.

Concernant les décisions de refus de permis ou d'opposition à déclaration préalable, l'article L. 600-12-1 al. 2 dispose que « *pour ces décisions, l'annulation ou l'illégalité du document d'urbanisme leur ayant servi de fondement entraîne l'annulation de ladite décision* ».

e. Recours contre un refus d'abrogation : impossibilité d'invoquer les vices de procédures et vice de forme

Dans l'hypothèse du refus d'abroger un PLU, les moyens invoqués pour vice de forme ou procédure sont irrecevables lors du recours contre ce refus.

« *si, dans le cadre de la* ***contestation*** *d'un acte réglementaire intervenant après l'expiration du délai de recours contentieux contre cet acte,* ***par la voie de l'exception ou sous la forme d'un recours pour excès de pouvoir contre le refus de l'abroger****, la légalité des règles qu'il fixe, la compétence de son auteur et l'existence d'un détournement de pouvoir peuvent être utilement critiquées,* ***il n'en va pas de même des conditions d'édiction de cet acte, les vices de forme et de procédure dont il serait entaché*** *ne pouvant être utilement invoqués que dans le cadre d'un recours pour excès de pouvoir dirigé contre l'acte réglementaire lui-même et introduit avant l'expiration du délai de recours contentieux* », CE, 24 mars 2021, n° 428462.

2. La décision est illégale mais elle peut être régularisée

Le droit de l'urbanisme prévoit de procéder à la régularisation des autorisations et déclarations, lorsque les conditions sont présentes.

§. 1. Le principe : 2 options pour le juge saisi d'un recours, annulation partielle ou sursis à statuer pour une régularisation

A. Sources juridiques : Article L. 600-5, Article L. 600-5-1 et Article L. 600-5-2

Les articles mentionnés sont ceux tels que modifiés par la loi n°2018-1021 du 23 novembre 2018.

a. L'article L. 600-5, le cas de l'annulation partielle

Le détenteur du permis amputé par une annulation partielle pourra le faire régulariser pour poursuivre son projet :

« *Sans préjudice de la mise en œuvre de l'article L. 600-5-1, le juge administratif qui, saisi de conclusions dirigées contre un permis de construire, de démolir ou d'aménager ou contre une décision de non-opposition à déclaration préalable, estime, après avoir constaté que les autres moyens ne sont pas fondés,* ***qu'un vice*** *n'affectant qu'une* ***partie*** *du projet peut être régularisé,* ***limite à cette partie la portée de l'annulation*** *qu'il prononce et, le cas échéant, fixe le délai dans lequel le titulaire de l'autorisation pourra en demander la régularisation, même après l'achèvement des travaux. Le refus par le juge de faire droit à une demande d'annulation partielle est motivé* ».

Notons qu'avant la loi ELAN, les travaux ne devaient pas avoir été achevés.

b. L'article L. 600-5-1, le cas du sursis à statuer

Dans cette hypothèse, le permis est suspendu et le bénéficiaire est conduit à procéder à une régularisation pour que son permis devienne « légal ».

« *Sans préjudice de la mise en œuvre de l'article L. 600-5, le juge administratif qui, saisi de conclusions dirigées contre un permis de construire, de démolir ou d'aménager ou contre une décision de non-opposition à déclaration préalable estime, après avoir constaté que les autres moyens ne sont pas fondés,* ***qu'un*** *vice* ***entraînant l'illégalité de cet acte est susceptible d'être régularisé****, sursoit à statuer, après avoir invité les parties à présenter leurs observations, jusqu'à l'expiration du délai qu'il fixe pour cette régularisation, même après l'achèvement des travaux. Si une mesure de régularisation est notifiée dans ce délai au juge, celui-ci statue après avoir invité les parties à présenter leurs observations. Le refus par le juge de faire droit à une demande de sursis à statuer est motivé* ».

c. L'article L. 600-5-2, précisions sur la logique contentieuse qui fait suite à une régularisation

La légalité de la mesure de régularisation peut être contestée, mais les parties restent dans le cadre de la même instance. Ce n'est pas un nouveau recours qui est à réaliser devant le juge.

« *Lorsqu'un permis modificatif, une décision modificative ou une mesure de régularisation intervient au cours d'une instance portant sur un recours dirigé contre le permis de construire, de démolir ou d'aménager initialement délivré ou contre la décision de non-opposition à déclaration préalable initialement obtenue* ***et que ce permis modificatif, cette décision modificative ou cette mesure de régularisation*** *ont été communiqués aux parties à cette instance, la légalité de cet acte ne peut être contestée par les parties que dans le cadre de cette même instance.*"

Cela signifie d'une part que le juge n'a pas encore statué au fond sur cette mesure de régularisation (l'article n'évoque que la communication aux parties). D'autre part, cela implique qu'il n'y a pas d'obligation de notification du recours.

- Concernant le juge compétent :

En cas de contestation du permis de construire modificatif, le tribunal administratif saisi reste compétent. « *Il ne résulte pas des dispositions de l'article L. 600-5-2 du Code de l'urbanisme (...) que le juge de cassation, saisi d'un pourvoi dirigé contre un arrêt ou un jugement relatif au permis de construire initialement délivré, soit compétent pour statuer en premier et dernier ressort sur la légalité d'un permis modificatif, d'une décision modificative ou d'une mesure de régularisation communiqués aux parties* », Conseil d'État, 7 mars 2025, n°497329.

En l'espèce, l'arrêté du 22 février 2024 par lequel le maire de la commune de T (…) a accordé un permis de construire modificatif à la société XX a pour objet de régulariser le vice affectant le permis de construire initial identifié par le tribunal administratif de Grenoble dans un jugement n° 2206539 du 20 novembre 2023, dans lequel ce tribunal a prononcé une annulation partielle du permis sur le fondement des dispositions de l'article L. 600-5. « *La circonstance que ce jugement, rendu en premier et dernier ressort, ait fait l'objet d'un pourvoi devant le Conseil d'État est sans incidence, par elle-même, sur la compétence du tribunal administratif pour connaître, en premier ressort, du recours pour excès de pouvoir dirigé contre le permis modificatif. Dès lors, la requête de M. et Mme F... et autre relève du tribunal administratif de Grenoble, auquel il y a lieu d'en attribuer le jugement* ».

- En cas d'appel, l'article L. 600-5-2 conduit à donner compétence au juge d'appel pour statuer sur une décision modificative ou une mesure de régularisation. Le recours contre cette mesure de régularisation doit être communiqué à la juridiction d'appel par le tribunal.

Le Conseil d'État a donné des précisions selon lesquelles les contestations éventuelles se situent toujours dans le même cadre contentieux : « *Lorsque le juge d'appel est saisi d'un appel contre le jugement du tribunal administratif et qu'un permis modificatif a été délivré aux fins de régulariser les vices du permis relevés par ce jugement, il résulte de l'article L. 600-5-2 du Code de l'urbanisme que le bénéficiaire ou l'auteur de cette mesure de régularisation la lui communique sans délai,* ***les parties de première instance comme les tiers****, en application de l'article R. 345-1 du code de justice administrative (CJA),* ***ne pouvant contester cette mesure que devant lui tant que l'instance d'appel est en cours****. Par suite, si un recours pour excès de pouvoir a été formé contre cette mesure de régularisation devant le tribunal administratif, ce dernier la transmet, en application des articles R. 351-3 et, le cas échéant, R. 345-2 du CJA, à la Cour administrative d'appel saisie de l'appel contre le permis initial* », Conseil d'État, 15 février 2019, n°401384, Lebon.

§. 2. Remarques concernant le sursis à statuer (article L. 600-5-1)

A. Avant de surseoir à statuer, le juge doit avoir constaté préalablement qu'aucun des autres moyens soulevés n'est fondé

Le principe a été exprimé clairement dans l'avis suivant à l'occasion d'un recours en appel : CE, avis, 18 juin 2014, Société Batimalo et autre, A, n° 376760 :

« *Lorsque le juge d'appel estime qu'un moyen ayant fondé l'annulation du permis litigieux par le juge de première instance est tiré d'un vice susceptible d'être régularisé par un permis modificatif, et qu'il décide de faire usage de la faculté qui lui est ouverte par l'article L. 600-5-1,* ***il lui appartient****, avant de surseoir à statuer sur le fondement de ces dispositions,* ***de constater préalablement qu'aucun des autres moyens*** *ayant, le cas échéant, fondé le jugement d'annulation, ni aucun de ceux qui ont été écartés en première instance,* ***ni aucun des moyens nouveaux et recevables présentés en appel, n'est fondé et n'est susceptible d'être régularisé par un permis modificatif*** *et* ***d'indiquer*** *dans sa décision de sursis* ***pour quels motifs ces moyens doivent être écartés*** ».

Cette obligation s'impose également au niveau de la cassation : « *Saisi d'un pourvoi dirigé contre une décision juridictionnelle retenant plusieurs motifs d'illégalité d'un permis de construire, de démolir ou d'aménager, puis refusant de faire usage des articles L. 600-5 ou L. 600-5-1 du Code de l'urbanisme, le juge de cassation, dans le cas où il censure une partie de ces motifs,* ***ne peut rejeter le pourvoi qu'après avoir vérifié si les autres motifs retenus et qui demeurent justifient ce refus*** », Conseil d'État, 15 février 2019, n°401384, Lebon.

Il doit aussi veiller aux fins de non-recevoir soulevées. Lorsqu'il décide de recourir à l'article L. 600-5-1, il doit, avant de surseoir à statuer sur le fondement de ces dispositions, non seulement constater préalablement qu'aucun des autres moyens n'est fondé et n'est susceptible d'être régularisé et indiquer dans sa décision de sursis pour quels motifs ces moyens doivent être écartés, **mais aussi statuer sur les fins de non-recevoir le cas échéant soulevées devant lui**. En l'espèce, « *il ressort des termes mêmes du jugement attaqué qu'il ne se prononce pas, dans ses motifs, sur la fin de non-recevoir, qui n'est pas davantage mentionnée dans ses visas, qui avait été opposée à la demande de Mme F... et M. C... par la commune de C (...), tirée de ce que les demandeurs de première instance ne justifiaient pas de leur intérêt à agir. Par suite, les requérants sont fondés à soutenir que le jugement qu'ils attaquent est entaché d'irrégularité* ». Conseil d'État, 16 octobre 2024, n°473776.

B. À compter du sursis à statuer, seuls des moyens dirigés contre le permis modificatif peuvent par principe être invoqués

Le principe a été mentionné dans l'avis précité du 18 juin 2014 : « *À compter de la décision par laquelle le juge fait usage de la faculté de surseoir à statuer ouverte par l'article L. 600-5-1, seuls des moyens dirigés contre le permis modificatif notifié, le cas échéant, au juge peuvent être invoqués devant ce dernier* ».

Ceci s'inscrit dans la logique de l'article L. 600-5-2 du Code de l'urbanisme, issu de la loi n° 2018-1021 du 23 novembre 2018. Ce texte rattache à l'instance relative à l'autorisation d'urbanisme initiale la contestation de la légalité de la mesure de régularisation y afférente.

L'intérêt pour agir du requérant contre le permis modificatif devra être démontré, tout particulièrement quand le recours est introduit à ce stade. Le Conseil d'État a indiqué que « *lorsque le requérant, **sans avoir contesté le permis initial**, forme un recours contre un permis de construire modificatif, son intérêt pour agir doit être apprécié au regard de la portée des modifications apportées par le permis modificatif au projet de construction initialement autorisé* », CE, 17 mars 2017, n° 396362.

La question des moyens soulevés dans le cadre de l'article L. 600-5-1 s'est encore posée récemment et a permis au Conseil d'État de donner des précisions importantes en cas d'appel dans les cas évoqués ci-après.

- Dans une décision de décembre 2025, le Conseil d'État expose sa position sur l'office du juge lors d'affaires qui se poursuivent en appel, suite à la contestation du jugement d'un tribunal administratif qui fait usage de l'article L. 600-5-1 et pour finir annule à la fois le permis initial et le permis de régularisation. Dans cette espèce, des riverains ont demandé l'annulation du permis de construire délivré à un particulier pour la réhabilitation d'une grange. Après avoir d'abord suspendu son jugement afin de permettre la régularisation d'une illégalité, le tribunal administratif a finalement annulé, en 2021, le permis initial ainsi que le permis de régularisation. Saisie par le maire, la Cour administrative d'appel a toutefois annulé ce jugement en juillet 2023 et rejeté l'ensemble des demandes des requérants, validant ainsi les autorisations d'urbanisme contestées. Or, les riverains faisaient valoir dans leurs conclusions d'appel incident que le jugement avant dire droit rendu en décembre 2020 et décidant de surseoir à statuer sur leur demande d'annulation dans l'attente de la régularisation du vice tiré, avait écarté comme non fondés les autres moyens de leur demande. Ils demandaient ainsi au Conseil d'État d'annuler cet arrêt, de régler l'affaire au fond en faisant droit à leur appel incident. Le Conseil a alors indiqué : « *Dans le cadre de la mise en œuvre des dispositions de l'article L. 600-5-1 du code de l'urbanisme,* ***il appartient au juge d'appel****, saisi de l'ensemble du litige par l'effet dévolutif de l'appel, s'il censure le motif d'annulation retenu par les premiers juges dans leur jugement mettant fin à l'instance née de la contestation du permis de construire,* ***d'examiner les autres moyens soulevés*** *par les demandeurs de première instance,* ***y compris ceux d'entre eux****, dirigés contre le permis de construire initial,* ***qui ont été expressément écartés par le jugement avant dire droit*** *ayant ordonné la régularisation et* ***alors même que ce premier jugement n'a pas fait l'objet d'appel de la part des demandeurs de première instance****. (...) En outre, alors même que dans cette hypothèse l'effet dévolutif de l'appel a pour effet que la cour doit se prononcer sur les moyens soulevés par les requérants de première instance et écartés par le jugement avant dire droit, lorsqu'un requérant de première instance présente devant la cour des conclusions incidentes tendant à l'annulation du jugement avant dire droit, celles-ci ne soulèvent pas un litige distinct de l'appel principal et ne peuvent donc être rejetées comme irrecevables pour ce motif* », CE, 12 décembre 2025, n°488011, Lebon. Lorsque la Cour administrative d'appel annule le motif retenu par le tribunal pour annuler un permis de construire après une procédure de régularisation fondée sur l'article L. 600-5-1, elle doit donc réexaminer l'ensemble des moyens soulevés contre le permis, y compris ceux que le jugement avant dire droit avait déjà écartés comme non fondés, même si ce jugement n'a pas été contesté par les requérants.

- Ensuite, la Haute juridiction s'est exprimée dans l'hypothèse où les règles d'urbanisme ont changé défavorablement pour le bénéficiaire du permis attaqué qui doit pourtant procéder à des régularisations. Le Conseil d'État (CE, 31 mars 2026, n° 494252) indique qu'en cas de modification des règles du PLU, pour apprécier si une régularisation est correcte, le juge ne doit retenir « *que les règles d'urbanisme applicables à la date à laquelle il statue, en tant seulement qu'elles sont relatives au vice relevé, seuls des moyens dirigés contre la mesure de régularisation appelée (...) pouvant (...) être, à compter de sa décision de surseoir à statuer, utilement invoqués devant lui. Figurent au nombre de ces règles les dispositions pertinentes, qui peuvent être celles applicables aux travaux sur des constructions existantes, du règlement du plan local d'urbanisme ou du document d'urbanisme en tenant lieu ou encore celles, le cas échéant, du règlement national d'urbanisme* ».

Dans cette affaire soumise tout d'abord au tribunal administratif de Nice, celui-ci avait considéré qu'aucune régularisation du permis litigieux n'était possible en raison du classement du terrain en zone inconstructible après la délivrance du permis. En l'espèce, il était reproché au permis l'insuffisance des éléments du dossier de demande pour permettre d'apprécier l'insertion du projet dans le paysage lointain et à la méconnaissance de certaines dispositions relatives aux enduits à réaliser. Le Conseil d'État saisi de ce jugement le casse en estimant : « *lorsque le terrain d'assiette du projet est devenu, à la date à laquelle le juge statue, inconstructible, du fait d'une modification des règles d'urbanisme (...)* ***une telle circonstance ne fait en effet pas, par elle-même, obstacle à ce que tout vice entachant le bien-fondé de l'autorisation d'urbanisme puisse être régularisé, dès lors du moins qu'à cette date les règles d'urbanisme applicables ne rendent pas sa régularisation impossible*** ». En se fondant sur « *la seule circonstance que le terrain d'assiette du projet était désormais classé en zone inconstructible par le règlement du plan local d'urbanisme de la métropole Nice-Côte d'Azur* », le tribunal « *a, ce faisant, commis une erreur de droit* ». En effet, le bénéficiaire d'une autorisation d'urbanisme tient des droits de cette autorisation aussi longtemps qu'elle produit ses effets comme le rappelle le Conseil d'État. Il serait ainsi particulièrement inique qu'il se trouve dans l'impossibilité de régulariser au seul constat d'un changement des règles d'urbanisme sans mesurer la portée de celles-ci sur le vice à régulariser.

C. La faculté de surseoir à statuer n'est pas ouverte au juge des référés

Cette mesure a été précisée dans l'affaire suivante : CE, 22 mai 2015, SCI Paolina, B, n° 385183. Cela est normal puisqu'il ne se prononce pas sur le fond de l'affaire.

D. Le juge est par principe tenu de surseoir si la régularisation est possible

Une décision intéressante, bien qu'inédite au Lebon, a été rendue par le Conseil d'État sur ce point : CE 24 juillet 2019, n°430473 :

« *S'il résulte de ces dispositions (L. 600-5-1) que le juge administratif peut, sans préjudice de la mise en œuvre de l'article L. 600-5 du même code, être tenu de surseoir à statuer sur les conclusions dirigées contre un permis de construire, de démolir ou d'aménager ou contre une décision de non-opposition à déclaration préalable dont il est saisi, en vue de permettre la régularisation en cours d'instance d'un vice qui entache la décision litigieuse et entraîne son illégalité,* ***c'est à la condition que****, à la date à laquelle il se prononce,* ***une autorisation d'urbanisme puisse légalement intervenir pour régulariser le projet****, compte tenu de ses caractéristiques, de l'avancement des travaux et* *des règles d'urbanisme applicables, dans les mêmes conditions que si l'autorisation d'urbanisme initiale avait été annulée pour excès de pouvoir* ».

Par un avis du 2 octobre 2020, le Conseil d'État a donné les mêmes précisions au sujet de l'office du juge s'il considère que la régularisation est à réaliser (CE, Section, 2 octobre 2020, n° 438318, Lebon) :

« *Il résulte de ces dispositions, éclairées par les travaux parlementaires, que lorsque le ou les vices affectant la légalité de l'autorisation d'urbanisme dont l'annulation est demandée, sont susceptibles d'être régularisés,* ***le juge doit surseoir à statuer*** *sur les conclusions dont il est saisi contre cette autorisation. Il invite au préalable les parties à présenter leurs observations sur la possibilité de* ***régulariser*** *le ou les vices affectant la légalité de l'autorisation d'urbanisme* ».

Cependant, cet avis précise que le juge n'est toutefois pas tenu de surseoir à statuer :

- d'une part, si les conditions de l'article L. 600-5 du Code de l'urbanisme sont réunies et qu'il fait le choix de recourir à l'annulation partielle,

- d'autre part, si le bénéficiaire de l'autorisation lui a indiqué qu'il ne souhaitait pas bénéficier d'une mesure de régularisation.

E. Le juge doit veiller à respecter les règles du contradictoire

La même décision précitée du Conseil d'Etat du 24 juillet 2019 n°430473 précise en effet à ce sujet :

« *Il résulte également de ces dispositions qu'il lui appartient, avant de surseoir à statuer,* ***d'inviter les parties à présenter leurs observations jusqu'à l'expiration du délai qu'il fixe****, qui doit être suffisant au regard de l'objet des observations demandées pour garantir le débat contradictoire et les droits de la défense,* ***puis de faire de même avant de régler définitivement le fond du litige*** *si une mesure de régularisation lui a été notifiée avant l'expiration du délai fixé à cette fin* ».

F. Sur l'importance de la régularisation : une régularisation est susceptible de modifier l'économie générale du projet initial

C'est dans le même avis précité du 2 octobre 2020 n° 438318 que le Conseil précise : « *Un vice entachant le bien-fondé de l'autorisation d'urbanisme est susceptible d'être régularisé* (on est bien dans le cadre de L. 600-5-1), ***même si cette régularisation implique de revoir l'économie générale du projet en cause****, dès lors que les règles d'urbanisme en vigueur à la date à laquelle le juge statue permettent une mesure de régularisation qui n'implique pas d'apporter à ce projet un* ***bouleversement tel*** *qu'il en changerait la nature même* »

On notera que le Conseil a ultérieurement précisé sa jurisprudence sur la régularisation, au regard de l'autorité **administrative** sollicitée et selon l'achèvement ou non des travaux : CE. 25 novembre 2020, n° 429623

« *L'autorité compétente, saisie d'une demande en ce sens, peut délivrer au titulaire d'un permis de construire en cours de validité, tant que la construction que ce permis autorise n'est pas achevée, un permis le modifiant, sous réserve que les modifications apportées au projet initial n'en remettent pas en cause,* ***par leur nature ou leur ampleur, la conception générale*** ».

Dans cette décision, le Conseil d'État indique que les modifications apportées au projet initial ne doivent pas en remettre en cause la conception générale. Il n'y a plus le terme de bouleversement, mais on peut estimer que la philosophie reste la même.

Par ailleurs, la décision indique que lorsque le bénéficiaire d'un permis de construire a déposé en mairie une déclaration attestant que les travaux sont achevés et conformes à l'autorisation obtenue, l'administration dispose en principe d'un délai de trois mois pour vérifier cette conformité. Passé ce délai, et sauf si un contrôle obligatoire des travaux est prévu, elle ne peut plus remettre en cause ces travaux **ni exiger, à l'occasion d'un nouveau projet, que le propriétaire régularise les éventuelles irrégularités du chantier précédent** : « *Il résulte des articles L. 462-2 et R. 462-6 du Code de l'urbanisme* ***qu'à compter de la date de réception en mairie de la déclaration signée*** *par le bénéficiaire du permis de construire attestant l'achèvement et la conformité des travaux,* ***l'autorité compétente dispose****, sous réserve des cas où un récolement des travaux est obligatoire, d'****un délai*** *de trois mois pour contester la conformité des travaux au permis ou à la déclaration,* ***au-delà duquel elle ne peut plus exiger du propriétaire*** *qui envisage de faire de* ***nouveaux*** *travaux* ***qu'il présente une demande de permis ou dépose une déclaration portant sur les éléments de la construction existante édifiés sans respecter*** *le permis de construire précédemment obtenu ou la déclaration préalable précédemment déposée* ».

Enfin, de préciser : « *Si la construction achevée n'est* ***pas conforme*** *au projet autorisé, l****e titulaire du permis de construire conserve la faculté****, notamment si une action civile tendant à la démolition ou à la mise en conformité de la construction a été engagée,* ***de solliciter la délivrance d'un nouveau permis de construire*** *destiné à la régulariser, qui doit porter sur l'ensemble des éléments de la construction qui ont eu pour effet de modifier le bâtiment tel qu'il avait été initialement approuvé et respecter les règles d'urbanisme en vigueur à la date de son octroi.*

La loi Huwart du 26 novembre 2025 contraint l'autorité administrative saisie de demandes de permis modificatif.

Cette mesure touche les permis de construire et l'article L. 431-6 modifié par la loi du 26 novembre 2025 dispose : « *Si les travaux autorisés par le permis initial ne sont pas achevés, une demande de permis de construire modifiant un permis de construire initial en cours de validité* ***ne peut pas, pendant une période de trois ans à compter de la date de délivrance du permis initial, être refusée ou assortie de prescriptions spéciales sur le fondement de dispositions d'urbanisme intervenues après*** *la délivrance du permis initial. Par dérogation au premier alinéa, la demande peut être refusée ou assortie de prescriptions spéciales si les dispositions d'urbanisme intervenues après la délivrance du permis de construire initial ont pour objet de préserver la sécurité ou la salubrité publiques* ».

L'article L. 441-5, tel que modifié par ce nouveau texte, vise également le permis d'aménager qui bénéficie d'un dispositif équivalent.

Il s'agit de permettre la cristallisation des règles d'urbanisme et cela apporte une nette garantie de stabilité juridique au profit des constructeurs sauf argument tiré des nécessités de la sécurité ou salubrité publique.

* Le Conseil d'État a précisé que le sursis à statuer de l'article L. 600-5-1 comme du reste l'annulation partielle (L. 600-5) est envisageable au regard de la possibilité de faire évoluer notablement le projet.

« *En fondant son appréciation sur le seul projet existant, sans tenir compte de la possibilité pour le pétitionnaire de faire évoluer celui-ci et d'en revoir, le cas échéant, l'économie générale sans en changer la nature, la cour a commis une erreur de droit* », CE, 11 mars 2024, n°463413. Dans cette affaire, la Cour avait estimé que le projet ne permettait pas, eu égard à l'activité projetée d'accueil d'enfants à la piscine, de satisfaire aux exigences du nombre de places de stationnement minimal correspondant aux besoins de la construction ou de l'installation, édictées par les règles d'urbanismes applicables. Le pétitionnaire est réellement très protégé puisque le permis est apprécié par rapport à un autre projet putativement légal qu'il pourrait proposer !

G. Concernant les délais pour régulariser l'acte

* Théoriquement, pour apprécier la légalité d'un permis de construire, le juge administratif doit prendre en compte les mesures de régularisation intervenues en cours d'instance, c'est-à-dire dans le délai fixé dans sa décision avant dire droit.

* S'il y a une évolution favorable du droit positif pour le bénéficiaire de l'autorisation (telle que la modification du PLU...) au moment où le juge statue, il y a l'obligation pour le défendeur d'obtenir l'autorisation modificative pour formaliser la régularisation pendant le délai du sursis à statuer : CE 4 mai 2023, n° 464702

« *La seule circonstance que le vice dont est affectée l'autorisation initiale et qui a justifié le sursis à statuer résulte de la méconnaissance d'une règle d'urbanisme qui n'est plus applicable à la date à laquelle le juge statue à nouveau sur la demande d'annulation, après l'expiration du délai imparti aux intéressés pour notifier la mesure de régularisation, est insusceptible, par elle-même, d'entraîner une telle régularisation et de justifier le rejet de la demande* ».

On notera que dans cette affaire, le Conseil d'État fait un rappel des divers cas :

« 1) *Lorsqu'une autorisation d'urbanisme a été délivrée en méconnaissance des dispositions législatives ou réglementaires relatives à l'utilisation du sol ou sans que soient respectées des formes ou formalités préalables à la délivrance de l'autorisation, l'illégalité qui en résulte peut être régularisée*

a) par la délivrance d'une autorisation modificative dès lors que celle-ci assure le respect des règles de fond applicables au projet en cause, répond aux exigences de forme ou a été précédée de l'exécution régulière de la ou des formalités qui avaient été omises....

b) Elle peut, de même, être régularisée par une autorisation modificative si la règle relative à l'utilisation du sol qui était méconnue par l'autorisation initiale a été entre-temps modifiée ou

c) si cette règle ne peut plus être regardée comme méconnue par l'effet d'un changement dans les circonstances de fait de l'espèce. ...

2) a) Il en va de même dans le cas où le bénéficiaire de l'autorisation initiale notifie en temps utile au juge une décision individuelle de l'autorité administrative compétente valant mesure de régularisation à la suite d'un jugement décidant, en application de l'article L. 600-5-1 du Code de l'urbanisme, de surseoir à statuer sur une demande tendant à l'annulation de l'autorisation initiale »

* La question qui a pu se poser est celle de savoir ce qui se passe si les mesures de régularisation ont été transmises au juge postérieurement au délai qui avait été imparti.

La solution jurisprudentielle a été bienveillante sachant qu'il s'agit d'énergies renouvelables : « *la production des permis de régularisation postérieurement à l'expiration du délai accordé ne saurait faire obstacle à ce que le Conseil d'État tienne compte de ces mesures de régularisation dans son appréciation de la légalité des permis en litige* », CE, 16 février 2022, Association « Éoliennes, s'en naît trop », n° 420554.

H. Concernant l'impossibilité de solliciter l'usage de L. 600-5-1 à deux reprises

* Hypothèse d'une mesure de régularisation (insuffisance de l'étude d'impact réalisée, nouvelle saisine de l'autorité administrative de l'État compétente en matière d'environnement, enquête publique complémentaire...) : « *Lorsqu'une mesure de régularisation a été notifiée au juge après un premier sursis à statuer, et qu'il apparaît, au vu des pièces du dossier, que cette mesure n'est*

pas de nature à régulariser le vice qui affectait l'autorisation d'urbanisme initiale, il appartient au juge d'en prononcer l'annulation, sans qu'il y ait lieu de mettre à nouveau en œuvre la procédure prévue à l'article L. 600-5-1 du Code de l'urbanisme pour la régularisation du vice considéré » CE, 14 octobre 2024, Société Saint-Saturnin Roussillon Ferme, n° 471936, Lebon, concernant une étude d'impact complémentaire soumise à l'avis de la MRAe et à l'enquête publique qui restait insuffisante.

« *Aucune disposition légale ou réglementaire ne permet d'appliquer de manière successive l'article L. 600-5-1 du Code de l'urbanisme pour la régularisation d'un même vice affectant le permis de construire initial* », in https://www.conseil-etat.fr/fr/arianeweb/CE/analyse/2024-10-14/471936.

* A contrario, lorsque le juge constate que la légalité de l'autorisation d'urbanisme prise pour assurer la régularisation de ce premier vice est **elle-même affectée d'un autre vice**, qui lui est propre, il doit à nouveau surseoir à statuer dans les conditions normales de l'article L. 600-5-1, sauf s'il décide de recourir à l'annulation partielle et sauf si le bénéficiaire ne souhaite pas bénéficier d'une mesure de régularisation, Conseil d'État, 14 octobre 2024, n° 471936, Lebon

I. La vérification de principe de la régularisation par le juge

Le Conseil d'État a précisé qu' « *Il résulte de ces dispositions (L. 600-5-1) qu'il appartient au juge qui a sursis à statuer sur leur fondement* ***d'apprécier,*** *pour statuer sur le litige lorsqu'une mesure de régularisation lui a été notifiée,* ***si cette mesure assure la régularisation*** *du vice qu'il a relevé quand bien même les parties, invitées à le faire, n'ont pas présenté d'observations devant lui sur ce point* », CE, 30 avril 2025, Société Prosper, n° 493959.

Le Conseil ajoute de plus, que les requérants peuvent toujours attaquer devant le juge de cassation, le jugement du Tribunal qui constate la régularisation : « *Par suite, la circonstance que les requérants n'ont pas présenté devant le tribunal administratif de Grenoble de moyens dirigés contre le permis de construire de régularisation délivré le 5 octobre 2023, qui a été versé à l'instance devant ce tribunal et leur a été communiqué, ne fait pas obstacle à ce qu'ils puissent utilement contester devant le Conseil d'État, par des moyens auxquels ne saurait être opposée leur nouveauté en cassation, le jugement du 4 mars 2024 mettant fin à l'instance en tant que ce second jugement s'est prononcé sur la régularisation, par le permis de construire du 5 octobre 2023, du vice que le tribunal administratif avait relevé dans son premier jugement du 27 février 2023* ».

J. Constructions édifiées de façon irrégulière : obligation d'obtenir une autorisation portant sur l'ensemble du bâtiment

Si l'administration autorise la demande de permis pour des travaux portant sur une construction irrégulière, elle commet une illégalité non régularisable :

« *Toutefois, lorsque l'autorité administrative, saisie dans les conditions mentionnées au point 2* (construction édifiée sans autorisation en méconnaissance des prescriptions légales alors applicables) *d'une demande ne portant pas sur l'ensemble des éléments qui devaient lui être soumis, a illégalement accordé l'autorisation de construire qui lui était demandée au lieu de refuser de la délivrer et de se borner à inviter le pétitionnaire à présenter une nouvelle demande portant sur l'ensemble des éléments ayant modifié ou modifiant la construction par rapport à ce qui avait été initialement autorisé, cette illégalité ne peut être regardée comme un vice susceptible de faire l'objet d'une mesure de régularisation en application de l'article L. 600-5-1 du code de l'urbanisme ou d'une annulation partielle en application de l'article L. 600-5 du même code* », CE, 6 octobre 2021, n° 442182 (voir également CE, 9 juillet 1986 Mme Thalamy, n° 51172).

Cependant, le Conseil d'État a décidé de ne pas appliquer la jurisprudence Thalamy précitée au permis de construire modificatif. Inspiré par les conclusions de son Rapporteur public, il a estimé que « *L'autorité compétente ne peut pas exiger du pétitionnaire qui envisage de modifier son projet en cours d'exécution, que sa demande de permis modificatif porte également sur d'autres travaux, au motif que ceux-ci auraient été ou seraient réalisés sans respecter le permis de construire précédemment obtenu. Il appartiendrait dans ce cas à l'autorité compétente pour délivrer les autorisations de dresser procès-verbal des infractions à la législation sur les permis de construire dont elle aurait connaissance, procès-verbal transmis sans délai au ministère public. En toute hypothèse, l'administration dispose, en vertu des articles L. 462-1 et L. 462-2, du pouvoir de contrôler la conformité une fois les travaux achevés et d'imposer, à ce stade, la mise en conformité* », CE, 30 avril 2024, n° 472746, Lebon.

§. 3. Remarques sur l'annulation partielle

- L'annulation partielle peut, de manière générale, être prononcée lorsque les éléments d'un projet de construction ou d'aménagement ont une vocation fonctionnelle autonome, si bien qu'ils auraient pu faire l'objet d'autorisations distinctes et sont donc divisibles (CE, 1er mars 2013, n° 350306, Lebon : « *Considérant que, (...), lorsque les éléments d'un projet de construction ou d'aménagement ayant une vocation fonctionnelle autonome auraient pu faire, en raison de l'ampleur et de la complexité du projet, l'objet d'autorisations distinctes, le juge de l'excès de pouvoir peut prononcer une annulation partielle de l'arrêté attaqué en raison de la divisibilité des éléments composant le projet litigieux* ». Même solution pour la décision CE, 15 mai 2013, Société civile de construction et de vente Le Clos de bonne brise, n° 341235 pour un projet de construction de 6 pavillons dont certains seulement sont adossés à un mur mitoyen sans l'accord du voisin également propriétaire dudit mur.

- La divisibilité est appréciée par les juges du fond (CE, 6 novembre 2006, Association préservation des paysages exceptionnels du Mézenc et autres, n° 281072) : « *Le juge de cassation exerce un contrôle limité à la dénaturation sur le caractère divisible des dispositions d'un permis de construire* ». Dans cette affaire, concernant plusieurs permis de construire des éoliennes, le conseil précise que « *les juges du fond n'ont pas dénaturé les pièces du dossier en estimant que les autorisations dont ils ont prononcé l'annulation étaient divisibles des autres autorisations accordées par les permis contestés* », sachant qu'ils ont tenu compte de la topographie des lieux de certaines des zones d'implantation pour justifier leur décision.

Plus prosaïquement, on pense par exemple à un garage, une piscine qui accompagnent parfois le projet principal portant sur une villa.

- En dehors de cette hypothèse de la vocation fonctionnelle autonome, l'article L. 600-5 permet au juge de prononcer une annulation partielle même en cas d'invisibilité des éléments du projet (CE, 1er mars 2013, n° 350306).

Le Conseil a ainsi précisé dans cette affaire « *que, **d'autre part**, il résulte des dispositions de l'article L. 600-5 citées ci-dessus qu'en dehors de cette hypothèse, le juge administratif peut également procéder à l'annulation partielle d'une autorisation d'urbanisme dans le cas où une illégalité affecte **une partie identifiable** du projet et où cette illégalité est susceptible d'être régularisée par un arrêté modificatif de l'autorité compétente, s**ans qu'il soit nécessaire que la partie illégale du projet soit divisible du reste de ce projet** ; que le juge peut, le cas échéant, s'il l'estime nécessaire, assortir sa décision d'un délai pour que le pétitionnaire dépose une demande d'autorisation modificative afin de régulariser l'autorisation subsistante, partiellement annulée.* »

Il importe donc que l'illégalité affecte **une partie identifiable du projet** susceptible de faire l'objet d'un permis modificatif, sans nécessairement qu'elle soit matériellement détachable du reste du projet (CE, 1er octobre 2015, Commune de Toulouse, n° 374338). La partie identifiable n'a pas à être dissociable mais l'illégalité identifiée doit être susceptible d'être régularisée par un permis modificatif.

Avant la loi ELAN (n°2018-1021 du 23 novembre 2018), le juge considérait qu'un tel permis modificatif ne peut régulariser un vice que si les travaux ne sont pas achevés et si les modifications conservent un caractère limité et ne remettent pas en cause, par leur nature ou leur ampleur, la conception générale des constructions (même décision).

Or, depuis la loi ELAN modifiant l'article L. 600-5 à compter du 1er janvier 2019, il est bien précisé que « *le juge administratif qui, saisi de conclusions dirigées contre un permis de construire, de démolir ou d'aménager ou contre une décision de non-opposition à déclaration préalable, estime, après avoir constaté que les autres moyens ne sont pas fondés, qu'un vice n'affectant qu'une partie du projet peut être régularisé, limite à cette partie la portée de l'annulation qu'il prononce et, le cas échéant, fixe le délai dans lequel le titulaire de l'autorisation pourra en demander la régularisation,* ***même après l'achèvement des travaux****. Le refus par le juge de faire droit à une demande d'annulation partielle est motivé* ».

- Le Conseil d'État dans son dossier thématique de 2016 « le juge et le droit de l'urbanisme »[25] a synthétisé les grands cas qui ont se présenter : « *Dans ce cadre, le « vice n'affectant qu'une partie du projet » peut, par exemple, correspondre à la violation d'un règlement imposant des obligations en matière de création de places de stationnement (CE, 23 février 2011, SNC Hôtel de la Bretonnerie, B, n° 325179), à une illégalité affectant l'implantation, les dimensions ou l'apparence du projet (CE, 1er octobre 2015, Commune de Toulouse, A, n° 374338, CE, 30 décembre 2015, SCI Riviera Beauvert, C, n° 375276), ou encore à une illégalité externe (CE, 27 novembre 2013, Association Bois-Guillaume Réflexion, B, n° 358765* [incompétence d'un maire pour un projet situé sur deux communes pour les constructions hors de sa commune]*). Il ne peut correspondre, en revanche, à une illégalité viciant un permis de construire dans son entier (CE, 9 avril 2014, Commune de Saint-Martin-le-Vinoux, B, n° 338363*[26]*) ou à une illégalité affectant un refus de permis (CE, 5 novembre 2014, Commune de Fuveau, C, n° 362100*[27]*).*

L'article L. 600-5 ouvre au juge une faculté, qui n'est par ailleurs pas subordonnée à la présentation par une partie de conclusions en ce sens (CE, 15 octobre 2014, SCI des Fins et commune d'Annecy, B, n°s 359175 359182). En s'abstenant d'en faire usage, les juges du fond se livrent à une appréciation qui échappe au contrôle du juge de cassation (même décision) ».

Le Conseil d'État a pu confirmer que le juge ne peut pas prononcer une annulation partielle lorsque l'illégalité affecte l'autorisation ou la décision de non-opposition à déclaration préalable **dans son entier** : « *Lorsque le premier juge prononce l'annulation partielle d'un permis de construire sur le fondement des dispositions de l'article L. 600-5 du Code de l'urbanisme alors*

---

[25] https://www.conseil-etat.fr/zh/le-conseil-d-etat/decisions-de-justice/jurisprudence/analyses-de-jurisprudence/dossiers-thematiques/le-juge-administratif-et-l-urbanisme

[26] Si un tribunal commet cette erreur, la Cour administrative d'appel a le pouvoir d'y remédier, même d'office : « *Lorsque le tribunal administratif (TA) prononce l'annulation partielle d'un permis de construire sur le fondement des dispositions de l'article L. 600-5 du Code de l'urbanisme alors que l'illégalité qu'il a relevée viciait le permis de construire dans son entier, il se méprend sur les pouvoirs qu'il tient de cet article et méconnaît son office. Il appartient à la Cour administrative d'appel (CAA), même d'office, de censurer une telle irrégularité, puis de statuer sur la demande présentée devant les premiers juges par la voie de l'évocation* »

[27] La société pétitionnaire « ne peut utilement se prévaloir, en appel, des dispositions de l'article L. 600-5 du Code de l'urbanisme, qui ne sont pas applicables aux actions contentieuses dirigées, comme dans la présente instance, contre les refus d'autorisation ».

que l'illégalité qu'il a relevée viciait le permis de construire dans son entier, il se méprend sur les pouvoirs qu'il tient de cet article et méconnaît son office. Il appartient à la Cour administrative d'appel, même d'office, de censurer une telle irrégularité, puis de statuer sur la demande présentée devant les premiers juges par la voie de l'évocation », CE, 5 août 2020, M.E c/ Commune de Donville-les-Bains, n° 427553.

* On relèvera qu'une démarche frauduleuse exclue toute régularisation.

Le Conseil d'État a pu s'exprimer clairement sur le sujet : « *Lorsqu'un permis de construire initial a été délivré en méconnaissance des dispositions législatives ou réglementaires relatives à l'utilisation du sol ou sans que soient respectées des formes ou formalités préalables à la délivrance des permis de construire, l'illégalité qui en résulte peut être régularisée par la délivrance d'un permis modificatif dès lors que celui-ci assure le respect des règles de fond applicables au projet en cause, répond aux exigences de forme ou a été précédé de l'exécution régulière de la ou des formalités qui avaient été omises. Les irrégularités ainsi régularisées ne peuvent plus être utilement invoquées à l'appui d'un recours pour excès de pouvoir dirigé contre le permis initial.* ***Toutefois,*** *lorsqu'un permis de construire a été obtenu* ***par fraude,*** *l'illégalité qui en résulte n'est pas de nature à être régularisée par la délivrance d'un permis de construire modificatif. Il s'ensuit qu'une telle illégalité peut être utilement invoquée à l'appui d'un recours pour excès de pouvoir dirigé contre le permis initial alors même qu'un permis modificatif aurait été délivré.* » (CE, 18 décembre 2024, n° 490711).

Cette position avait déjà été posée en 2013 : « *s'étant livrée, en produisant des plans erronés à l'appui de sa demande initiale de permis de construire, à une manœuvre de nature à induire en erreur la commune (...) ; que, par suite, et sans qu'il y ait besoin de rechercher si l'illégalité entachant le permis est susceptible de régularisation, il y a lieu d'annuler le permis* », Conseil d'État, 15 mai 2013, n° 341235.

3. Régularisation des documents d'urbanisme : sursis à statuer ou annulation partielle

Une disposition du code assez fournie traite de la question, l'article L. 600-9 du Code de l'urbanisme, laquelle appelle des éclairages donnés par le Conseil d'État.

§. 1. L. 600-9 du Code de l'urbanisme

En droit positif, la question relève de l'article L. 600-9 du Code de l'urbanisme, modifié par l'ordonnance n°2015-1174 du 23 septembre 2015. Cet article est assez long dans sa rédaction et nous optons pour la formalisation suivante pour un simple souci d'intelligibilité de la lecture.

« *Si le juge administratif, saisi de conclusions dirigées contre un*

- schéma de cohérence territoriale,

- un plan local d'urbanisme ou

- une carte communale,

estime, après avoir constaté que les autres moyens ne sont pas fondés, qu'une illégalité entachant l'élaboration ou la révision de cet acte est susceptible d'être régularisée, il peut, après avoir invité les parties à présenter leurs observations, surseoir à statuer jusqu'à l'expiration du délai qu'il fixe pour cette régularisation et pendant lequel le document d'urbanisme reste applicable,

- sous les réserves suivantes :

1° En cas d'illégalité autre qu'un vice de forme ou de procédure, pour les schémas de cohérence territoriale et les plans locaux d'urbanisme, le sursis à statuer ne peut être prononcé que si l'illégalité est susceptible d'être régularisée par une procédure de modification prévue à la section 6 du chapitre III du titre IV du livre Ier et à la section 6 du chapitre III du titre V du livre Ier ;

2° En cas d'illégalité pour vice de forme ou de procédure, le sursis à statuer ne peut être prononcé que si l'illégalité a eu lieu, pour les schémas de cohérence territoriale et les plans locaux d'urbanisme, après le débat sur les orientations du projet d'aménagement et de développement durables (PADD).

Si la régularisation intervient dans le délai fixé, elle est notifiée au juge, qui statue après avoir invité les parties à présenter leurs observations.

Si, après avoir écarté les autres moyens, le juge administratif estime que le vice qu'il relève affecte notamment

- un plan de secteur,

- le programme d'orientations et d'actions du plan local d'urbanisme ou

- les dispositions relatives à l'habitat ou aux transports et déplacements des orientations d'aménagement et de programmation,

il peut limiter à cette partie la portée de l'annulation qu'il prononce ».

§. 2. Éclairages jurisprudentiels

A. Avant la décision de surseoir

Conseil d'État, 18 décembre 2020, Fonimmo-ID, n°421987, B, :

Le juge doit motiver : « *Avant de faire usage du pouvoir qu'il tient de l'article L. 600-9 du Code de l'urbanisme et de surseoir à statuer pour permettre la régularisation éventuelle d'un vice entachant la légalité d'un plan local d'urbanisme (PLU), il appartient au juge de constater préalablement qu'aucun des autres moyens soulevés n'est fondé et d'indiquer, dans la décision avant dire droit par laquelle il sursoit à statuer sur le recours dont il est saisi, pour quels motifs ces moyens doivent être écartés ».*

Bien évidemment, la décision du juge est contestable sur le plan contentieux :

« L'auteur du recours contre le PLU peut contester cette décision avant dire droit en tant qu'elle écarte comme non-fondés certains de ses moyens et également en tant qu'elle fait application des dispositions de l'article L. 600-9 » (même décision).

Cependant, la collectivité peut régulariser le vice et le recours contre la décision du juge ne peut se poursuivre : « *à compter de la délibération régularisant le vice relevé, les conclusions dirigées contre la décision avant dire droit en tant qu'elle met en œuvre les pouvoirs que le juge tient de l'article L. 600-9 sont privées d'objet* ».

B. Concernant le droit applicable pour opérer la régularisation et notamment les règles de compétence

Conseil d'État, 29 juillet 2020, 428158, SCI l'Harmas : la compétence de l'autorité appelée à approuver la régularisation doit être appréciée au regard des dispositions en vigueur à la date de cette approbation.

« *... il appartient à l'autorité compétente de régulariser le vice de forme ou de procédure affectant la décision attaquée en faisant application des dispositions en vigueur à la date à laquelle cette décision a été prise. En revanche, comme le soutient la SCI l'Harmas, la compétence de l'autorité appelée à approuver la régularisation doit être appréciée au regard des dispositions en vigueur à la date de cette approbation. Il résulte toutefois des dispositions précitées des articles L. 5217-2 et L. 5218-2 du Code général des collectivités territoriales qu'à la date du 29 septembre 2017, **la commune d'Aix-en-Provence continuait d'exercer la compétence en matière de plan local d'urbanisme**, le transfert à la métropole d'Aix-Marseille-Provence n'étant intervenu que le 1er janvier 2018. C'est donc sans erreur de droit que la Cour administrative d'appel de Marseille a jugé qu'il appartenait au conseil municipal de cette commune d'approuver la régularisation du vice tendant à l'absence de motivation des conclusions de la commission d'enquête* ».

C. Vices régularisables, initiative de la commune pour obtenir des avis en cours d'instance, recours en appel à L. 600-9

Le Conseil d'État a rendu une décision assez riche sur la faculté pour une commune de régulariser une procédure de révision d'une carte communale et sur la faculté du juge de recourir à L. 600-9 pour permettre une régularisation correcte : Conseil d'État, Section, 22 décembre 2017, n°395963, commune de Sempy, A, Lebon.

Dans cette affaire, un conseil municipal avait par délibération approuvé un projet de carte communale sans que la commission départementale de la consommation des espaces agricoles ni la chambre d'agriculture aient été consultées. La délibération est attaquée puis annulée par le tribunal administratif. La commune a fait appel de ce jugement et a produit, en cours d'instance, des avis par la commission départementale de la consommation des espaces agricoles et par la chambre d'agriculture. Ces avis ont été sollicités postérieurement au jugement attaqué afin de régulariser la procédure.

Au stade de l'appel : « *pour la première fois en appel, alors même que le document d'urbanisme en cause a été annulé par les premiers juges* », la Cour administrative peut faire usage de l'article L. 600-9 ; pour autant, la régularisation spontanément opérée n'est parfois pas admissible pour le juge. En l'espèce, si la commission départementale de la consommation des espaces agricoles a émis un avis favorable à la carte communale, postérieurement à la délibération de la commune approuvant le projet de carte communale, la chambre d'agriculture a émis un avis défavorable sur la carte communale. Or, le projet de carte communale conduit à des réductions d'espaces agricoles et naturels au profit de l'urbanisation du bourg, notamment à proximité d'exploitations : « *l'omission de la consultation de la chambre d'agriculture avant l'adoption de la carte communale a été susceptible d'exercer, en l'espèce, une influence sur le sens de la délibération du conseil municipal* ». Dans cette situation, le juge peut surseoir à statuer : si « *les éléments spontanément transmis ne sont pas suffisants pour permettre au juge de regarder le vice comme ayant été régularisé, il peut, (...) notamment après avoir invité les parties à présenter leurs observations sur le principe de l'application de l'article L. 600-9 du Code de l'urbanisme, surseoir à statuer en vue d'obtenir l'ensemble des éléments permettant la régularisation* ».

Donc, même après l'annulation du document d'urbanisme en première instance, la Cour administrative d'appel peut, pour la première fois, envisager une régularisation procédurale, notamment en cas de production d'éléments nouveaux (avis requis) en cours d'instance. Mais, il y a des limites à la régularisation spontanée. Celle-ci n'est pas automatique, si un des avis est défavorable et que son omission a pu influencer la délibération. Le juge considère que la régularisation opérée postérieurement n'est pas suffisante. Dans ce cas, le juge peut donc surseoir à statuer afin de permettre une régularisation complète, après avoir recueilli les observations des parties, conformément à l'article L. 600-9 du Code de l'urbanisme.

Le Conseil d'État, sur le sursis à statuer, considère que « *seule une nouvelle délibération du conseil municipal confirmant la délibération attaquée approuvant le projet de carte communale, au vu de cet avis, est de nature à permettre la régularisation du vice relevé* ». Aussi, décide-t-il de surseoir « *pendant un délai de trois mois, en vue de la régularisation de la délibération attaquée, afin de permettre à la commune de Sempy de procéder, au vu de l'avis qu'elle a déjà recueilli de la chambre d'agriculture, à une nouvelle délibération de son conseil municipal sur la carte communale telle qu'elle a été arrêtée par la délibération attaquée* ».

Cette délibération a été à nouveau attaquée. Le Conseil a encore été saisi. Il précise alors que lorsqu'un juge a prononcé un sursis à statuer en vue d'une régularisation, les parties ne peuvent contester l'acte pris à cette fin que dans le cadre de cette même instance. Leur contestation ne peut porter que sur la légalité externe de l'acte ou sur l'inefficacité de la régularisation, à l'exclusion de tout autre moyen, sauf si de nouveaux éléments sont révélés par la procédure de régularisation, Conseil d'État, 29 juin 2018, n° 395963, A, Lebon.

D. Vice lié aux conclusions incomplètes du commissaire enquêteur

Dans une décision récente, le Conseil d'État a été amené à donner quelques précisions sur les vices liés aux conclusions du commissaire enquêteur après clôture de l'enquête publique (CE, 30 avril 2025, n° 490965, B, Lebon.

Tout d'abord, il s'est prononcé sur l'existence ou non d'une illégalité à l'occasion de la révision d'un document d'urbanisme. En l'occurrence, il a pu constater une irrégularité commise après l'enquête publique par le commissaire enquêteur qui s'est abstenu de répondre à certaines observations touchant une partie du document qui était contesté devant le juge : « l*e commissaire enquêteur ayant refusé de se prononcer sur les observations du public portant sur l'orientation d'aménagement et de programmation (OAP) relative à un secteur, qui représentaient une part importante de l'ensemble des observations exprimées au cours de l'enquête publique, au motif qu'une procédure contentieuse était en cours devant le tribunal administratif à l'encontre d'une précédente délibération du conseil municipal de la commune approuvant la mise en comptabilité du plan local d'urbanisme avec une opération d'aménagement projetée dans ce quartier. Ce faisant, le commissaire enquêteur a méconnu les exigences de l'article R. 123-19 du code de l'environnement. Cette irrégularité, qui a privé le public d'une garantie et été susceptible d'exercer, en l'espèce, une influence sur le sens d'une délibération approuvant la révision générale du plan local d'urbanisme (PLU) de la commune, entache d'illégalité cette révision* ».

Sur l'obligation du commissaire enquêteur de répondre aux observations du public par des conclusions motivées (voir article R. 123-19 du code de l'environnement), la circonstance qu'une procédure contentieuse soit en cours portant sur certains éléments du projet soumis à enquête publique, est donc sans incidence.

Dans l'affaire en cause, le vice de procédure affectant le document d'urbanisme résulte d'une irrégularité survenue postérieurement à la clôture de l'enquête publique, entachant uniquement les conclusions motivées du commissaire enquêteur. Le juge a, dès lors, décidé de prononcer un sursis à statuer, sur le fondement de l'article L. 600-9 du Code de l'urbanisme, afin de permettre la régularisation de cette irrégularité.

La régularisation peut intervenir par l'adoption d'une nouvelle délibération approuvant le document d'urbanisme, éventuellement limitée aux seules dispositions entachées d'illégalité, à condition que cette nouvelle délibération respecte les exigences de forme ou qu'elle soit précédée de l'accomplissement régulier des formalités initialement omises.

Il n'est donc pas nécessaire de procéder à une nouvelle enquête publique pour régulariser la procédure d'adoption du document d'urbanisme.

En pareil cas, l'autorité compétente doit saisir le tribunal administratif territorialement compétent, en application de l'article L. 123-3 du code de l'environnement, afin que celui-ci désigne un nouveau commissaire enquêteur. Ce dernier devra rendre de nouvelles conclusions motivées, fondées sur l'ensemble des éléments déjà recueillis lors de l'enquête publique initiale.

Le vice peut ainsi être régularisé par une nouvelle délibération de révision du PLU, limitée au seul secteur concerné. Le conseil municipal devra alors se prononcer à nouveau, après avoir pris connaissance des conclusions motivées rendues par le commissaire enquêteur désigné à cet effet, en tenant compte des observations du public relatives au secteur concerné, telles qu'elles ont été exprimées au cours de l'enquête publique déjà réalisée.

Nul besoin donc d'organiser une nouvelle enquête. Il suffit que le nouveau commissaire sur les bases de l'enquête déjà réalisée établisse un avis motivé incluant l'ensemble des secteurs à l'égard desquels le public s'est exprimé.

4. Le risque du recours abusif

Si l'abus doit être sanctionné, une question se pose : s'agit-il de la condamnation de la partie perdante ou une lutte contre les « *recours mafieux* » ?

§. 1. Article L. 600-7 du Code de l'urbanisme

Le recours abusif est appréhendé par le Code de l'urbanisme à l'article L. 600-7, créé par l'ordonnance n°2013-638 du 18 juillet 2013, modifié en 2018 par la loi n°2018-1021 du 23 novembre 2018.

Selon L. 600-7 : « *Lorsque le droit de former un recours pour excès de pouvoir contre un permis de construire, de démolir ou d'aménager est mis en œuvre dans des conditions qui traduisent un* ***comportement abusif*** *de la part du requérant et qui* ***causent un préjudice*** *au bénéficiaire du permis, celui-ci peut demander, par un mémoire distinct, au juge administratif saisi du recours de condamner l'auteur de celui-ci à lui allouer des dommages et intérêts. La demande peut être présentée pour la première fois en appel.* »

* Cette disposition a été, sans surprise, d'application immédiate aux affaires contentieuses en cours et a donc concerné des décisions prises antérieurement

à l'ordonnance comme l'indique cet avis du Conseil d'État (CE, Avis, 18 juin 2014, n° 376113) :

« (..) *Ces nouvelles dispositions, qui instituent des règles de procédure concernant exclusivement les pouvoirs du juge administratif en matière de contentieux de l'urbanisme, sont, en l'absence de dispositions expresses contraires, d'application immédiate aux instances en cours, quelle que soit la date à laquelle est intervenue la décision administrative contestée. Elles peuvent être appliquées pour la première fois en appel* ».

* L'article L. 600-7 **ne peut pas** être présenté pour la première fois en cassation devant le Conseil d'État, Conseil d'État, 3 juillet 2015, n° 371433.

« *(...) des conclusions formées par une partie tendant à ce que le juge de l'excès de pouvoir condamne une autre partie à lui verser des dommages et intérêts, lorsque les conditions exigées par ces dispositions législatives sont réunies, peuvent être présentées au juge administratif saisi du recours contre un permis de construire, y compris pour la première fois en appel,* ***mais non devant le juge de cassation*** *; que, par suite, les conclusions présentées sur ce fondement par la (société), qui ne sont pas dirigées contre un motif de l'ordonnance attaquée par lequel son auteur aurait statué sur de telles conclusions, ne sauraient être présentées pour la première fois devant le Conseil d'État et sont, dès lors, irrecevables* ».

* L'exégèse de l'article L. 600-7 indique que deux conditions doivent être réunies pour que la victime d'un recours abusif obtienne réparation :

- que la mise en œuvre du recours contentieux traduise un comportement abusif du requérant (lié à un contexte politique, à une certaine perfidie ou « malice »[28];

- qu'elle ait causé un préjudice au bénéficiaire du permis.

Avant la modification par la loi ELAN, le texte exigeait un préjudice excessif (sous l'influence du Rapport Ch.Maugüé). La formule était la suivante : « *des conditions qui excèdent la défense des intérêts légitimes du requérant et qui causent un préjudice excessif* ». Théoriquement, le texte modifié facilite le recours à cet article transformé. Notons, dans cette logique, que la loi ELAN a également supprimé la présomption de recours non abusif au profit d'une association agissant au contentieux, régulièrement déclarée et ayant pour objet

---

[28] Voir en ce sens TA Montreuil 14 novembre 2024 n°2304169. Dans cette affaire, des particuliers ont acheté un pavillon en ayant connaissance du projet des vendeurs de construire une seconde maison sur la parcelle voisine, ce qui a d'ailleurs justifié une baisse du prix de vente. Malgré cela, ils ont ensuite multiplié les recours pour s'opposer au projet, pourtant limité et conforme au cadre du quartier, y compris après des modifications apportées dans leur intérêt et le refus d'une médiation. Le tribunal considère que leur recours excède la défense de leurs intérêts légitimes et présente un caractère abusif. Cependant la faiblesse des arguments en matière de préjudice, conduira à fixer à 2000 euros le montant de l'indemnisation contre une demande supérieure à 70 000 euros.

principal la protection de l'environnement au sens de l'article L. 141-1 du Code de l'environnement, et qui était donc censée agir dans la limite de la défense de ses intérêts légitimes.

§. 2. Commentaires sur l'article L. 600-7

A. Remarque de l'auteur

La disposition de l'article L. 600-7 du Code de l'urbanisme est étonnante au regard des mesures rigoureuses prises en amont relatives à la reconnaissance de l'intérêt pour agir.

En effet, si le juge admet l'intérêt pour agir du requérant, la démarche de ce dernier semble a priori fondée et elle ne devrait pas théoriquement excéder « *la défense des intérêts légitimes du requérant* ». Reste bien évidemment que malgré cet intérêt, l'issue du procès demeure aléatoire : le juge peut ouvrir le prétoire à un requérant ou admettre la recevabilité d'un argument porté par ce dernier qui, *in fine*, perdra son procès. Le recours aura alors pu retarder le chantier, contraindre à immobiliser des fonds. Mais cela ne fait-il pas partie des risques liés à une opération immobilière, surtout pour un professionnel ? Le fait de perdre un procès expose-t-il à un risque de recours abusif ?

Cet article L. 600-7 nous semble être une nouvelle forme d'intimidation rendue possible par la loi qui va inciter le requérant « prudent » à arrêter sa démarche contentieuse surtout lorsqu'il prend connaissance de jurisprudences qui commencent à illustrer cette disposition en accueillant des revendications clairement prohibitives.

Par exemple, dans une affaire portée devant le tribunal administratif (TA) de Nice en 2016, une banque qui envisageait de construire un ensemble immobilier de 73 logements dont 18 logements locatifs sociaux et dont l'autorisation était contestée par des riverains, ne réclamait pas moins de 2 875 000€ de dommages-intérêts sur le fondement de l'article L. 600-7. Dans le jugement du TA de Lyon du 17 novembre 2015, n°1303301[29], on peut lire que le défendeur réclamait 1. 266. 797 euros de dédommagement. Les défendeurs utilisent cet article **comme arme de dissuasion** en réclamant des montants assez délirants et qui inquiètent logiquement les requérants. Du reste, le juge a considéré qu'une revendication excessivement élevée est un abus dans l'usage même du recours abusif (Cour d'Appel Aix-en-Provence, 30 janvier 2024, n°20100834, pour une réclamation de 15. 563. 120 euros !).

Le Président LABETOULLE, dans son rapport[30], avait pourtant insisté sur la « *vocation surtout symbolique* » que devaient prendre ces dispositions. Or

---

[29] Voir le lien ci-après :
http://www.lemoniteur.fr/media/FICHIER/2016/03/21/FICHIER_20160321_31824165.pdf

[30] Rapport au Président de la République relatif à l'ordonnance n° 2013-638 du 18 juillet 2013 relative au contentieux de l'urbanisme, *JORF* n°0166 du 19 juillet 2013

dans certains cas, la condamnation reste douloureuse (160 000 euros d'indemnisation fixés par le TA de Grenoble dans un jugement du 13 décembre 2018 qui considère que l'objectif est de retarder le projet). Certes, le Tribunal administratif de Lyon dans l'affaire précitée réduira les prétentions avancées, mais il accordera tout de même au bénéficiaire du permis **82.700 euros.** Dans ce cas d'espèce, on peut lire que le juge estime que la plupart des requérants ne mentionnent « ***aucun élément susceptible de justifier en quoi leur lieu de résidence principal serait affecté ou concerné par le projet en litige*** » et que le coût du portage financier du foncier, la hausse de la TVA dans la situation présente, de même que la perte de revenus locatifs liée au retard de la mise en location, sont de nature à caractériser un préjudice excessif. Certes, si l'attitude des requérants durant le déroulement de la procédure est un élément qui paraît logique pour apprécier l'abus, les considérations prises en compte par le tribunal pour l'intérêt à agir laissent perplexe.

Le TA de Lyon souligne en effet :

- que la requête a été présentée dans un « *contexte de* ***conflit politique*** » et « *qu'il a été fait une* ***publicité*** *autour de ce recours qui excède largement son cadre* »,

- que les requérants recevables n'ont produit de pièces utiles pour établir leur intérêt à agir que « ***très tard*** *dans la procédure, soit quelques jours seulement avant l'audience initiale, ce qui a provoqué un report d'audience* »,

- que l'intérêt à agir des requérants est « ***lacunaire*** ». En effet, dans sa décision, le tribunal souligne que seulement deux personnes sur la totalité des requérants justifient d'un intérêt à agir, etc.

Cet article L. 600-7 nous semble porter atteinte au droit de recours du requérant car le défendeur utilise la menace d'une indemnisation très élevée pour forcer à retirer le recours alors même qu'un intérêt pour agir existe, même s'il n'est que relatif. Cet état de la jurisprudence introduit un climat de suspicion auprès des justiciables requérants et si marginalement certains recours sont certes malveillants, une démarche minoritaire pèse donc sur la majorité.

Cependant, il semble qu'il y ait peu d'affaires (une seule décision [sur le fond] du Conseil d'État est répertoriée sur le site Arianeweb) et le juge administratif est plutôt réticent à la mise en œuvre de cet article.

La décision du Conseil concernait la capacité à ester d'un syndicat, Conseil d'État 16 octobre 2017, n°396494, B : Le syndic d'un syndicat de copropriétaires dont l'immeuble est directement voisin du terrain d'assiette du projet de construction de vingt-neuf logements autorisé par l'arrêté contesté, justifiait d'un intérêt à agir contre le permis, et l'absence de production de l'autorisation de l'assemblée générale exigée par l'article 55 du décret du 17 mars 1967 ne suffit pas, à elle seule, à considérer que le recours du syndicat a été exercé dans des conditions abusives ou illégitimes.

Sur l'idée de recours malveillants, M. LABETOULLE évoquait en 2013 des recours abusifs « crapuleux » ou « mafieux », « *notamment dans le sud-est de la France, mais non exclusivement. Voici quelques mois, la Cour d'appel de Paris, par un arrêt dont la lecture est édifiante, a retenu le délit d'escroquerie pour un « montage » en région parisienne particulièrement élaboré ! Les sommes en jeu sont importantes : le « prix » du désistement pourrait atteindre 4 à 5 % du montant de l'opération... Le chantage est efficace car les constructeurs, qui n'osent pas entreprendre les travaux avant que l'instance soit achevée, préfèrent parfois payer plutôt que de voir leur opération « gelée » pendant deux ou trois ans* »[31].

Néanmoins, le domaine de la construction immobilière n'est peut-être pas toujours paré de toutes les vertus spécialement dans le sud-est.

Le juge judiciaire pour sa part est plus enclin à considérer l'abus.

Mais cela reste sur le principe discutable comme le montre cette affaire qui concerne une vente en l'état futur d'achèvement (VEFA) : Cass. Civ. 3e, 5 juin 2012, Société Finaréal c/ Société Eiffage immobilier Azur, n° 11-17.919.

« *Attendu d'une part, qu'ayant retenu que le recours pour excès de pouvoir formé par la société F... contre le permis de construire délivré à la SCI (...) avait été inspiré non par des considérations visant à l'observation des règles d'urbanisme mais par la volonté de nuire aux droits du bénéficiaire, la cour d'appel, qui a caractérisé la faute de la société F..., et qui n'était pas tenue de répondre à des conclusions que ses constatations rendaient inopérantes, a pu déduire, de ces seuls motifs, que l'exercice du droit d'ester en justice avait dégénéré en abus ;*

Attendu, d'autre part, qu'ayant retenu que le recours pour excès de pouvoir et son maintien pendant plus de quatre années, malgré le caractère exécutoire du permis de construire délivré, avait perturbé le projet immobilier de la SCI et l'avait empêchée de le mettre en œuvre, le permis de construire devant être définitif et purgé de tout recours en cas de vente en l'état futur d'achèvement, modalités que la SCI avait choisies pour réaliser son programme immobilier de logements, la cour d'appel, qui a motivé sa décision, a caractérisé l'existence d'un lien de causalité entre l'exercice du recours et le préjudice subi par la SCI (...) qu'elle a évalué en appréciant souverainement la valeur et la portée des éléments de preuve versés aux débats ;

D'où il suit que le moyen n'est pas fondé »

---

[31] LABETOULLE D., « Contentieux de l'urbanisme : il faut modifier le comportement des acteurs, D. 2013, p. 1188. 4.

Dans une décision postérieure, la Cour de cassation a pu rendre une décision similaire (C. Cass, chambre civile, 5 mars 2015), à propos d'une société ayant assigné des requérants devant le juge judiciaire en paiement de dommages-intérêts d'un montant de plusieurs millions d'euros, et qui leur reproche d'avoir saisi, **à seule fin de lui nuire en retardant la construction en cause**, le juge administratif d'un recours en annulation de l'arrêté municipal accordant l'autorisation de construire.

B. Compétence du juge judiciaire et du juge administratif en ce domaine

a. Devant le juge judiciaire

Par une décision rendue par la Cour de cassation le 16 novembre 2016 (n° 16-14152), la Haute juridiction judiciaire a confirmé sa compétence pour juger des demandes d'indemnisation qui font suite à un recours abusif en matière de permis de construire, confirmant la décision de la Cour d'appel. La voie de l'assignation en recours abusif, ouverte devant les juridictions judiciaires sur le fondement des dispositions des articles anciens 1382 et 1383 du Code civil, nouveaux articles 240 et 1241 du Code civil, reste toujours accessible.

… « *si l'article L. 600-7 du Code de l'urbanisme permet au bénéficiaire d'un permis de construire de solliciter, devant le juge administratif saisi d'un recours pour excès de pouvoir contre ce permis, des dommages-intérêts contre l'auteur du recours, une telle faculté n'étant cependant ouverte que dans des conditions strictement définies par ce texte* ».

« *Que la cour d'appel a décidé, à bon droit, que cette disposition légale n'avait ni pour objet ni pour effet d'écarter la compétence de droit commun du juge judiciaire pour indemniser, sur le fondement de l'article 1382, devenu 1240 du Code civil, le préjudice subi du fait d'un recours abusif* ».

La même solution a été affirmée par la Cour de cassation (C. Civ. 5 novembre 2020, n°19.18. 638) : « *la faculté de saisir le juge administratif n'empêche pas qu'une demande de dommages et intérêts soit formée ultérieurement devant le juge judiciaire sur le fondement du droit commun sous réserve que ne soit pas indemnisé deux fois le même préjudice* ».

Cependant, dans un arrêt du 25 octobre 2022, la Cour d'appel de Versailles s'est déclarée incompétente pour connaître de l'action en dommages et intérêts d'une SCI pour procédure abusive (CA Versailles, 25 octobre 2022, n° 21/03384).

La cour a relevé que « *la volonté du législateur était de* ***faire spécialement du juge administratif le juge de la responsabilité en matière de recours abusifs contre un permis de construire, à l'exclusion du juge judiciaire****. A fortiori, le but du législateur étant de raccourcir les délais de règlement des contestations en matière de permis de construire en ce compris la sanction des requérants dont les recours sont "abusifs", toute interprétation contraire* *serait de nature à restreindre, voire réduire à néant, l'effet utile de cette modification législative et finalement ne pourrait que ramener ce contentieux, sans justification ni juridique ni pratique ni économique, à la situation antérieure que le législateur a voulu combattre par cette modification (...)* »

Selon le tribunal judiciaire de Marseille, 3 décembre 2021 n° 21/02929 : un potentiel abus de droit justifie une expertise avant tout procès au fond (fondée sur l'article 145 Code procédure civile). Le but de cette expertise est de pouvoir évaluer le préjudice subi du fait du recours contre l'autorisation.

Enfin, devant le juge pénal, il existe le délit d'escroquerie qui peut constituer un argument à faire valoir.

b. Devant le juge administratif

* Amende : en vertu de l'article R. 741-12 CJA, version en vigueur depuis le 1er janvier 2017 modifié par décret n°2016-1480 du 2 novembre 2016 : « *Le juge peut infliger à l'auteur d'une requête qu'il estime abusive une amende dont le montant ne peut excéder 10 000 euros* ». Entre 2002 et 2017, l'amende maximum est de 3000 euros.

* Précisions jurisprudentielles :

Les cas d'usage de L. 600-7 sont relativement rares et montrent des cas assez caricaturaux :

- Ex : CAA Versailles, 3 octobre 2019, Association des contribuables du Dourdannais en Hurepoix, n° 18VE01741 :
Par un jugement du 19 septembre 2016, le tribunal administratif a rejeté la demande de recours pour excès de pouvoir contre un permis d'aménager et a condamné l'association à verser à la SCI bénéficiaire du permis la somme de 3 000 euros sur le fondement des dispositions de l'article L. 600-7 du Code de l'urbanisme.

L'appel formé par l'association des contribuables du Dourdannais en Hurepoix contre ce jugement a été rejeté (10 mars 2017). Sur pourvoi de l'association, le Conseil d'État a annulé l'ordonnance du 10 mars 2017 et renvoyé l'affaire devant la cour de Versailles.

La CAA a dû justifier sa prise de position pour confirmer celle-ci. Elle relèvera ainsi que le recours était entaché de nombreuses irrecevabilités en pointant chacune d'elles.

D'une part, il était tardif. D'autre part, le représentant de l'association ne justifiait pas de sa qualité pour agir en justice au nom de celle-ci.
De plus, l'association a outrepassé son objet social qui consiste à défendre les intérêts des contribuables communaux de Dourdan, ne justifiant ainsi pas d'un intérêt à agir contre le permis d'aménager, lequel n'engageait pas de dépenses pour la commune.

Le recours n'avait pas été notifié au pétitionnaire en méconnaissance de l'article R. 600-1 du Code de l'urbanisme.
Enfin, un précédent recours formé par la même association contre un premier permis d'aménager délivré au même pétitionnaire avait déjà été rejeté pour irrecevabilité par la CAA de Versailles.
Pour finir, selon la Cour, l'exercice abusif du recours a causé un préjudice **moral** au bénéficiaire du permis qui, dans l'attente de pouvoir disposer d'un permis ayant acquis un caractère définitif, n'a toujours pas pu mener à bien son projet d'aménagement et de vente de la parcelle à lotir.

- Ex : CAA de Nantes, 31 mars 2023, 21NT02704. La requête de Mme E..., très peu circonstanciée en ce qui concerne **tant l'existence** des fautes prétendument commises par la commune de Guérande **que le lien de causalité** avec les préjudices allégués, et qui a été introduite alors que **tous** les recours en annulation formés par Mme E... ou par sa défunte mère contre les autorisations d'urbanisme délivrées par la commune de Guérande à M. et Mme D... ont été rejetés par la juridiction administrative, présente un caractère abusif. Il y a lieu de condamner Mme E... à payer une amende de 3 000 euros.

- Conseil d'État, 16 octobre 2017, n° 396494 : un oubli procédural modeste ne peut ouvrir l'action en recours abusif.

« *Considérant que la cour a estimé que le syndicat des copropriétaires de l'immeuble situé 29, 37 et 39 rue Notre-Dame-des-Sept-Douleurs, immeuble directement voisin du terrain d'assiette du projet de construction de vingt-neuf logements autorisé par l'arrêté du 14 décembre 2011 du maire d'Avignon, justifiait d'un intérêt à agir contre cet arrêté ; qu'en relevant ensuite, compte tenu de cet intérêt pour agir, que* ***la seule circonstance que le syndic représentant le syndicat avait omis de justifier, devant le tribunal administratif, de sa qualité pour agir au nom de ce syndicat faute d'avoir produit la délibération de l'assemblée générale l'autorisant à agir en justice en son nom*** *conformément aux exigences de l'article 55 du décret du 17 mars 1967 modifié aux termes duquel " le syndic ne peut agir en justice au nom du syndicat sans y avoir été autorisé par une décision de l'assemblée générale ",* ***ne suffit pas à*** *ce que* ***les recours*** *du syndicat, tant devant le tribunal que devant la cour,* ***puissent être regardés comme ayant été mise en œuvre*** *dans des conditions excédant la défense de ses intérêts légitimes, la cour, qui a suffisamment motivé cette partie de l'arrêt, n'a pas commis d'erreur de droit ; que, par suite, les conclusions de l'Office public de l'habitat de la ville d'Avignon dirigées contre l'arrêt attaqué en tant qu'il a rejeté ses conclusions au titre de l'article L. 600-7 du Code de l'urbanisme dirigées contre le syndicat des copropriétaires de l'immeuble situé 29, 37 et 39 rue Notre-Dame-des-Sept-Douleurs doivent être rejetées* ».

- Précisions sur l'auteur du recours abusif : il semble que ce soit seul le bénéficiaire initial du permis qui puisse l'engager et non la personne qui bénéficie du transfert de permis. Cette solution est assez étonnante quant au droit de recours. L'arrêt ci-après traite du cas d'un transfert de permis et de l'irrecevabilité de la demande en recours abusif, CAA de Marseille, n° 14MA05185 13 mai 2016 :

« *Considérant que la décision attaquée, datée non du 20 juin 2014, comme mentionné par erreur par les requérants, mais du 10 juillet 2014,* ***a pour objet de transférer à M.A****... le permis de construire délivré le 6 juillet 2011 par le maire d'Avignon à M. F... ; que le permis de construire n'est pas délivré en considération de la personne qui en devient titulaire, mais en fonction du projet de construction soumis à l'administration ; que lorsque, pendant la validité d'un permis de construire, la responsabilité de la construction est transférée du titulaire initial du permis à un autre bénéficiaire, la décision autorisant le transfert du permis précédemment accordé ne procède pas à une modification de la consistance du permis mais à une simple rectification du nom de son bénéficiaire ;* ***que la décision de transférer le permis de construire n'est donc en elle-même ni un nouveau permis de construire, ni un permis de construire modificatif ; que les dispositions précitées de l'article L. 600-7 du Code de l'urbanisme ne sont, dès lors, pas applicables à la présente procédure, de sorte que M. A... ne peut pas se prévaloir de ces dispositions ;***

7. Considérant, en second lieu, que M. A... n'est pas recevable à présenter, en défense aux conclusions d'excès de pouvoir des époux E..., des conclusions reconventionnelles ;

8. Considérant qu'il résulte de ce qui précède que les conclusions de M. A... aux fins d'indemnisation doivent être rejetées ;

La même solution est prise par le tribunal administratif de Bordeaux, TA Bordeaux, 27 juin 2024 n° 2306795 :

« *Les dispositions de l'article L. 600-7 du Code de l'urbanisme doivent s'entendre* ***restrictivement*** *compte tenu de leur portée. Ainsi elles ne sauraient donner lieu à condamnation lorsqu'elles sont formulées par une personne autre que le bénéficiaire d'un permis de construire. Dès lors, les conclusions présentées à ce titre par la société AMC, non bénéficiaire du permis de construire attaqué, sont rejetées comme étant irrecevables.* »
Il s'agit ici vraisemblablement d'un marchand de biens à l'origine de la vente du terrain sur lequel est projetée la construction contestée.

- Précision sur le recours engagé : seul un recours pour excès de pouvoir contre un permis permet d'enclencher l'article L. 600-7, Tribunal administratif de Paris, 22 janvier 2024, n°2200354 ;

« (...) Le recours dirigé contre la décision refusant de retirer un permis de construire pour fraude postérieurement à l'expiration du délai de recours contre cette autorisation ne constitue pas un recours pour excès de pouvoir

contre un permis de construire et n'est pas au nombre de ceux visés par les dispositions précitées, qui doivent s'entendre ***restrictivement*** *compte tenu de leur portée. Dès lors, M. F ne peut se prévaloir des dispositions de l'article ».*

Tableau synthétique sur le risque du recours abusif en matière d'urbanisme

Catégories	Détails
Base légale	Article L. 600-7 du Code de l'urbanisme, créé par l'ordonnance n°2013-638 du 18 juillet 2013, modifié par la loi ELAN (n°2018-1021 du 23 novembre 2018).
Conditions pour établir un recours abusif	1. Le recours traduit un comportement abusif du requérant. 2. Il cause un préjudice au bénéficiaire du permis.
Principaux changements apportés par la loi ELAN	Suppression de la notion de "préjudice excessif" et de la présomption de « non-abus » pour les associations environnementales.
Applications jurisprudentielles notables	**CE, avis N°376113, 18 juin 2014** : Application immédiate aux affaires en cours. **CE, N°371433, 3 juillet 2015** : L. 600-7 ne peut être invoqué pour la première fois en cassation. **CAA Versailles, 3 octobre 2019** : Condamnation d'une association pour recours abusif.
Montants réclamés dans certaines affaires	**TA Nice, 2016** : 2 875 000€ de dommages-intérêts demandés. **TA Lyon, 17 novembre 2015** : 1 266 797€ demandés, 82 700€ accordés.
Problématiques soulevées	L. 600-7 peut être utilisé comme moyen de dissuasion pour empêcher des recours légitimes. Certains promoteurs réclament des indemnisations démesurées.
Compétences juridictionnelles	**Juge administratif** : Traitement du recours abusif sur la base de L. 600-7. **Juge judiciaire** : Possibilité d'agir sur le fondement du droit commun (article 1240 du Code civil) mais **CA Versailles, 25 octobre 2022** : Considère que seul le juge administratif est compétent pour sanctionner un recours abusif en urbanisme.

Sanctions pénales et financières	**Article R.741-12 CJA** : Possibilité d'une amende jusqu'à 10 000€ en cas de requête abusive.
Notions d'abus de droit et fraude	Recours abusifs parfois qualifiés de "crapuleux" ou "mafieux" (rapport D. Labetoulle, 2013). Possibilité de poursuites pénales pour escroquerie en cas de montages frauduleux.
Jurisprudences récentes	**CAA de Nantes, 31 mars 2023** : Condamnation d'une requérante à 3 000€ d'amende pour un recours manifestement abusif.
Réticences des juges administratifs	Peu de condamnations sur la base de L. 600-7.

IV. La durée du procès devant le juge administratif

1. La suppression d'un degré de juridiction : moins de temps pour obtenir une décision de justice

Deux modifications essentielles de la procédure administrative ont été réalisées.

* D'une part la suppression de l'appel, écartant l'échelon des cours administratives d'appel pour certaines opérations de construction de logements,

* d'autre part la mise à l'écart des tribunaux administratifs pour le contentieux spécifique de l'urbanisme commercial notamment, puis de l'éolien et des énergies renouvelables en mer.

§.1. La réduction dans le temps du procès par suppression de l'appel : R 811-1-1 CJA

Les textes apparaissent en 2013 et évoluent en 2018, puis en 2022.

A. Deux décrets en 2013 sont intervenus en la matière

* Le décret n° 2013-879 du 1er octobre 2013 relatif au contentieux de l'urbanisme poursuit un but affiché d'un contentieux **écourté** à la seule lecture de sa notice : « *afin de réduire le délai de traitement des recours qui peuvent retarder la réalisation d'opérations de construction de logements, le décret modifie certaines des règles applicables au contentieux de l'urbanisme. Il donne compétence aux tribunaux administratifs pour connaître en premier et dernier ressort, pendant une période de cinq ans, des contentieux portant sur les autorisations de construire des logements à* ***usage principal d'habitation*** *ou sur les permis d'aménager des lotissements, et ce dans les communes marquées par un déséquilibre entre l'offre et la demande de logements* ».

Article R 811-1-1 CJA version 2013 : « *Les tribunaux administratifs statuent en premier et dernier ressort sur les recours contre les permis de construire ou de démolir un bâtiment à usage principal d'habitation ou contre les permis d'aménager un lotissement lorsque le bâtiment ou le lotissement est implanté en tout ou partie sur le territoire d'une des communes mentionnées à l'article 232 du Code général des impôts et son décret d'application.*

Les dispositions du présent article s'appliquent aux recours introduits entre le 1er décembre 2013 et le 1er décembre 2018 ».

Cet article était certes expérimental temporellement et matériellement :

** puisqu'il s'appliquait aux recours introduits entre le **1er décembre 2013 et le 1er décembre 2018** et

** son champ d'application a été restreint quant aux autorisations visées et à la destination des bâtiments :

- Cependant, ce sont les trois grandes catégories d'autorisations préalables prévues par le code qui sont visées par le texte (et même plus à partir de 2022).

- Par ailleurs, cela concerne les zones sous tensions en matière de logement. Il faut donc rattacher le décret du 1er octobre à un décret un peu antérieur (n° 2013-392) du 10 mai 2013 relatif au champ d'application de la taxe annuelle sur les logements vacants instituée par l'article 232 du Code général des impôts, lequel envisage une **liste assez longue des communes touchées par un déficit en offre de logement**. Cette disposition a donc un impact territorial important, notamment dans des espaces conflictuels en raison de la valeur du foncier.

B. Les prolongements réglementaires en 2018 et 2022

* Décret n° 2018-617 du 17 juillet 2018 portant modification du code de justice administrative et du Code de l'urbanisme.

Selon ce texte, les dispositions du présent article s'appliquent aux recours introduits entre le 1er décembre 2013 et le 31 décembre 2022. Il prévoit par exception un domaine qui sort de son champ d'application : « permis afférents aux opérations d'urbanisme et d'aménagement des Jeux olympiques et paralympiques de 2024 mentionnées au 5° de l'article R. 311-2 (Décret n°2018-1249 du 26 décembre 2018) ».

* Décret n° 2022-929 du 24 juin 2022 portant modification du code de justice administrative et du Code de l'urbanisme (parties réglementaires). Il a fixé le champ d'application de la compétence en premier et dernier ressort des tribunaux administratifs (TA), avec cependant une exception prévue ultérieurement par le décret du 23 septembre 2025 pour le JO et paralympiques d'hiver 2030 (compétence de la Cour administrative de Marseille).

1/ champ d'application revisité et fort étendu :

** Selon l'alinéa 1 de R 811-1-1 :

- « *Les permis de construire ou démolir un bâtiment comportant* ***plus de deux logements***,
    - Le Conseil d'État inclue dans ce champ la décision refusant de constater leur préemption : CE 22 novembre 2022, n° 461869
    - Idem pour les travaux sur constructions existantes si les travaux ont pour but la réalisation de logements et si les travaux ont pour objet principal l'habitation, c'est-à-dire plus de la moitié de la surface de plancher autorisée doit servir à l'habitation, CE 2 juin 2023 n° 461645 :

« ces dispositions, qui ont pour objectif, dans les zones où la tension entre l'offre et la demande de logements est particulièrement vive, de réduire le délai de traitement des recours pouvant retarder la réalisation d'opérations de construction de logements, ***dérogent aux dispositions du premier alinéa de l'article R. 811-1*** *du code de justice administrative qui prévoient que " Toute partie présente dans une instance devant le tribunal administratif (...) peut interjeter appel contre toute décision juridictionnelle rendue dans cette instance ", et* ***doivent donc s'interpréter strictement****. Si ces dispositions sont susceptibles de s'appliquer aux permis de construire autorisant la réalisation de travaux sur une construction existante, c'est à la condition, d'une part, que les travaux ainsi autorisés aient pour objet la réalisation de logements et, d'autre part, que ces travaux aient un usage principal d'habitation, c'est-à-dire consacrent plus de la moitié de la surface de plancher autorisée à l'habitation ».*

Le Conseil d'État confirme sa position en 2025 « *Les dispositions de l'article R. 811-1-1 du code de justice administrative (CJA), qui ont pour objectif, dans les zones où la tension entre l'offre et la demande de logements est particulièrement vive, de réduire le délai de traitement des recours pouvant retarder la réalisation d'opérations de construction de logements ayant bénéficié d'un droit à construire, doivent être regardées comme concernant non seulement les recours dirigés contre des autorisations de construire, de démolir ou d'aménager, mais également, lorsque ces autorisations ont été accordées, les recours dirigés contre les décisions constatant leur péremption ou refusant de la constater* », CE, 21 février 2025, n°493902.

- *Les permis d'aménager un* ***lotissement*** *(même si le lotissement ne prévoit pas la construction d'habitation*, CE 8 juin 2017 n° 410433, Association les amis de la terre Val d'Oise)
- *Les décisions de non-opposition à une* ***déclaration préalable*** *autorisant un lotissement*
- *Les décisions portant* ***refus*** *de ces autorisations ou opposition à déclaration préalable*
- *Lorsque le bâtiment ou le lotissement est implanté en tout ou partie sur le territoire d'une des* ***communes mentionnées à l'article 232*** *du Code général des impôts et son décret d'application* »

** Selon l'alinéa 2 : Une zone d'aménagement concerté (ZAC) dans une zone sous tension qui vise essentiellement des logements à construire :

« Les actes de création ou de modification des zones d'aménagement concerté (mentionnés aux articles L. 311-1 et R. 311-3 du Code de l'urbanisme), et l'acte approuvant le programme des équipements publics (mentionné à l'article R. 311-8 du même code), lorsque la zone d'aménagement concerté à laquelle ils se rapportent porte principalement sur la réalisation de logements

et qu'elle est située en tout ou partie sur le territoire d'une des communes mentionnées à l'article 232 du Code général des impôts et son décret d'application « ;

** Selon l'alinéa 3 :

- « [certaines] *décisions afférentes à une* ***action ou une opération d'aménagement****, au sens de l'article L. 300-1 du Code de l'urbanisme*
- *Située en tout ou partie*
    - o *sur le territoire d'une des communes mentionnées à l'article* ***232*** *du Code général des impôts et son décret d'application*
    - o *et* ***dans le périmètre*** *d'une* ***opération d'intérêt national****, au sens de l'article L. 102-12 du Code de l'urbanisme, ou d'une* ***grande opération d'urbanisme****, au sens de l'article L. 312-3 du même code* ».
- ***relatives à***
    - o L'autorisation environnementale et à l'arrêté portant prescriptions complémentaires
    - o L'absence d'opposition à la déclaration d'installations, ouvrages, travaux et activités et l'arrêté portant prescriptions particulières
    - o La dérogation mentionnée au 4° du I de l'article L. 411-2 du code de l'environnement (accordée notamment pour une raison impérative d'intérêt public majeur) et l'arrêté portant prescriptions complémentaires
    - o Le récépissé de déclaration ou l'enregistrement d'installations classées pour la protection de l'environnement et les arrêtés portant prescriptions complémentaires ou spéciales
    - o L'autorisation de défrichement mentionnée à l'article L. 341-3 du code forestier

Notons que le champ d'application de L. 300-1 est très vaste (voir version en vigueur depuis le 22 juillet 2023, modifié par la loi n°2023-630 du 20 juillet 2023). La longue lecture suffit à s'en persuader : *« Les actions ou opérations d'aménagement ont pour objets de mettre en œuvre :*

- un projet urbain,

- une politique locale de l'habitat,

- d'organiser la mutation, le maintien, l'extension ou l'accueil des activités économiques,

- de favoriser le développement des loisirs et du tourisme,

- de réaliser des équipements collectifs ou des locaux de recherche ou d'enseignement supérieur,

- de lutter contre l'insalubrité et l'habitat indigne ou dangereux,

- de permettre le recyclage foncier ou le renouvellement urbain,

- de sauvegarder, de restaurer ou de mettre en valeur le patrimoine bâti ou non bâti et les espaces naturels,

- de renaturer ou de désartificialiser des sols, notamment en recherchant l'optimisation de l'utilisation des espaces urbanisés et à urbaniser ». On pense dans ce dernier cas à l'objectif poursuivi du zéro artificialisation nette (ZAN).

Sont concernés « *l'ensemble des actes des collectivités locales ou des établissements publics de coopération intercommunale qui visent, dans le cadre de leurs compétences, d'une part, à conduire ou à autoriser des actions ou des opérations définies dans l'alinéa précédent et, d'autre part, à assurer l'harmonisation de ces actions ou de ces opérations* ».

2/ Remarques :

2-1. Concernant l'opération d'intérêt national (OIN), son champ n'a d'autres limites que celles posées par l'État lui-même. Selon l'article L. 102-12 al. 1 du Code de l'urbanisme l'État peut qualifier comme telle, tout ce qu'il décide souverainement d'aménager : « *Une opération d'aménagement qui répond à des enjeux d'une importance telle qu'elle nécessite une mobilisation de la collectivité nationale et à laquelle l'État décide par conséquent de consacrer des moyens particuliers peut être qualifiée d'opération d'intérêt national par un décret en Conseil d'État qui l'inscrit sur la liste des opérations auxquelles cette qualité est reconnue* ».

La liste des OIN est fixée à l'article R. 102-3 du Code de l'urbanisme et ne comporte pas moins de de 29 cas (à la date du décret du 24 décembre 2025). En pratique, cela concerne les travaux relatifs aux :

- agglomérations nouvelles,

- opérations d'aménagement du quartier d'affaires de La Défense, Euroméditerranée dans la commune de Marseille, de Nanterre et de La Garenne-Colombes, de la Plaine du Var, du Plateau de Saclay, Bordeaux-Euratlantique, d'Alzette-Belval, " Villages Nature " sur la commune de Villeneuve-le-Comte et de Grigny, la Porte Sud du Grand Paris,

- aménagement de la zone de Fos-sur-Mer, des aérodromes de Paris-Charles-de-Gaulle, de Paris-Orly et de Paris-Le Bourget (y compris leur développement), de Saint-Étienne, du secteur du Mantois-Seine aval, secteur d'Orly-Rungis-Seine amont, des principaux pôles urbains de Guyane

- domaines industrialo-portuaires d'Antifer (dans le périmètre du port autonome du Havre), du Verdon (port autonome de Bordeaux) et de Dunkerque (toujours dans le périmètre du port autonome de cette ville)

- opération de requalification de copropriétés dégradées d'intérêt national du quartier dit du Bas-Clichy à Clichy-sous-Bois, du quartier dit " Grigny 2, du quartier du “ parc de la Noue ” à Villepinte, du quartier “ Pissevin ” à Nîmes

- pour les jeux olympiques et paralympiques 2024, de certains ouvrages olympiques en Seine-Saint-Denis

- réalisation du centre de stockage en couche géologique profonde de déchets radioactifs de haute activité et de moyenne activité à vie longue mentionné à l'article L. 542-10-1 du code de l'environnement, dans le périmètre défini par le décret n° 2022-992 du 7 juillet 2022

2.2. Concernant la grande opération d'urbanisme (GOU) : opération conjointe de l'État et d'une collectivité territoriale ou un établissement public.

Les effets de la décentralisation montrent que l'État agit avec la complémentarité des collectivités « locales ».

Selon l'article L 312-3, modifié par la loi « ELAN », n°2018-1021 du 23 novembre 2018 :

« *Une opération d'aménagement peut être qualifiée de grande opération d'urbanisme lorsqu'elle est prévue par un contrat de projet partenarial d'aménagement et que, en raison de ses dimensions ou de ses caractéristiques, sa réalisation requiert un engagement conjoint spécifique de l'État et d'une collectivité territoriale ou d'un établissement public cocontractant (...)* ».

§.2. Commentaires

- Qu'est-ce qui échappe à la compétence de 1er et dernier ressort des tribunaux administratifs ? Maintenant, il serait plus simple de lister cette compétence par la négative.

- Efficacité du dispositif certes, mais quid du droit de recours ? Cette suppression d'un degré de juridiction ne peut que mécaniquement réduire le temps du procès. Cependant, le passage direct d'une affaire d'un tribunal administratif au juge de cassation qu'est le Conseil d'État témoigne d'une forme de régression du droit de recours sauf à envisager une lecture extensive par la Haute juridiction de son rôle de cassation.

- L'accélération voulue a été renforcée en 2022 par un article R. 600-6, modifié par le décret n°2022-929 du 24 juin 2022 :

« *Le juge statue dans un délai de **dix mois** sur les recours contre les permis de construire un **bâtiment comportant plus de deux logements**, contre les permis d'aménager un **lotissement** ou contre les décisions **refusant** la délivrance de ces autorisations.*

La Cour administrative d'appel statue dans le même délai sur les jugements rendus sur les requêtes mentionnées au premier alinéa » (du moins quand sa compétence est possible).

- Les cours administratives délestées du contentieux des autorisations dans les communes visées par les textes, se voient *a contrario* chargées :

* du contentieux de l'urbanisme commercial qui échappe aux tribunaux administratifs puis

* de certains contentieux spécifiques relatifs aux EnR (éolien).

2. La spécialisation de certaines juridictions selon le domaine du contentieux

Il y a une spécialisation des juridictions selon le domaine visé (*compétence rationae materiae*)

§.1. Compétence des CAA en matière d'urbanisme commercial, Art. R. 311-3 CJA

L'article R. 311-3 du CJA se retrouve à l'article L. 600-10 du Code de l'urbanisme qui dispose que « *les cours administratives d'appel sont compétentes pour connaître en premier et dernier ressort des litiges relatifs au permis de construire tenant lieu d'autorisation d'exploitation commerciale prévu à l'article L. 425-4* ».

Cette disposition de l'Ordonnance n° 2015-1174 du 23 septembre 2015 relative à la partie législative du livre Ier du Code de l'urbanisme n'est autre qu'une mise en adéquation avec les dispositions du décret n° 2013-730 du 13 août 2013 portant modification du Code de justice administrative selon lequel **les recours exercés contre les décisions de la Commission nationale d'aménagement commercial (CNAC)** relèveront, à partir du 1er janvier 2014, de la compétence des cours administratives d'appel.

La Cour administrative d'appel **territorialement** compétente pour connaître de ces recours est celle où la commission **départementale** d'aménagement commercial a établi son siège.

Remarque : Il est vrai que la disparition d'un degré de juridiction est relative puisque la CNAC est saisie ou s'auto-saisit de l'avis favorable ou défavorable de la commission départementale d'aménagement commercial et c'est l'avis de ladite commission nationale qui peut être soumis une Cour administrative d'appel. L'avis, positif ou négatif, de cette commission, dont un conseiller d'État en assure la présidence, permettra ou non la délivrance d'un permis de construire. Cet avis est bien une décision faisant grief susceptible de recours devant l'échelon d'une CAA. La spécificité du droit relatif à l'urbanisme commercial en matière de recours explique que la transmission des contestations puisse se faire directement auprès des cours administratives en sautant l'échelon traditionnellement premier des tribunaux **sans que le droit de recours s'en trouve affaibli.** Mais cette mesure participe néanmoins de la recherche de gain de temps et de sécurité des situations juridiques qui caractérise l'esprit des textes depuis une trentaine d'années.

§. 2. Une compétence d'exception des CAA qui tend à se développer

A. Cas des JO et JO paralympiques 2024 et 2030

- Pour les J.O. de **2024, le décret du 26 décembre 2018** a prévu la compétence de la CAA de **Paris** en premier et dernier ressort pour le contentieux des opérations relatives à ces manifestations sportives de 2024 :

« *Litiges y compris pécuniaires, relatifs à l'ensemble des actes afférents (...) aux opérations d'urbanisme et d'aménagement, aux opérations foncières et immobilières, aux infrastructures et équipements ainsi qu'aux voiries dès lors qu'ils sont, même pour partie seulement, nécessaires à la préparation, à l'organisation ou au déroulement des jeux olympiques et paralympiques de 2024* ».

- Pour les J.O. d'Hiver de 2030, le décret du 23 septembre 2025 a désigné la CAA de Marseille en premier et dernier ressort. L'article R. 311-4 du CJA prévoit ainsi un large champ de compétences. Il vise les litiges, y compris financiers, relatifs :

* « *Aux opérations d'urbanisme et d'aménagement, aux opérations foncières et immobilières ainsi qu'aux opérations de construction ou de rénovation d'infrastructures, d'équipements, de voiries et de pistes de ski alpin ou nordique, à l'exclusion des mesures de police relatives à leur utilisation, dès lors que ces opérations sont, même pour partie seulement, liées directement à la préparation, à l'organisation ou au déroulement des jeux olympiques et paralympiques d'hiver de 2030 ;*

* *Aux documents de toute nature, notamment aux documents d'urbanisme et d'aménagement, dès lors qu'ils conditionnent la réalisation des opérations mentionnées à l'alinéa précédent* ».

B. Concernant les ouvrages de production et de transport d'énergie renouvelable en mer

- Tout d'abord, le décret n° 2016-9 du 8 janvier 2016 donne une compétence spécifique à la Cour administrative de **Nantes**. Sont visés les litiges portant sur certaines décisions relatives aux installations de production d'énergie renouvelable en mer et leurs ouvrages connexes :

L'autorisation d'exploiter une installation de production d'électricité, l'autorisation environnementale la concernant, l'éventuelle dérogation mentionnée au 4° de l'article L. 411-2 (C. Environnement), les autorisations d'occupation du domaine public, les concessions d'utilisation du domaine public maritime, les autorisations d'îles artificielles, installations, ouvrages et leurs installations connexes sur le plateau continental et dans la zone économique et la zone de protection écologique (mise en place autour de ce type d'installation), ainsi qu'au tracé des câbles et pipelines sous-marins.

- Ce décret a été codifié à l'article R. 311-4 mais abrogé par le décret n° 2021-282 du 12 mars 2021. Depuis c'est le Conseil d'État qui est compétent *rationae materiae.*

Selon l'article **R. 311-1-1** issu du décret précité du 12 mars 2021 (modifié par le décret du 29 décembre 2023), le Conseil d'État est compétent pour connaître, en premier et dernier ressort, dans les conditions prévues par le présent code et par les articles 3 et 4 du décret n° 2016-9 du 8 janvier 2016 concernant les ouvrages de production et de transport d'énergie renouvelable en mer, des recours dirigés contre :

1. Les décisions (...) relatives aux installations de production d'énergie renouvelable en mer et à leurs ouvrages connexes (...)

2. Les décisions (...) relatives aux ouvrages des réseaux publics d'électricité dont au moins une partie est située en mer ou aux ouvrages de raccordement des installations de production d'énergie renouvelable en mer, jusques et y compris aux premiers postes de raccordement à terre (...)

3. Les décisions (...) relatives aux infrastructures portuaires rendues nécessaires pour la construction, le stockage, le pré-assemblage, l'exploitation et la maintenance des installations mentionnées aux 1o et 2o du présent article ainsi qu'aux opérations de transport et de dragage connexes (...)

C. Concernant la production « d'autres » énergies renouvelables

* Compétence de la Cour administrative d'appel. La cour territorialement compétente pour connaître de ces recours est celle dans laquelle l'autorité administrative décisionnaire à son siège. Le décret n° 2023-1417 du 29 déc. 2023 mentionne *« Des litiges relatifs aux décisions prises en application de l'article 28 de la loi no 2023-175 du 10 mars 2023 relative à l'accélération de la production d'énergies renouvelables »*.

Mais ne sont visées que les éoliennes : Art. R. 311-5 (Décret n° 2018-1054 du 29 nov. 2018, art. 23) *Les cours administratives d'appel sont compétentes pour connaître, en premier et dernier ressort, des litiges portant sur (certaines) décisions, y compris leur refus, relatives aux installations de production d'électricité utilisant l'énergie mécanique du **vent** classées au titre de l'article L. 511-2 du code de l'environnement, à leurs ouvrages connexes, ainsi qu'aux ouvrages de raccordement propres au producteur et aux premiers postes du réseau public auxquels ils sont directement raccordés (... »).*

- Illustration : CE 9 septembre 2019, société FE Sainte-Anne, n°432722.

L'exploitant a porté à la connaissance de l'administration une modification tenant à la structure des mâts des éoliennes. Le préfet a refusé de modifier l'autorisation d'exploitation après avoir estimé qu'une telle modification présentait un caractère substantiel et mis en demeure l'exploitant de présenter notamment une nouvelle demande d'autorisation. Un recours est formé contre ces mises en demeure. Il résulte de R. 311-5 que le contentieux des mesures de police litigieuses, qui sont la conséquence directe du refus de modifier l'autorisation dont bénéficie l'exploitant pour l'installation de trois éoliennes, relève de la compétence en premier et dernier ressort de la Cour administrative d'appel.

« *Les dispositions de l'article R. 311-5 du code de justice administrative ont pour objectif de réduire le délai de traitement des recours pouvant retarder la réalisation de projets d'éoliennes terrestres en confiant aux cours administratives d'appel le jugement en premier et dernier ressort de l'ensemble du contentieux des décisions qu'exige l'installation de ces éoliennes. Ces dispositions impliquent que les cours administratives d'appel connaissent également de celles des* ***mesures de police****, prises sur le fondement des articles L. 171-7 et L. 181-16 du code de l'environnement, qui sont la conséquence directe d'une des autorisations mentionnées à l'article R. 311-5, de la modification d'une de ces autorisations ou du refus de prendre l'une de ces décisions.*

(...) Il résulte de ce qui précède que le contentieux des mesures de police litigieuses, qui sont la conséquence directe du refus de modifier l'autorisation dont bénéficie la société requérante pour l'installation de trois éoliennes, ***relève de la compétence en premier et dernier ressort de la Cour administrative d'appel****. Le jugement des requêtes de la société FE Sainte-Anne doit dès lors être attribué à la Cour administrative d'appel de Nancy* ».

* Art. R. 311-6 (Décret n° 2022-1379 du 29 oct. 2022) concernant le maintien de la compétence des tribunaux administratifs (TA) pour les « autres » EnR. Cet article régit les litiges portant sur les installations et ouvrages suivants, y compris leurs ouvrages connexes et pour les décisions prises entre le 1er novembre 2022 et le 31 décembre 2026 et pour lesquels les TA restent compétents :

- installation de méthanisation de déchets non dangereux ou de matière végétale brute

- ouvrages de production d'électricité à partir de l'énergie solaire photovoltaïque d'une puissance égale ou supérieure à 5 MW

- gites géothermiques mentionnés à l'article L. 112-1 du code minier

- installations hydroélectriques d'une puissance égale ou supérieure à 3 MW

- les ouvrages des réseaux publics de transport et de distribution d'électricité, de raccordement des installations de production d'électricité mentionnées ci-dessus, ou inscrits au schéma régional de raccordement au réseau des énergies renouvelables, ou encore qui relèvent du réseau public de transport et les postes électriques, à l'exclusion des installations et ouvrages relevant des dispositions des articles R. 311-5 (éolien, CAA Paris) et R. 311-1-1 (EnR en mer, Conseil d'État)

Selon cet article, à son paragraphe III, le délai de jugement est encadré à 10 mois avec un mécanisme de transfert de la compétence à la juridiction supérieure en cas de non-respect de ce délai : « *Le tribunal administratif statue dans un délai de dix mois à compter de l'enregistrement de la requête. Si à l'issue de ce délai il ne s'est pas prononcé ou en cas d'appel, le litige est porté devant la Cour administrative d'appel, qui statue dans un délai de dix mois. Si, à l'issue de ce délai, elle ne s'est pas prononcée ou en cas de pourvoi en cassation, le litige est porté devant le Conseil d'État* ».

Si une régularisation est possible, le juge doit statuer dans les 6 mois, ce qui est bref pour des dossiers parfois complexes, à partir de l'enregistrement du mémoire transmettant la mesure de régularisation ordonnée par ses soins :

« (..) *il dispose, à compter de l'enregistrement du mémoire transmettant la mesure de régularisation qu'il a ordonnée, d'un délai de six mois pour statuer sur la suite à donner au litige. À défaut de statuer dans ce délai, le litige est porté, selon le cas, devant la Cour administrative d'appel ou le Conseil d'État* ».

3. La renonciation au recours formalisée dans le Code de l'urbanisme

La règle applicable est l'article L. 600-8 du code de l'urbanisme. Au-delà du commentaire de cette disposition, la jurisprudence donnera un éclairage de la question.

§.1. Article L. 600-8 : le désistement pour une contrepartie

La philosophie dominante de la sécurité juridique est telle que pour la première fois dans le Code de l'urbanisme, le législateur a introduit une disposition, l'article L. 600-8 (ordonnance n° 2013-638 du 18 juillet 2013), qui invite à renoncer au droit de recours de manière vénale. La formule balzacienne selon laquelle un mauvais arrangement vaut mieux qu'un bon procès correspond certes aux objectifs des pouvoirs publics, mais ce pragmatisme rompt avec une certaine idée de l'État de droit. Le vice-président du Conseil d'État indiquait en effet que « *les modes alternatifs de règlement des différends sont pertinents, mais ils peinent à se développer pour régler les litiges en France et, en particulier, en matière administrative* »[32].

Le droit de l'urbanisme demeure donc avant-gardiste au sein du droit administratif et cette démarche de règlement amiable, comme les autres solutions imaginées par le pouvoir normatif ici retracées, permet d'alléger la pression sur la justice administrative. Elle rentre dans la logique d'optimisation du contentieux du droit de l'urbanisme quand bien même la jurisprudence conservera toujours une part de fluctuation dans le sort à réserver au procès.

L'article L. 600-8 du Code de l'urbanisme est ainsi rédigé :

« *Toute transaction par laquelle une personne ayant demandé ou ayant l'intention de demander au juge administratif l'annulation d'un permis de construire, de démolir ou d'aménager s'engage à se désister de ce recours ou à ne pas introduire de recours en contrepartie du versement d'une somme d'argent ou de l'octroi d'un avantage en nature doit être enregistrée conformément à l'article 635 du Code général des impôts.*

La contrepartie prévue par une transaction non enregistrée dans le délai d'un mois prévu au même article 635, est réputée sans cause et les sommes versées ou celles qui correspondent au coût des avantages consentis sont sujettes à répétition. L'action en répétition se prescrit par cinq ans à compter du dernier versement ou de l'obtention de l'avantage en nature.

Les transactions conclues avec des associations ne peuvent pas avoir pour contrepartie le versement d'une somme d'argent, sauf lorsque les associations agissent pour la défense de leurs intérêts matériels propres.

Les acquéreurs successifs de biens ayant fait l'objet du permis mentionné au premier alinéa peuvent également exercer l'action en répétition prévue à l'alinéa précédent à raison du préjudice qu'ils ont subi ».

§. 2. Éclairages de la jurisprudence

L'article L. 600-8 du Code de l'urbanisme encadre les transactions conclues pour mettre fin à des recours contre des autorisations d'urbanisme, en imposant notamment une obligation d'enregistrement fiscal. La jurisprudence française a précisé l'application de cet article à travers plusieurs décisions notables.

[32] SAUVE J. -M., « La médiation et la conciliation devant la juridiction administrative », colloque organisé par le Conseil d'État, en partenariat avec l'Ordre des avocats de Paris et le Groupement européen des magistrats pour la médiation (GEMME – France), Maison du Barreau de Paris, le mercredi 17 juin 2015, http://www.conseil-État.fr/Actualites/Discours-Interventions/La-mediation-et-la-conciliation-devant-la-juridiction-administrative

A. Conseil constitutionnel

Conseil constitutionnel, décision n° 2023-1060 QPC du 14 septembre 2023 :

Saisi d'une question prioritaire de constitutionnalité, le Conseil constitutionnel a jugé conforme à la Constitution le deuxième alinéa de l'article L. 600-8, qui sanctionne le défaut d'enregistrement d'une transaction mettant fin à un recours contre une autorisation d'urbanisme. Le Conseil a estimé que « *cette disposition vise à assurer la publicité des transactions afin de dissuader celles ayant pour seul but d'obtenir indûment un gain financier, contribuant ainsi à lutter contre les recours abusifs et à limiter l'incertitude juridique pesant sur les autorisations d'urbanisme* ».

De plus, *« Les dispositions contestées n'ont, par elles-mêmes, ni pour objet ni pour effet d'interdire aux personnes intéressées de former un recours contre une autorisation d'urbanisme. Elles se bornent à sanctionner la méconnaissance de l'obligation d'enregistrement de la transaction par laquelle l'auteur du recours s'est engagé à se désister.*

(...) Dès lors, le grief tiré de la méconnaissance du droit à un recours juridictionnel effectif ne peut qu'être écarté ».

B. Cour de cassation

Cour de cassation, 3e chambre civile, arrêt du 15 juin 2023, n° 21-25.319 :

La Cour a confirmé que le défaut d'enregistrement d'une transaction conclue pour mettre fin à un recours en matière d'urbanisme entraîne la répétition des sommes versées ou des avantages consentis. Elle a précisé que l'action en répétition se prescrit par cinq ans à compter du dernier versement ou de l'obtention de l'avantage en nature.

Ces décisions illustrent la rigueur avec laquelle les juridictions françaises souhaitent appliquer les dispositions de l'article L.600-8 du Code de l'urbanisme, afin de garantir la transparence des transactions et de prévenir les recours abusifs.

§. 3. Attestation de non-recours

Afin de garantir qu'un permis n'est pas contesté en justice, ce qui a grand intérêt à l'occasion d'une vente, il est possible d'actionner l'article R. 600-7 du Code de l'urbanisme. Il permet également, si c'est le cas, d'informer en toute transparence une procédure en cours.
Selon cette disposition du code :

« *Toute personne peut se faire délivrer par le greffe de la juridiction devant laquelle un recours est susceptible d'être formé contre une décision relative à l'occupation ou l'utilisation du sol régie par le présent code, ou contre un jugement portant sur une telle décision, un document qui, soit atteste de l'absence de recours contentieux ou d'appel portant sur cette décision devant cette juridiction, soit, dans l'hypothèse où un recours ou un appel a été enregistré au greffe de la juridiction, indique la date d'enregistrement de ce recours ou de cet appel.*

Toute personne peut se faire délivrer par le secrétariat de la section du contentieux du Conseil d'État un document attestant de l'absence de pourvoi contre un jugement ou un arrêt relatif à une décision relative à l'occupation ou l'utilisation du sol régie par le présent code ou, dans l'hypothèse où un pourvoi a été enregistré, indiquant la date d'enregistrement de ce pourvoi. »

4. Le recours classique à une procédure d'urgence : le référé-suspension

Depuis la loi du 30 juin 2000[33], relative au référé devant les juridictions administratives, entrée en vigueur le 1er janvier 2001, le traitement de l'urgence devant le juge administratif a été profondément modifié. La loi de simplification n° 2025-1129 du 26 novembre 2025 n'y échappe pas en prévoyant que la présomption d'urgence est élargie en matière de référé suspension aux **refus** d'autorisations d'urbanisme (article L. 600-3-1 du Code de l'urbanisme). On peut relever que le Conseil d'État avait déjà considéré que la condition d'urgence était satisfaite en cas de recours contre une décision d'opposition ou de refus de permis (CE, 4 février 2025, n° 494180).

Le référé suspension est une **procédure très fréquemment choisie** en matière d'urbanisme parmi les référés existants car s'il permet au requérant d'avoir une **décision rapide** du juge laissant subodorer les chances ou non de gagner le procès (il ne juge pas l'affaire au fond), il vient surtout **geler les effets** de la décision et évite au requérant de se trouver face à l'irréparable (une démolition par exemple). Le recours pour excès de pouvoir n'ayant pas d'effet suspensif, il est donc possible de faire échec à la règle du caractère exécutoire des décisions administratives.

Il faut distinguer le référé suspension (article L. 521-1 du Code de justice administrative [CJA]) des autres référés majeurs liés à l'urgence : le référé liberté (article L. 521-2 CJA), rare en la matière, voire le référé conservatoire (article L. 521-3 CJA). Ces différents référés ont tous été au centre de la réforme de juin 2000. Certes, il existe d'autres référés ayant une incontestable utilité pratique mais pour lesquels de la condition d'urgence n'est pas présente. Il ne faut pas les confondre.

Le référé suspension est décrit par le Code de justice administrative et ses conditions de mise en œuvre ont largement été éclairées par la jurisprudence.

[33] Loi n°2000-597 du 30 juin 2000 relative au référé devant les juridictions administratives

§. 1. Le référé suspension : principes

A. Sources juridiques

L'article L. 521-1 du Code de justice administrative prévoit : « *Quand une décision administrative, même de rejet, fait l'objet d'une requête en annulation ou en réformation, le juge des référés, saisi d'une demande en ce sens, peut ordonner la suspension de l'exécution de cette décision, ou de certains de ses effets, lorsque* ***l'urgence*** *le justifie et qu'il est fait état d'un moyen propre à créer, en l'état de l'instruction, un* ***doute sérieux*** *quant à la légalité de la décision* »

Cette procédure remplace l'ancien sursis à exécution issu de la jurisprudence du Conseil d'État[34] et la procédure de suspension provisoire pour trois mois au plus créée par la loi du 8 février 1995, qui avaient débouché sur des résultats perfectibles. En effet, le régime jurisprudentiel antérieur exigeait que la requête puisse indiquer « *des conséquences difficilement réparables* », qui excluaient alors nombre d'actes. Cette exigence est remplacée par une condition d'urgence, traditionnelle en matière de référé. De même, l'ancienne obligation de faire valoir devant le juge l'existence d'un « *moyen sérieux* », qui impliquait la quasi-certitude de l'illégalité de l'acte litigieux, est remplacée par la recherche d'un « *doute sérieux* » sur la légalité de l'acte attaqué. Il y a donc plus de souplesse dans le régime institué depuis l'an 2000.

Si les conditions de l'article L. 521-1 sont réunies, le juge peut suspendre les effets de la décision administrative contestée jusqu'à ce que la juridiction se prononce au fond. Il s'agit donc d'une « *décision avant dire droit* ».

Toutefois, même si les conditions du référé-suspension sont réunies, **le juge n'est pas tenu de l'appliquer**. Il lui revient toujours d'apprécier souverainement la situation en fonction du contexte et des circonstances de l'affaire. Cette position avait été arrêtée par la jurisprudence du Conseil d'État dès 1976 (CE, Assemblée, 13 février 1976, n°99708, Lebon) :« *il appartient au juge administratif d'apprécier dans chacun des cas qui lui sont soumis s'il y a lieu d'ordonner le sursis à l'exécution de la décision attaquée* ». Elle a été confirmée par les termes mêmes de l'article L 521-1 : le juge **peut** ordonner la suspension.

Le Code de l'urbanisme a donné une « autre » version du référé suspension, laquelle a allégé la charge du requérant. L'article L. 600-3 tel qu'issu de la loi n° 2018-1021 du 23 novembre 2018 portant évolution du logement, de l'aménagement et du numérique (ELAN) dispose que « *la condition d'urgence*

[34] Conseil d'État, Assemblée, 12 novembre 1938, 64654 : « Il y a lieu d'ordonner avant dire droit qu'il sera sursis à l'exécution d'un arrêté (...), dès lors que les moyens développés à l'appui du recours en annulation sont sérieux et que l'application de l'arrêté entraînerait une situation de fait qu'il serait pratiquement très difficile de modifier au cas où l'arrêté viendrait à être annulé ».

prévue à l'article L. 521-1 du code de justice administrative est présumée satisfaite » lors d'un recours dirigé contre **une décision de non-opposition** à déclaration préalable ou contre un **permis** de construire, d'aménager ou de démolir. Cette mesure législative suit la jurisprudence. Le nouvel article L. 600-3-1, issu de la loi de simplification n° 2025-1129 du 26 novembre 2025, étend la présomption d'urgence aux refus. Il prévoit que « *Lorsqu'un recours formé contre une décision d'opposition à déclaration préalable ou de refus de permis de construire, d'aménager ou de démolir est assorti d'un référé introduit sur le fondement de l'article L. 521-1 du code de justice administrative, la condition d'urgence est présumée satisfaite* ».

Certes, la présomption n'est pas irréfragable et elle peut donc être renversée par le défendeur qui va chercher à démontrer qu'il n'y a aucune urgence à suspendre.

B. Les conditions de recevabilité du référé suspension

On peut résumer les conditions exigées par le juge ainsi :

1. Une décision d'acceptation ou de refus
2. Non exécutée complètement
3. Contestée au fond par un recours pour excès de pouvoir (REP)
4. Une demande de sursis formulée par une requête distincte de celle du REP
5. Une action respectueuse des délais de l'article L. 600-3 (délai de la cristallisation des moyens)

Lorsque le juge des référés examine la recevabilité de la requête, il vérifie certains points évidents[35], notamment le respect du délai contentieux et ceux relatifs à la demande de suspension. Depuis la loi ELAN du 23 novembre 2018, « *un référé suspension ne peut être introduit contre un permis de construire que jusqu'à l'expiration du délai fixé pour la cristallisation des moyens soulevés devant le juge saisi en premier ressort selon l'article* » (L. 600-3 du Code de l'urbanisme). Cette cristallisation intervient après un délai de deux mois suivant la communication du premier mémoire en défense de l'un quelconque des défendeurs (article R. 600-5[36]).

Ainsi, dans une affaire soumise au Conseil d'État (CE, 06 octobre 2021, n°445733) le juge relève que l'introduction du référé a été trop tardive puisqu'elle a été objectivement déposée au-delà des délais légaux. Le Conseil annule l'ordonnance du tribunal administratif qui s'était seulement fondé sur l'absence de diligence du requérant en arguant des délais trop longs entre

[35] Selon l'article L522-3 du CJA, « ... lorsqu'il apparaît manifeste, au vu de la demande, que celle-ci ne relève pas de la compétence de la juridiction administrative, qu'elle est irrecevable ou qu'elle est mal fondée, le juge des référés peut la rejeter par une ordonnance motivée... »
[36] Disposition introduite par le Décret n° 2019-303 du 10 avril 2019 pris pour l'application de l'article L. 600-5-2 du Code de l'urbanisme

l'action au fond et l'action en référé. Certes, par principe, tout dépassement du délai de deux mois au terme duquel intervient la cristallisation des moyens est un manque de diligence, mais encore faut-il que le juge se fonde sur cette disposition précise du code et non sur une appréciation subjective : « *Pour rejeter cette demande de suspension, le juge des référés, devant lequel les requérants faisaient valoir que la préparation du chantier avait commencé et que le début des travaux était imminent, s'est fondé sur leur absence de diligence pour le saisir compte tenu du délai de plusieurs mois s'étant écoulé depuis l'enregistrement de leur recours pour excès de pouvoir contre le permis de construire. En estimant que cette* ***seule*** *circonstance était de nature à renverser la présomption d'urgence prévue par l'article L. 600-3 du Code de l'urbanisme, le juge des référés a commis une erreur de droit* ».

Si l'ensemble des conditions sont réunies, le juge fixe un calendrier.

Le Conseil d'État a précisé que « *lorsqu'il décide de communiquer, après la clôture de l'instruction, un mémoire qui a été produit par les parties avant ou après celle-ci, le juge des référés doit être regardé comme ayant* ***rouvert*** *l'instruction. Il lui appartient, en pareil cas, sauf à fixer une nouvelle audience, d'informer les parties de la date et, le cas échéant, de l'heure à laquelle l'instruction sera close. Il ne saurait, en toute hypothèse, rendre son ordonnance tant que l'instruction est en cours sans entacher la procédure d'irrégularité* », Conseil d'État, 26 mai 2021, 436902

On notera :

- l'absence de conclusions du Rapporteur public

- la décision est le plus souvent prise par un juge unique (le juge des référés)

- un délai de décision entre 48h et 1 mois (cf. L. 600-3)

- l'absence de recours en appel mais un recours en cassation devant le Conseil d'État

- le rejet du référé entraîne l'obligation de confirmer la requête au fond (le REP) dans le mois (R. 612-5-2 CJA)

§. 2. La condition de l'urgence précisée par le juge

Le code de justice administrative exige des conditions d'urgence et le doute sérieux quant à la légalité de l'acte attaqué. Le juge est venu rapidement, dès 2001, donner un éclairage, notamment sur la question de l'urgence. Le Code de l'urbanisme, ultérieurement, ne fait que reprendre la philosophie de la jurisprudence.

A. Appréciation jurisprudentielle de l'urgence

Le juge reprend systématiquement la même position jurisprudentielle depuis 2001[37], avec nécessaires mises à jour textuelles, à savoir :

« *L'urgence justifie que soit prononcée la suspension d'un acte administratif lorsque l'exécution de celui-ci porte* ***atteinte, de manière suffisamment grave et immédiate, à un intérêt public, à la situation du requérant ou aux intérêts qu'il entend défendre****. La* ***construction*** *d'un bâtiment autorisée par un permis de construire présente un caractère* ***difficilement réversible****. Par suite, lorsque la suspension de l'exécution d'un permis de construire est demandée sur le fondement des dispositions de l'article L. 521-1 du code de justice administrative,* ***la condition d'urgence est en principe satisfaite*** *ainsi que le prévoit l'article L. 600-3 du Code de l'urbanisme. Il ne peut en aller autrement que dans le cas où le pétitionnaire ou l'autorité qui a délivré le permis justifie de circonstances particulières. Il appartient alors au juge des référés, pour apprécier si la condition d'urgence est remplie, de procéder à une appréciation globale de l'ensemble des circonstances de l'espèce qui lui est soumise »,* Conseil d'État, 6 octobre 2021, n°445733, Lebon.

1. La présomption : une solution jurisprudentielle (2001) légalisée par la loi ELAN et étendue en 2025

On trouve indiqué à l'article L. 600-3 al. 2 du Code de l'urbanisme tel que modifié par la loi ELAN que : « *La condition d'urgence prévue à l'article L. 521-1 du code de justice administrative est présumée satisfaite* ».

Il s'agit donc, dans le domaine fixé par l'article L. 600-3 al. 1 (décision de non-opposition à déclaration préalable ou contre un permis de construire, d'aménager ou de démolir), d'une présomption d'urgence. La décision du Conseil d'État (C.E. 27 juillet 2001, commune de Tulles n°230231[38]) indique qu'en droit de l'urbanisme, l'urgence est facilement admise du fait que la construction d'un bâtiment présente un caractère difficilement réversible, *a fortiori* une démolition.

Depuis la loi de simplification de 2025, le refus d'un permis ou une opposition bénéficie de cette présomption par seul souci de favoriser la construction. C'est un choix de politique publique (l'idée de situation irréversible est absente).

---

[37] Voir CE, 19 janvier 2001, Confédération nationale des radios libres, n° 228815 ; CE, 28 février 2001, préfet des Alpes Maritimes et Sté Sud-Est assainissement, n°229562. Sur le caractère réfragable de cette présomption, CE, 26 mai 2021, M. Frangi et autres, n°436902, 436904, Lebon.

[38] Le considérant n° 4 indique : « … *que la construction du bâtiment autorisée par le permis de construire délivré par le maire de Tulle présenterait un caractère difficilement réversible ; qu'ainsi, les consorts X.. dont l'habitation est située à proximité de la construction projetée justifient de l'urgence à demander la suspension de l'exécution du permis de construire ce bâtiment* »

2. La présomption d'urgence peut être contestée

Les défendeurs peuvent remettre en cause l'urgence à suspendre la décision dont ils sont les bénéficiaires car elle est non irréfragable. La présomption d'urgence à suspendre l'acte peut être renversée. Le juge va analyser les arguments du bénéficiaire de la décision à ne pas la suspendre. Dans certains cas d'espèce, ce dernier argue notamment d'un intérêt général, par exemple le recours aux énergies renouvelables, une moindre pollution, notamment quand la personne publique est la bénéficiaire du permis ou poursuit les axes du développement durable soutenus par les pouvoirs publics.

Dans une espèce intéressante à titre d'illustration, le conseil indique que :

« *Le juge des référés du tribunal administratif de Melun a relevé qu'il existait un* ***intérêt public*** *s'attachant à l'exécution de l'arrêté préfectoral litigieux dès lors que l'****unité de méthanisation*** *en projet devait* ***remplacer une porcherie causant de fortes nuisances olfactives, contribuer à la réduction des émissions de gaz à effet de serre et permettre le traitement et la valorisation de biodéchets*** *et que, au surplus, les requérants ne démontraient pas que ce projet créerait pour eux des nuisances supérieures à celles qu'ils subissent déjà du fait de l'implantation de la porcherie. En estimant que ces éléments étaient de nature à renverser la présomption d'urgence prévue par l'article L. 600-3 du Code de l'urbanisme, il n'a ni entaché son ordonnance d'erreur de droit, cette présomption étant dépourvue de caractère irréfragable, ni fait peser sur les requérants la charge de la preuve de la condition d'urgence.*

En second lieu, si le juge des référés a ensuite jugé que les requérants ne faisaient état d'aucun moyen propre à créer, en l'état de l'instruction, un doute sérieux quant à la légalité de la décision litigieuse, ce motif revêt un caractère surabondant. Par suite, les moyens tirés de ce qu'il serait entaché d'insuffisance de motivation et d'erreur de droit sont inopérants », Conseil d'État, 26 mai 2021, n°436902.

3. Le champ d'application de la présomption d'urgence

Avant 2025, selon la lecture de L. 600-3, on avait pu s'interroger sur la question de savoir si cette disposition ne visait que les autorisations créatrices de droit. En effet l'article précité mentionne « *un recours dirigé contre une décision de non-opposition à déclaration préalable ou contre un permis de construire, d'aménager ou de démolir ...* ». Le Conseil pointe également le fait de construire : « *que La construction d'un bâtiment autorisée par un permis de construire présente un caractère difficilement réversible. Par suite, lorsque la suspension de l'exécution d'un permis de construire est demandée sur le fondement des dispositions de l'article L. 521-1 du code de justice administrative, la condition d'urgence est en principe satisfaite ainsi que le prévoit l'article L. 600-3 du Code de l'urbanisme »,* Conseil d'État, 6 octobre 2021, n°445733.

La réponse a été donnée *a contrario* et *a posteriori* par le nouvel article L. 600-3-1 (loi Huwart).

La question reste potentiellement en suspens pour le retrait d'une décision accordant un permis de construire.

Dans la période antérieure à 2025 où les refus et opposition ne bénéficiaient pas de la présomption d'urgence, s'appliquait l'article L 521-1 du code de justice administrative qui prévoit expressément qu'une décision administrative de rejet est susceptible de suspension. Dans ce cas général, le requérant doit donner tous les éléments permettant de convaincre le juge de l'utilité de la suspension. Il doit justifier de l'urgence. Celle-ci « *s'apprécie objectivement compte tenu de l'ensemble des circonstances de chaque espèce* »[39].

L'appréciation de l'urgence à suspendre l'exécution d'une décision **refusant** la délivrance d'un permis de construire pouvait être influencée par des circonstances particulières :

- par exemple, un risque de démolition d'office doit être pris en compte par le juge pour apprécier l'urgence à suspendre un refus de permis de construire de régularisation :

« *Considérant que, lorsqu'une juridiction de l'ordre judiciaire a prononcé une condamnation à démolir une construction irrégulièrement réalisée et, en particulier, lorsque cette condamnation accompagne une sanction pénale, la personne condamnée s'expose à ce que la démolition soit réalisée d'office par l'autorité administrative en vertu de l'article L. 480-9 du Code de l'urbanisme ; que, toutefois, cette dernière n'a, en vertu des termes mêmes de l'article L. 480-9, aucune obligation de faire démolir le bâtiment ; que, dans l'appréciation à laquelle il lui appartient de se livrer sur ce point, l'administration doit tenir compte de la possibilité éventuelle de délivrer une autorisation d'urbanisme de régularisation ; que, dès lors, en jugeant que ne devait pas être prise en compte la démolition d'office susceptible d'être menée par l'autorité administrative, pour apprécier l'urgence à suspendre le refus par le maire de Bressuire de délivrer un permis de construire de régularisation, le juge des référés a commis une erreur de droit, quelle que soit la durée de la situation irrégulière dans laquelle les intéressés s'étaient placés ; que son ordonnance doit, par suite, être annulée* ; », Conseil d'État, 5 mai 2006, n°285655, Lebon.

4. Une appréciation des circonstances et de leurs conséquences de manière objective pour justifier l'urgence

Dans la mesure où il n'y a qu'une présomption simple d'urgence, la question des modalités de l'appréciation de l'urgence garde tout son intérêt.

---

[39] CE, 28 février 2001 préfet des Alpes Maritimes et Sté Sud-Est assainissement, n°229562, 229563, 229721.

Depuis 2001, le Conseil d'État a précisé comment apprécier l'urgence :

« *la condition d'urgence à laquelle est subordonné le prononcé d'une mesure de suspension doit être regardée comme remplie lorsque la décision administrative contestée* ***préjudicie*** *de manière suffisamment grave et immédiate à un intérêt public, à la situation du requérant ou aux intérêts qu'il entend défendre ; qu'il en va ainsi, alors même que cette décision n'aurait un objet ou des répercussions que purement financiers et que, en cas d'annulation, ses effets pourraient être effacés par une réparation pécuniaire ; qu'il appartient au juge des référés, saisi d'une demande tendant à la suspension d'une telle décision, d'apprécier* ***concrètement,*** *compte tenu des justifications fournies par le requérant, si les effets de celle-ci sur la situation de ce dernier ou, le cas échéant, des personnes concernées, sont de nature à caractériser une urgence justifiant que, sans attendre le jugement de la requête au fond, l'exécution de la décision soit suspendue ;* », CE, 19 janvier 2001, Confédération nationale des radios libres, n°228815.

Puisque l'urgence s'apprécie objectivement et compte tenu de l'ensemble des circonstances de chaque espèce, il appartient au juge de **faire apparaître dans sa décision tous les éléments qui**, eu égard notamment à l'argumentation des parties, **l'ont conduit à considérer que la suspension demandée revêtait un caractère d'urgence** (CE, 28 février 2001, préfet des Alpes Maritimes et Sté Sud-Est assainissement, n°229562, 229563, 229721).

Le Conseil sanctionne l'ordonnance d'un tribunal qui ne répond pas à l'argumentation du défendeur : « *que si, pour prononcer la suspension de la décision (...) par laquelle le maire de la commune (...) a refusé de délivrer un permis de construire à la SCI Saint-Blaise, le juge des référés du tribunal administratif de Marseille a relevé que la SCI (...) était titulaire d'une promesse de vente d'une durée de six mois et qu'elle avait contracté un emprunt pour réaliser son projet, il s'est abstenu de répondre au moyen de défense de la commune (...) , tiré de ce que la SCI (...) n'était pas fondée à se prévaloir de cette promesse de vente, dès lors que le délai de caducité de six mois prévu par ce document était expiré ; que l'ordonnance attaquée est ainsi entachée d'une* ***insuffisance de motivation*** *et doit, dès lors, et sans qu'il soit besoin d'examiner les autres moyens du pourvoi, être annulée* ; », Conseil d'État, 22 avril 2005, n°276043.

Depuis la loi ELAN qui a introduit la présomption d'urgence pour les permis et déclarations de non-opposition, il est toujours possible pour le défendeur d'invoquer des circonstances particulières qui vont donc conduire le juge à peser les intérêts des parties : « *lorsque la suspension de l'exécution d'un permis de construire est demandée sur le fondement des dispositions de l'article L. 521-1 du code de justice administrative, la condition d'urgence est en principe satisfaite ainsi que le prévoit l'article L. 600-3 du Code de l'urbanisme. Il ne peut en aller autrement que dans le cas où le pétitionnaire ou l'autorité qui a délivré le permis justifie de circonstances particulières. Il appartient alors au juge des référés, pour apprécier si la condition d'urgence est remplie,* ***de procéder à une appréciation globale de l'ensemble des circonstances de l'espèce*** *qui lui est soumise »*, Conseil d'État, 6 octobre 2021, n°445733.

Le juge administratif doit donc se livrer à un exercice d'équilibre et mesurer l'impact de la suspension comme du maintien de la décision contestée.

Quelques exemples permettent de comprendre ledit exercice auquel se livre le juge.

* Conseil d'État, 23 novembre 2016, n°398068, pour un refus de permis :

Il s'agissait dans cette espèce d'une demande au juge des référés, sur le fondement de l'article L. 521-1 du code de justice administrative, de suspendre l'exécution de la décision de refus de permis de construire en vue de la modification et du changement de destination d'un entrepôt et d'enjoindre au maire de procéder à un réexamen de sa demande de permis de construire dans un délai de quinze jours. Le juge devait dans ce cas de figure apprécier les conséquences qui seraient susceptibles de résulter, pour les divers intérêts en présence.

À cette occasion, le Conseil d'État indique :

« En ce qui concerne une décision de refus de permis de construire, il appartient au juge des référés, lorsqu'il est saisi d'une demande de suspension, d'apprécier concrètement, compte tenu des justifications fournies par le requérant, si les effets du refus de permis litigieux sont de nature à caractériser une urgence justifiant que, sans attendre le jugement de la requête au fond, l'exécution de la décision soit suspendue. À cette fin, l'urgence s'apprécie objectivement et compte tenu de l'ensemble des circonstances de chaque espèce, en tenant compte, notamment, des conséquences qui seraient susceptibles de résulter, pour les divers intérêts en présence, de la délivrance d'un permis de construire provisoire à l'issue d'un réexamen de la demande ordonné par le juge des référés ».

Le rappel des faits éclaire le raisonnement du juge. Une société de contrôle technique de poids lourds, souhaitant développer une activité pour véhicules légers via une filiale, rencontre des difficultés avec un concurrent et l'installation de gens du voyage sur son site. Elle décide alors d'acheter de nouveaux entrepôts et y entreprend des travaux sans autorisation. L'administration ordonne l'interruption des travaux, ce qui conduit l'entreprise à déposer une demande de permis de régularisation. Entre-temps, un incendie détruit le premier site et le permis de construire pour le second est refusé.

Pour justifier l'urgence qui s'attache à la suspension de la décision par laquelle le maire de la commune a refusé de lui accorder un permis de construire, la SCI fait valoir que, du fait de la survenue de l'incendie ayant affecté le site initial d'exploitation, le refus de permis rend impossible la poursuite de l'exploitation de l'activité de contrôle technique sur le second site, faute de lieu d'exploitation, et que cette situation porte atteinte de manière grave et immédiate à sa situation et à celle de sa société mère.

Cependant, pour le Conseil d'État, la société a fait preuve de légèreté en commençant des travaux sur un second entrepôt sans aucune précaution sachant qu'elle avait des problèmes de voisinage sur son site premier avant l'incendie et il s'avère de plus qu'elle ne prouve pas que sa santé financière est compromise sachant qu'elle exploite plusieurs autres centres de contrôle technique. La légèreté de la société justifiera le rejet de la demande de suspension de la décision de refus du maire :

« *La requérante, qui n'a sollicité un permis de construire qu'après l'arrêté ordonnant l'interruption des travaux entrepris sans autorisation, s'est, par son imprudence, privée des moyens susceptibles de lui permettre de s'assurer que le nouveau local dont elle faisait l'acquisition serait propre à permettre d'y transférer l'activité de contrôle technique automobile à laquelle elle le destinait* ».

La requête ne présente donc pas le caractère d'urgence requis.

* Appréciation des éléments fournis pour apprécier la gravité de la situation

** Le refus de délivrer un permis de construire de régularisation opposée à un pétitionnaire condamné par une juridiction de l'ordre judiciaire à démolir une construction irrégulièrement réalisée peut satisfaire à la condition de l'urgence dès lors qu'existe un risque de démolition d'office : CE, 5 mars 2006, société La Frênaie, n°285655, pour la réalisation sans permis de construire des travaux d'extension d'un bâtiment à usage d'habitation

« *... en jugeant que ne devait pas être prise en compte la démolition d'office susceptible d'être menée par l'autorité administrative, pour apprécier l'urgence à suspendre le refus par le maire de Bressuire de délivrer un permis de construire de régularisation, le juge des référés a commis une erreur de droit, quelle que soit la durée de la situation irrégulière dans laquelle les intéressés s'étaient placés ; que son ordonnance doit, par suite, être annulée* ; ».

** Sur la thématique des coûts engagés :

Concernant l'urgence à suspendre le refus d'un permis de construire du seul fait que le requérant a contracté un prêt bancaire pour l'achat du terrain, ou engagé des frais tout est question des circonstances de l'affaire.

- Le Conseil a admis la question des frais engagés dans la configuration suivante : « *Considérant qu'il est constant que la SCI Saint-Blaise a conclu, le 5 mai 2004, une promesse de vente relative au terrain d'assiette du projet, assortie d'un délai de caducité de six mois et d'une condition suspensive tenant à la délivrance d'un permis de construire « purgé du recours des tiers » ; qu'il ressort des pièces du dossier que, nonobstant l'expiration du délai prévu par cette convention et l'existence de la condition suspensive qu'elle comporte, le vendeur de la parcelle a indiqué attendre l'issue de la procédure de référé pour décider ou non de poursuivre la vente ; que, dans ces conditions, et eu égard aux frais déjà engagés par la SCI pour réaliser l'opération, cette société justifie de l'urgence à obtenir la suspension de la décision contestée* », Conseil d'État, 22 avril 2005, n°276043.

- La charge de la preuve de l'urgence qui pèse sur le requérant peut être assez lourde ; ainsi, le simple le fait que le pétitionnaire invoque, sans les établir par des documents comptables ou financiers, des frais importants en vue de la réalisation d'une opération immobilière et que, compte tenu de la nature de cette opération, le retard pris dans sa mise en œuvre rend plus urgente chaque jour l'obtention du permis demandé ne suffit pas à caractériser une situation d'urgence : CE, 23 mars 2005, commune de Castres, n°26656. L'urgence est d'autant moins établie que le pétitionnaire tarde à saisir le juge (même arrêt).

- Il y a une urgence pour un constructeur à obtenir la suspension d'un troisième refus de permis de construire alors que sa situation financière est affectée par des retards successifs apportés à l'instruction de sa demande de permis de construire, d'autant plus que les travaux ont été entrepris sur la base d'un permis tacite qu'il considérait comme obtenu (CE, 2 février 2004, n°257450).

** Concernant des décisions qui ont pour effet l'interruption d'un chantier en raison de la déclaration de caducité d'un permis de construire. Quid de l'urgence ?

Une déclaration de caducité d'un permis de construire peut faire l'objet d'un référé suspension. Le juge, pour admettre l'urgence, cumule l'appréciation des conséquences économiques de l'interruption du chantier qui en découle pour le constructeur et des risques encourus, le cas échéant, par les bâtiments situés sur et à proximité du terrain concerné : CE, 28 avril 2004, SAIC la Gauloise, n°263806.

Au-delà des circonstances propres à chaque affaire qui sont appréciées en cassation par le Conseil d'État, celui-ci peut reconsidérer l'analyse juridique du juge de première instance. C'est le cas lorsqu'il confond une décision de refus avec une décision de retrait, C.E. 7 juillet 2008, n°310985.

B. Disparition de la condition d'urgence

Alors que le référé suspension se fonde sur la condition d'urgence, même présumée, le législateur a estimé que dans certains cas, l'auteur du référé était tout simplement dispensé de cette condition.

Cette règle se rencontre dans certaines hypothèses particulières, notamment à l'occasion du contrôle de légalité exercé par le préfet, mais aussi en cas de recours exercé par d'autres personnes publiques ou encore lorsque le recours poursuit un but de protection de l'environnement.

a. L'article L. 554-1 du CJA, prérogative du préfet

L'article L. 554-1 du CJA mentionne un régime spécial de suspension qui peut être invoqué par le préfet lors de l'exercice du contrôle de légalité. Ce cas de figure est appréhendé par le 3e alinéa de l'article L. 2131-6 du Code général des collectivités territoriales (CGCT) relatif aux demandes de suspension assortissant les requêtes du représentant de l'État dirigées contre les actes des communes, d'autres collectivités ou établissements.

Selon l'article L. 2131-6 du CGCT :

« *Le représentant de l'État dans le département défère au tribunal administratif les actes mentionnés à l'article L. 2131-2*[40] *qu'il estime contraires à la légalité dans les deux mois suivant leur transmission.*

Sur demande du maire, le représentant de l'État dans le département l'informe de son intention de ne pas déférer au tribunal administratif un acte transmis en application des articles L. 2131-1 à L. 2131-5. Lorsque le représentant de l'État dans le département défère un acte au tribunal administratif, il en informe sans délai l'autorité communale et lui communique toutes précisions sur les illégalités invoquées à l'encontre de l'acte concerné[41]*.*

Le représentant de l'État peut assortir son recours d'une demande de suspension. Il est fait droit à cette demande si l'un des moyens invoqués paraît, en l'état de l'instruction, propre à créer un doute sérieux quant à la légalité de l'acte attaqué[42]*. Il est statué dans un délai d'un mois. Il est fait droit à cette demande de suspension formulée par le représentant de l'État dans les dix jours à compter de la réception de l'acte, si l'un des moyens invoqués paraît, en l'état de l'instruction, propre à créer un doute sérieux quant à la légalité de l'acte attaqué. Il est statué dans un délai d'un mois.*

Jusqu'à ce que le président du tribunal administratif ou le magistrat délégué par lui ait statué, la demande de suspension en matière d'urbanisme, de marchés et de délégation de service public formulée par le représentant de l'État dans les dix jours à compter de la réception de l'acte entraîne la suspension de celui-ci. Au terme d'un délai d'un mois à compter de la réception, si le juge des référés n'a pas statué, l'acte redevient exécutoire.

[40] Le 6° de l'article mentionne : « *Le permis de construire et les autres autorisations d'utilisation du sol et le certificat d'urbanisme délivrés par le maire ou le président de l'établissement public de coopération intercommunale, lorsqu'il a reçu compétence dans les conditions prévues aux articles L. 422-1 et L. 422-3 du Code de l'urbanisme ;* »

[41] En pratique le préfet informe le maire des difficultés juridiques soulevées par l'acte avant de saisir le juge.

[42] Une seule condition apparaît, celle de l'urgence ayant disparu.

Lorsque l'acte attaqué est de nature à compromettre l'exercice d'une liberté publique ou individuelle, ou à porter gravement atteinte aux principes de laïcité et de neutralité des services publics, le président du tribunal administratif ou le magistrat délégué à cet effet en prononce la suspension dans les quarante-huit heures. La décision relative à la suspension est susceptible d'appel devant le Conseil d'État dans la quinzaine de la notification. En ce cas, le président de la section du contentieux du Conseil d'État ou un conseiller d'État délégué à cet effet statue dans un délai de quarante-huit heures.

L'appel des jugements du tribunal administratif ainsi que des décisions relatives aux demandes de suspension prévues aux alinéas précédents, rendus sur recours du représentant de l'État, est présenté par celui-ci ».

Cette prérogative au profit du préfet a été précisée par le Conseil d'État dans une décision publiée au Lebon.

Dans une affaire rendue en 2017, le Conseil d'État indiqué la portée de cette disposition du CGCT : « *il résulte de ces dispositions du Code général des collectivités territoriales, dans leur rédaction issue de la loi du 30 juin 2000, et notamment du sixième alinéa de l'article L. 2131-6, que lorsque le juge des référés du tribunal administratif se prononce sur une demande de suspension présentée par le représentant de l'État en application de cet article, sa décision, qui n'entre pas dans le champ d'application des articles L. 521-1 à L. 523-1 du code de justice administrative relatifs au juge des référés statuant en urgence, est susceptible de faire l'objet d'un appel* ». Dans cette espèce, le préfet avait également fait appel devant la Cour administrative du jugement du tribunal et à nouveau demandé la suspension.

Le Conseil a précisé de surcroît que « *alors même que le premier alinéa de l'article L. 2131-6 du Code général des collectivités territoriales ne mentionne expressément que le tribunal administratif, il résulte du troisième alinéa de cet article que le représentant de l'État, eu égard aux missions que l'article 72 de la Constitution confie au préfet, peut assortir d'une demande de suspension l'appel qu'il relève du jugement rendu par le tribunal administratif statuant sur sa demande d'annulation de l'acte qu'il lui a déféré* ».

Cependant, « *le respect du principe de libre administration des collectivités territoriales impose que le caractère suspensif du référé sur déféré ne s'applique, en vertu du quatrième alinéa,* ***que lorsqu'il est présenté au juge des référés du tribunal administratif*** », CE, 8 février 2017, ministre du Logement et de l'Habitat durable c/ Commune de Chens-sur-Léman, n° 402417, Lebon.

b. L'extension par l'article L. 600-3 à d'autres personnes publiques

L'article L. 600-3 du Code de l'urbanisme prévoit que non seulement l'État, mais aussi *« la commune ou l'établissement public de coopération intercommunale, peuvent, lorsqu'ils défèrent à un tribunal administratif une décision relative à un permis de construire ou d'aménager et assortissent leur recours d'une demande de suspension, demander qu'il soit fait application des dispositions prévues aux troisième et quatrième alinéas de l'article L. 2131-6 du Code général des collectivités territoriales »*, pour obtenir une suspension facilitée et sans condition d'urgence.

Le juge des référés statue dans un délai d'un mois et si au terme de ce délai d'un mois à compter de la réception de la demande, le juge des référés n'a pas statué, l'acte redevient exécutoire.

c. La suspension facilitée en vue de protéger l'environnement

Il s'agit d'un régime spécial envisagé par le Code de justice administrative.

Cette modalité est en effet appréhendée par les articles L. 554-11 et L. 554-12 du CJA depuis la loi du 30 juin 2000, puis remaniée notamment lors de la loi Grenelle II du 12 juillet 2010 :

Se trouvent visés d'une part le cas d'une autorisation ou d'un projet d'aménagement qui ne respecterait pas les règles de consultation, d'autre part le cas des projets, plans, programmes ou autres documents de planification non respectueux des règles de l'enquête publique : « *La décision de suspension d'une autorisation ou d'une décision d'approbation d'un projet d'aménagement entrepris par une collectivité publique obéit aux règles définies par l'article L. 123-16 du code de l'environnement* ». De même, « *la décision de suspension d'une décision d'aménagement soumise à une enquête publique préalable obéit aux règles définies par l'article L. 123-16 du code de l'environnement* ».

Dans les deux cas de figure, il est question de décisions ayant impliqué au préalable une consultation publique de dossiers avec un rapport d'un commissaire enquêteur ou d'une commission d'enquête selon l'importance du projet. Or, ceux-ci peuvent conclure défavorablement. Et, selon l'article L123-16 : « *Le juge administratif des référés, saisi d'une demande de suspension d'une décision prise après des conclusions défavorables du commissaire enquêteur ou de la commission d'enquête, fait droit à cette demande si elle comporte un moyen propre à créer, en l'état de l'instruction, un doute sérieux quant à la légalité de celle-ci.*

Tout projet d'une collectivité territoriale ou d'un établissement public de coopération intercommunale ayant donné lieu à des conclusions défavorables du commissaire enquêteur ou de la commission d'enquête doit faire l'objet d'une délibération motivée réitérant la demande d'autorisation ou de déclaration d'utilité publique de l'organe délibérant de la collectivité ou de l'établissement de coopération concerné ». En pratique, sont visés les projets, plans, programmes ou autres documents de planification. On note encore une fois que la condition d'urgence a disparu.

Bien évidemment, le juge fait également droit à toute demande de suspension d'une décision prise **sans** que l'enquête publique requise ait eu lieu, en cas d'**absence de mise à disposition** du public de l'évaluation environnementale ou de l'étude d'impact, ou de tous documents imposés (avis d'autorités, notamment de l'État, en raison des conséquences notables sur l'environnement en raison desdits projets de plans ou de programmes).

* Illustrations

** Concernant une carte communale

- Dans une affaire jugée par le Conseil d'État (CE, 19 mars 2008, Min. des transports, de l'équipement, du tourisme et de la mer c/ Assoc. pour la sauvegarde du Gers, n°305593) la suspension d'une carte communale a été obtenue sur le fondement de l'article L. 554-12 du code de justice administrative. L'obtention de la suspension de l'arrêté préfectoral approuvant le projet de carte communale s'explique par le fait qu'il a été pris après des conclusions défavorables du commissaire enquêteur et que le Conseil fait application aux cartes communales des règles s'imposant aux autres documents d'urbanisme. Dans cette espèce, le Conseil d'État précise : « *En vertu de l'article R. 124-6 du Code de l'urbanisme, les projets de cartes communales sont soumis à enquête publique dans les formes prévues par les articles R. 123-7 à R. 223-23 du code de l'environnement. Bien qu'elles ne soient, à la différence des plans locaux d'urbanisme, mentionnées ni à l'article R. 123-1 ni à l'article R. 123-2 de ce code, qui énumèrent les catégories d'aménagements d'ouvrages et de travaux qui doivent être précédés de l'enquête publique prévue aux articles L. 123-1 et suivants, ces cartes communales entrent ainsi dans le champ d'application de l'article L. 554-12 du code de justice administrative, qui ne fait que se référer à l'article L. 123-12 du code de l'environnement, dès lors que la même procédure d'enquête publique leur est applicable* ».

Par ailleurs, on notera que l'élaboration d'une carte communale est soumise à évaluation environnementale de façon systématique lorsque le territoire comprend en tout ou partie un site Natura 2000. Dans les autres cas, la procédure d'élaboration fait l'objet d'un examen au cas par cas par l'autorité environnementale[43].

---

[43] Depuis le décret n° 2026-146 du 2 mars 2026 portant modification du régime relatif à l'évaluation environnementale et aux critères de saisine de la Commission nationale du débat public, l'autorité environnementale est la formation d'autorité environnementale de l'inspection générale de l'environnement et du développement durable

Cet état du droit résultant du code de justice administrative est plutôt avantageux car de façon générale, la condition relative à l'urgence n'est pas remplie pour les documents d'urbanisme et parce que le juge considère que ce sont des actes qui ne sont pas susceptibles par eux-mêmes de faire l'objet d'une exécution immédiate, leur mise en œuvre supposant l'intervention de décisions ultérieures. Il en résulte que, pour les documents d'urbanisme, l'urgence à suspendre se rencontre rarement. Comme le précise le Conseil d'État, « *l'objet et le contenu* » desdits documents ainsi que ceux des procédures d'établissement et de modification y afférentes font que le plus souvent l'urgence n'existe pas (CE, 25 avr. 2001, Assoc. des habitants du littoral du Morbihan c/ Cne de Baden, n°230025, Lebon) »[44].

Le référé-suspension d'une carte communale n'a pas été reconnu pour une association qui se trouve dans l'impossibilité d'établir les conséquences certaines d'une planification. Dans une affaire jugée par le Conseil d'État (CE, 11 janv. 2006, Assoc. « Défense du site caussolois », n°282217), on peut comprendre qu'il est quasiment impossible de faire suspendre un document d'urbanisme tel qu'une carte communale en l'espèce.

Une association de défense de l'environnement peut être fondée à demander la suspension des effets de l'acte approuvant la carte communale (sachant que l'adoption de la carte communale est subordonnée à une double approbation, celle du conseil municipal, puis celle du préfet), quand bien même les projets dont le document litigieux permet la réalisation sont soumis à la délivrance ultérieure d'autorisations individuelles. Il appartient, toutefois, au requérant de rapporter quasiment la « preuve » de l'urgence. En l'espèce, l'association alléguait que « *l'entrée en vigueur de la carte communale était de nature à porter des atteintes irréversibles à des zones agricoles et des terrains boisés classés mais n'en établissait pas l'immédiateté et la gravité* ».

** Concernant le POS ou PLU(i) : hypothèse plausible, la suspension partielle.

La loi précise que la suspension peut concerner la totalité de la décision ou seulement certains de ses effets. Les documents d'urbanisme étant par nature « divisibles », la suspension peut n'être prononcée que pour certains de leurs éléments : un zonage, les limites d'une zone, telle ou telle servitude, etc.

- Le propriétaire justifie l'urgence à suspendre la délibération d'un conseil municipal approuvant la révision d'un POS et déclassant ses parcelles lorsqu'il présente les éléments montrant l'ancienneté de ses projets de construction sur la parcelle en cause, acquise à cet effet et pour laquelle il a

---

[44] (...) « *Considérant que, pour rejeter la requête de l'Association des habitants du littoral du Morbihan tendant à la suspension des délibérations en date des 7 juin et 6 novembre 2000 par lesquelles le conseil municipal de Baden a décidé la révision du plan d'occupation des sols de la commune, le juge des référés du tribunal administratif de Rennes a relevé que l'urgence justifiant la suspension des décisions attaquées "ne ressort ni de la demande de l'association, ni de l'objet et de la portée" des décisions contestées* ».

obtenu un premier permis de construire contesté, et qu'il invoque le caractère grave et immédiat de l'atteinte portée à ses intérêts par le changement de classement de la parcelle qui rend impossible le projet de construction : C.E. 10 janvier 2003, société civile immobilière Rotanna. N°248458, Lebon.

Si « *l'entrée en vigueur d'un PLU est de nature, compte tenu des autorisations qu'il permet de délivrer, à aggraver les atteintes portées aux espaces naturels et agricoles, notamment au littoral, et à mettre en danger les personnes en ne les empêchant pas de résider dans des zones à risques, ces circonstances, aux termes de la jurisprudence, ne sont pas de nature à faire regarder la condition d'urgence posée par l'article L. 521-1 du code de justice administrative comme remplie* » (CE 5 nov. 2004, Assoc. pour la sauvegarde du patrimoine martiniquais, n°260229, Lebon).

- L'urgence à exécuter dans l'intérêt général l'emporte sur l'urgence à suspendre dans un intérêt privé (pour la révision d'un POS afin de prendre en compte un projet d'intérêt général : CE, 5 novembre 2001, Cne du Cannet-des-Maures, n° 234396, Lebon).

5. Le recours exceptionnel au référé-liberté comme procédure d'urgence

Le référé-liberté permet d'améliorer la protection des libertés fondamentales par le juge de l'urgence, en pratique, le plus souvent, la propriété privée, afin d'enjoindre la cessation de l'atteinte (d'où l'appellation de référé-injonction également donnée à ce référé). Récemment, le droit à un environnement sain (article 1er de la Charte de l'environnement) a été érigé par le Conseil d'État en liberté fondamentale et un référé liberté a été admis sur ce fondement lors de travaux d'aménagement (élargissement de la voirie). C'est un nouveau champ qui pénètre le référé-liberté mais sa mise en œuvre risque d'être assez rare.

Le référé-liberté mérite quelques éclairages sur la notion telle qu'appréhendée par le code de justice administrative et par la jurisprudence.

§. 1. La notion selon le code de justice administrative

Il est possible de recourir à ce type de référé, lorsqu'en plus de l'urgence, le requérant considère qu'une personne morale de droit public ou un organisme de droit privé chargé de la gestion d'un service public porte une atteinte grave et manifestement illégale à une liberté fondamentale dont il estime pouvoir jouir. Cette atteinte ne résulte pas nécessairement d'une décision, mais aussi d'un comportement de l'administration, tel que l'inertie. Le juge est un protecteur qui peut très rapidement mettre un terme au problème soulevé si du moins il estime les conditions réunies.

Selon L 521-2 CJA : « *Saisi d'une demande en ce sens justifiée par l'urgence, le juge des référés peut ordonner toutes mesures nécessaires à la sauvegarde d'une liberté fondamentale à laquelle une personne morale de droit public ou un organisme de droit privé chargé de la gestion d'un service public aurait porté, dans l'exercice d'un de ses pouvoirs, une atteinte grave et manifestement illégale. Le juge des référés se prononce dans un délai de quarante-huit heures* ».

Au regard de cette considération de temps, à savoir le prononcé du juge dans les 48 heures, avec possibilité d'appel devant le Conseil d'État, qui lui-même statue alors dans le même délai de 48 heures, il en résulte que l'urgence dans le cas du référé-liberté est appréciée plus rigoureusement que pour le référé-suspension. Le référé-liberté est considéré comme une procédure exceptionnelle, d'où la nécessité de devoir faire état devant le juge d'une **urgence nettement caractérisée**.

Le requérant ne peut préférer la voie rapide du référé-liberté plutôt que celle du référé suspension car la considération d'urgence ne révèle pas la même intensité. Ainsi, il en résulte que la suspension d'un arrêté interruptif de travaux doit être demandée de manière privilégiée sur le fondement de l'article L. 521-1 et non de l'article L. 521-2 telle que le précise la décision du Conseil d'État suivante : CE 28 mars 2008, min. Écologie, Énergie, Développement durable et Aménagement du territoire c/ Mme Kadri, n°314368. Le considérant du juge est éclairant « ... ***qu'en distinguant*** *les deux procédures ainsi prévues par les articles L. 521-1 et L. 521-2, le législateur a entendu répondre à* ***des situations différentes*** *; que les conditions auxquelles est subordonnée l'application de ces dispositions ne sont pas les mêmes, non plus que les pouvoirs dont dispose le juge des référés ; qu'en particulier, le requérant qui saisit le juge des référés sur le fondement des dispositions de l'article L. 521-2 du code de justice administrative doit justifier des circonstances particulières caractérisant la nécessité pour lui de bénéficier à très bref délai d'une mesure de la nature de celles qui peuvent être ordonnées sur le fondement de cet article ; qu'en principe, hors les cas où il est justifié de telles circonstances, la situation née de l'arrêté interruptif de travaux pris par le maire agissant au nom de l'État sur le fondement de l'article L. 480-2 du Code de l'urbanisme ne répond pas à cette exigence* ». On comprend donc que dans cette affaire relative à une demande de suspension d'un arrêté interruptif de travaux qui prive du droit de disposer de son bien (ou du moins le retarde), le requérant verra sa requête rejetée d'autant qu'il se prévaut d'une situation d'urgence qui était la conséquence de sa négligence (travaux de démolition réalisés au bulldozer [qui n'auraient pas dû être tolérés par la bénéficiaire du permis] d'une partie de la construction et portant atteinte au maintien de la partie à conserver, en l'espèce, un vieux pigeonnier, comme prévu par le permis de construire).

L'urgence comme l'atteinte grave et manifestement illégale à une liberté publique sont deux conditions cumulatives et distinctes (CE, 23 mars 2001, Sté Lidl, n° 231559, Lebon). L'urgence n'est pas caractérisée par l'atteinte au droit portée à la liberté protégée. Une décision administrative peut provoquer une atteinte grave à une liberté fondamentale sans que le juge estime qu'il y ait urgence à enjoindre ou à suspendre.

La décision précitée explicite clairement cette double exigence. Dans cette affaire, un maire avait délivré à la société LV4 Promotion un permis de construire pour un bâtiment destiné notamment au commerce de l'habillement. Avant la fin des travaux, la société Lidl a acheté le bâtiment en l'état futur d'achèvement et a voulu y installer un commerce alimentaire sans demander le transfert du permis de construire, contrairement aux exigences du code de la construction et de l'habitation.

Constatant cette irrégularité, le maire a pris un arrêté interruptif de travaux et a fait apposer des scellés sur la porte principale du bâtiment. La plainte déposée par la commune a été classée sans suite par le procureur, les travaux ayant été achevés entre-temps, la décision d'apposer les scellés est jugée entachée d'illégalité manifeste. Le juge administratif estime en effet que l'apposition des scellés porte une atteinte grave à une liberté fondamentale, celle de la libre disposition du bien par son propriétaire. « *En revanche, n'est pas établie la situation d'urgence de nature à justifier le prononcé de la mesure d'injonction sollicitée, la société se bornant à faire état d'une "situation particulièrement dommageable" sans apporter aucun élément concret d'appréciation et le préjudice commercial allégué n'étant qu'éventuel dès lors que la société ne s'est pas conformée à la législation sur l'urbanisme commercial* ».

L'usage de cette procédure a conduit le juge administratif à préciser, au fil des décisions, la notion de liberté fondamentale adaptée au cas du droit de l'urbanisme. Peuvent être notamment concernées la libre administration des collectivités locales, liberté de culte, liberté de réunion, liberté d'entreprendre, libre disposition de ses biens par des propriétaires comme locataires (...).

§. 2. Des illustrations peu fréquentes

Quelques décisions, mais particulièrement topiques seront évoquées pour éclairer l'utilisation de l'article L. 521-2 du CJA dans le droit de l'urbanisme.

A. Thèmes de la libre circulation et du droit de propriété

- CE, 31 mai 2001, Commune de Hyères, n°234226, Lebon : « *Le libre accès des riverains à la voie publique constitue un accessoire du droit de propriété, lequel a le caractère d'une liberté fondamentale au sens de l'article L. 521-2 du code de justice administrative. La suppression par une commune, à l'occasion de travaux de réfection d'une chaussée et de trottoirs, de l'accès à des locaux édifiés sur la base de permis de construire prévoyant leur usage comme garages ou entrepôts, et ayant d'ailleurs été utilisés à cette fin jusqu'en 1990, constitue une atteinte grave et manifestement illégale à cette liberté* ».

Plus récemment, le juge des référés a examiné les requêtes portant sur l'installation, par la commune de Mougins, de plots en béton bloquant l'accès aux terrains appartenant à deux requérants, membres de la communauté des gens du voyage. Ces plots empêchent l'entrée et la sortie de leurs caravanes, qui constituent leur seul domicile. Malgré l'argument de sécurité routière avancé par la commune, le juge estime que celle-ci pouvait adopter d'autres mesures sans priver les intéressés de l'accès à leur propriété. Cette obstruction caractérise une atteinte grave et manifestement illégale à une liberté fondamentale (liberté de circulation et droit de propriété). En conséquence, le juge confirme l'ordonnance ordonnant à la commune de retirer les dispositifs (CE, 7 juin 2021, commune de Mougins, n° 452849).

B. Thèmes de la liberté du commerce et du droit de propriété

L'arrêté d'un maire qui interdit la circulation sur une partie des voies de la commune, empêchant l'accès à une entreprise par des camions, sans que cette situation soit justifiée par des impératifs de sécurité publique, porte atteinte à la liberté du commerce et industrie et se voit caractérisé par une urgence à être mis en échec (CE, 26 novembre 2004, Commune de Wingles, n° 274226).

C. Thème de la sécurité des personnes

- Un préfet avait autorisé la vente des lots d'un lotissement et indiqué que des permis de construire pouvaient y être délivrés. Après la découverte d'un important dépôt de munitions enfoui sous le terrain, il a retiré cette autorisation. Saisi en urgence, le juge des référés a ordonné au préfet de commencer, dans un délai de quinze jours, les opérations nécessaires : enlèvement des obus trouvés, recherche, neutralisation et destruction de toutes les autres munitions encore présentes dans le sous-sol. Même si la situation imposait effectivement une intervention rapide pour protéger les acquéreurs des lots, l'enquête ne montre pas que l'administration aurait laissé durer le danger plus longtemps que raisonnablement ou qu'elle aurait contribué à aggraver les risques. « *Si la nécessité de préserver la sécurité publique retarde la réalisation des projets de construction prévus dans le lotissement, ce retard qui, dans les circonstances de l'espèce, ne peut, en tout état de cause, être regardé comme constituant une atteinte grave et manifestement illégale à une liberté fondamentale, n'est pas imputable à l'administration qui a, au contraire, pris dans les délais les plus rapides compatibles avec la difficulté, la complexité et les risques inhérents aux opérations de déminage les mesures propres à permettre l'exercice normal des droits du lotisseur et des acquéreurs de lots. Annulation de l'ordonnance attaquée* », CE, 6 avril 2001, SARL Le vivier, n° 232124.

- L'urgence ne sera pas reconnue à l'égard de la contestation d'un arrêté interdisant l'accès à un bâtiment vétuste et dangereux servant de lieu de culte alors même que des locaux adéquats, salubres et sécurisés ont été proposés par l'administration (CE, 10 août 2001, n°237004).

- Le droit à la vie, concernant les travaux de démolition aux Halles à Paris, risquant de porter atteinte à la vie des personnes.

Le droit à la vie, protégé par l'article 2 de la Convention européenne des droits de l'homme, constitue une liberté fondamentale. Le juge des référés peut donc intervenir en urgence lorsque l'action ou l'inaction de l'administration crée un danger grave et imminent pour la vie des personnes. Dans l'affaire des travaux de démolition au Forum des Halles à Paris, un incident est survenu le 20 septembre 2011 : une dalle au-dessus d'un magasin de prêt-à-porter a été percée par erreur, entraînant des chutes de béton. L'expert judiciaire a alors recommandé la suspension provisoire des travaux et l'adoption d'une nouvelle méthode de démolition. Une nouvelle méthodologie a été rapidement élaborée, validée tant par les experts que les architectes et communiquée aux parties. Elle prévoit des sondages préalables, des techniques de démolition moins agressives et des dispositifs de surveillance et de protection supplémentaires.

Malgré cela, la société a demandé en urgence la suspension des travaux. Le juge des référés du tribunal administratif a ordonné l'arrêt des travaux pendant 72 heures pour que des réparations soient faites et qu'un contrôle renforcé soit mis en place. Cependant, après examen, il apparaît d'une part que le seul dommage constaté était limité aux percements accidentels du 20 septembre, d'autre part que la nouvelle méthodologie de démolition écartait le risque de nouveaux incidents, ensuite qu'aucun danger grave et imminent pour la vie des personnes n'était établi, et qu'enfin le juge des référés ne pouvait pas utilement intervenir dans un délai aussi court.

En conséquence, la Ville de Paris et la SEM PariSeine obtiennent gain de cause : la décision du tribunal administratif ordonnant la suspension des travaux est annulée, faute d'atteinte grave et manifestement illégale au droit à la vie justifiant une intervention en urgence. « *Considérant que l'ensemble de ces circonstances ne fait pas apparaître de danger caractérisé et imminent pour la vie des personnes et, au surplus, ne permet pas davantage au juge des référés de prendre utilement des mesures de sauvegarde dans un délai très bref ; qu'ainsi, contrairement à ce qu'a estimé le juge des référés du tribunal administratif de Paris, il ne résulte pas de l'instruction que l'autorité publique aurait porté une atteinte grave et manifestement illégale à une liberté fondamentale dans des conditions susceptibles de constituer une situation d'urgence particulière et de nature, en conséquence, à justifier l'usage des pouvoirs que le juge des référés tient de l'article L. 521-2 du code de justice administrative* », CE, 16 novembre 2011, Ville de Paris et Société d'Économie Mixte PariSeine, n° 353172 et 353173, Lebon.

D. Thème du droit de vivre dans un environnement équilibré et respectueux de la santé

Le Conseil d'État a reconnu en 2022 le droit à un environnement sain comme nouvelle liberté fondamentale.

Dans une ordonnance assez récente, le Conseil d'État a considéré que « *le droit de chacun de vivre dans un environnement équilibré et respectueux de la santé, tel que proclamé par l'article premier de la Charte de l'environnement, présente le caractère d'une liberté fondamentale au sens de l'article L. 521-2 du CJA (...). Toute personne justifiante, au regard de sa situation personnelle, notamment si ses conditions ou son cadre de vie sont gravement et directement affectés, ou des intérêts qu'elle entend défendre, qu'il y est porté une atteinte grave et manifestement illégale du fait de l'action ou de la carence de l'autorité publique peut saisir le juge des référés sur le fondement de cet article (...). Il lui appartient alors de faire état de circonstances particulières caractérisant la nécessité pour elle de bénéficier, dans le très bref délai prévu par ces dispositions, d'une mesure de la nature de celles qui peuvent être ordonnées sur le fondement de cet article. (...) Dans tous les cas, l'intervention du juge des référés dans les conditions d'urgence particulière prévues par l'article L. 521-2 est subordonnée au constat que la situation litigieuse permette de prendre utilement et à très bref délai les mesures de sauvegarde nécessaires (...). Compte tenu du cadre temporel dans lequel se prononce le juge des référés saisi sur le fondement de l'article L. 521-2, les mesures qu'il peut ordonner doivent s'apprécier en tenant compte des moyens dont dispose l'autorité administrative compétente et des mesures qu'elle a déjà prises* », Conseil d'État, 20 septembre 2022, n°451129, Lebon.

Les faits étaient les suivants. En 2016, le conseil départemental du Var décide de recalibrer la route départementale 29, avec la création d'une voie cyclable à La Crau. Les travaux commencent en 2021. Les requérants, qui possèdent un laboratoire voisin et étudient depuis longtemps les espèces protégées présentes sur le site, demandent en urgence la suspension des travaux, estimant qu'ils menacent irrémédiablement ces espèces. Le juge des référés en première instance rejette leur demande, estimant notamment que la protection de l'environnement n'est pas une liberté fondamentale. Saisi en cassation, le Conseil d'État annule cette décision, rappelant que la protection de l'environnement constitue une liberté fondamentale au sens de l'article L. 521-2 du CJA.

Cependant, sur le fond du dossier, il constate que le projet a été décidé dès 2016 et qu'il a donné lieu à diverses autorisations administratives en 2020 que les requérants n'ont jamais contestées. Dès lors, ils n'ont pas agi avec diligence et la condition d'urgence particulière nécessaire pour suspendre les travaux n'est pas remplie.

- Une affaire similaire a été portée devant le Conseil d'État sur le fondement de l'article L. 521-2 (Conseil d'État, 6 juin 2025, n°504749), concernant une demande afin de juger que les travaux d'une zone d'aménagement concertée (ZAC) doivent être arrêtés ou suspendus et que des mesures conservatoires doivent être prises.

Tout en admettant la recevabilité de la requête fondée sur le référé liberté, le juge des référés a rejeté la demande, estimant que la condition d'urgence particulière n'était pas remplie. Elle a relevé que la ZAC est un projet ancien (sa phase de création remonte à 2003-2004), que plusieurs autorisations environnementales ont été délivrées au fil du temps, sans jamais être contestées, que les travaux sont encadrés par les autorisations environnementales, et enfin que rien ne montre que la commune ou la société d'aménagement aurait ignoré les impératifs de protection de l'écosystème du lieu concerné. Le Conseil d'État confirme que l'association n'apporte aucun élément remettant sérieusement en cause cette appréciation : l'urgence caractérisée n'est pas démontrée, la requête de l'association est donc rejetée.

- Citons enfin le contentieux relatif à la décision de la préfète du Val-de-Marne qui a autorisé l'abattage de 108 arbres à Champigny-sur-Marne dans le cadre de travaux d'aménagement, avec obligation d'en replanter 120. Beaucoup d'arbres étaient malades et présentaient un risque de contagion. Les requérants contestaient cette décision sur le fondement de l'article L. 521-2 en invoquant des erreurs du rapport, des irrégularités et l'absence de mesures d'évitement. Ces éléments n'ont pas suffi à démontrer une atteinte grave et illégale au droit de vivre dans un environnement équilibré et respectueux de la santé qui résulterait de la poursuite des opérations d'abattage des arbres d'autant que lesdits arbres ne présentent aucune qualité justifiant leur maintien et qu'ils ne sont pas répertoriés dans le plan local d'urbanisme de la commune comme éléments arborés remarquables. Le rejet de la demande des requérants par le juge des référés est donc confirmé, Conseil d'État, 6 mars 2024, n°492212.

THÈME 2.
CONTENTIEUX DE LA RESPONSABILITÉ

En droit administratif, lorsque des requérants décident d'agir par la voie du recours de pleine juridiction, le but de ce recours est notamment de pouvoir obtenir une indemnisation en raison d'une faute commise imputable à l'administration. Cependant, une action sur le fondement de la responsabilité sans faute est également possible selon le cas de figure qui se présente, bien que bien moins fréquent.

La dualité entre responsabilité pour faute ou sans faute est envisagée par le juge administratif dans certaines affaires, en particulier concernant **l'exécution des décisions de justice faisant suite à des constructions irrégulières.** Le Conseil d'État a indiqué que le refus par une autorité administrative d'intervenir ou d'agir sur sa propre volonté ou à la demande d'un tiers peut être illégal et donc fautif. Mais il peut être aussi légal, au cas où le maire décide de faire droit à une demande de régularisation qui est juridiquement possible. Une responsabilité sans faute peut être envisagée si le refus du maire entraîne des préjudices qui seront alors susceptibles d'être indemnisés sur le fondement de la rupture d'égalité devant les charges publiques. Tout est donc question de circonstances.

Une affaire de cette nature a permis au Conseil de se prononcer ainsi à la suite de la carence de l'administration pour l'exécution d'une décision de justice. Les faits étaient les suivants : au début des années 2000, un particulier a réalisé sans permis une extension de son habitation, pour laquelle il a été condamné en 2004 à une amende et à la démolition par le Tribunal correctionnel. Après la vente judiciaire du bien en 2003, le nouveau propriétaire n'a ni démoli ni régularisé l'ouvrage. Estimant subir un préjudice, le voisin a vainement demandé à l'administration d'exécuter la décision pénale, puis a recherché la responsabilité de l'État. Ses demandes ont été rejetées successivement par le tribunal administratif, puis par la Cour administrative d'appel.

Le Conseil d'État, saisi, pose alors le considérant de principe suivant : « *il appartient au maire ou au fonctionnaire compétent, de sa propre initiative ou sur la demande d'un tiers, (...),* ***de faire procéder d'office à tous travaux nécessaires à l'exécution de cette décision de justice****, sauf si des motifs tenant à la sauvegarde de l'ordre ou de la sécurité publics justifient un refus. En outre, lorsqu'elle est saisie d'une demande d'autorisation d'urbanisme visant à régulariser les travaux dont la démolition, la mise en conformité ou la remise en état a été ordonnée par le juge pénal,* ***l'autorité compétente n'est pas tenue de la rejeter*** *et il lui appartient d'apprécier l'opportunité de délivrer une telle autorisation de régularisation, compte tenu de la nature et de la* *gravité de l'infraction relevée par le juge pénal, des caractéristiques du projet soumis à son examen et des règles d'urbanisme applicables. Dans le cas où, sans motif légal, l'administration refuse de faire procéder d'office aux travaux nécessaires à l'exécution de la décision du juge pénal, sa responsabilité pour faute peut être poursuivie. En cas de refus légal, et donc en l'absence de toute faute de l'administration, la responsabilité sans faute de l'État peut être recherchée, sur le fondement du principe d'égalité devant les charges publiques, par un tiers qui se prévaut d'un préjudice revêtant un caractère grave et spécial* », Conseil d'État, 13 mars 2019, n°408123[45].

Le juge administratif n'est pas le seul à pouvoir être saisi. En effet, le juge judiciaire peut également être sollicité, notamment lorsqu'une demande en démolition est réclamée.

Enfin, il existe également une responsabilité pénale dans la mesure où le Code de l'urbanisme prévoit des infractions (amende voire prison), outre une responsabilité pénale « classique » (homicide sans intention d'ôter la vie) si par exemple des permis ont été délivrés dans une zone exposée à un risque dont l'élu connaissait l'existence et que, par exemple, une inondation mortelle se produit. Le cas s'est notamment réalisé lors du passage de la tempête Xynthia dans les Charente-Maritime.

Le thème du contentieux de la responsabilité est donc assez large et embrasse de nombreuses configurations.

---

[45] Conclusions, DUTHEILLET de LAMOTHE L., rapporteur public, https://www.conseil-etat.fr/fr/arianeweb/CRP/conclusion/2019-03-13/408123?download_pdf

I. Le cas de la responsabilité administrative sans faute

Deux thématiques sont à développer, la responsabilité sans faute, fondée sur la rupture d'égalité des administrés devant les charges publiques et l'indemnisation rarissime des servitudes d'urbanisme

§. 1. La responsabilité sans faute, fondée sur la rupture d'égalité des administrés devant les charges publiques

La responsabilité sans faute, fondée sur la rupture d'égalité des administrés devant les charges publiques, peut trouver à s'appliquer dans le contentieux de l'urbanisme.

Des travaux de voirie parfaitement légaux peuvent parfois avoir un impact préjudiciable pour un requérant. Le cas lié à la décision du Conseil d'État, 16 octobre 1992, S.A. Garage de Garches, n°95152, Lebon, concerne un garage touché par la création d'un secteur piétonnier. La création d'un secteur piétonnier par le maire de Garches n'est pas fautive, mais les travaux ont rendu impossible l'activité du garage concerné. Cette opération d'aménagement a causé à la société un préjudice anormal et spécial engageant, sans faute, la responsabilité de la commune. La société est donc fondée à solliciter une indemnisation.

« *… en décidant, par un arrêté en date du 6 septembre 1982, dont la légalité n'est pas contestée, de créer un secteur piétonnier au centre de la ville de Garches, le maire n'a pas commis de faute susceptible d'engager la responsabilité de la commune. (...) toutefois, (...) ces travaux ont eu pour objet de transformer la partie de la rue (...), où se trouvait le garage, en zone piétonnière spécialement aménagée dans laquelle la circulation automobile a été strictement réglementée ; que ces travaux ont eu pour effet de rendre* ***l'emplacement*** *jusque-là occupé par la société requérante* ***impropre*** *à l'activité du commerce de* ***vente et de réparation automobile et de vente de carburant*** *à laquelle elle se livrait ; que la cessation de l'activité de la société requérante résulte directement de cette opération d'aménagement qui, en raison du préjudice anormal et spécial qu'elle a causé, est de nature à engager la responsabilité de la commune même en l'absence de faute* »

Une autre illustration est donnée en cas de modifications imposées par l'administration à un permis régulièrement délivré pour permettre la préservation de vestiges archéologiques (CE, 20 janvier 1989, ministre de la Culture et de la Communication c/ SCI Villa Jacob, A, n° 79367-90410, Lebon). À la suite de la mise à jour de vestiges archéologiques au cours des fouilles réalisées sur un terrain sur lequel la société civile immobilière avait obtenu un permis de construire, un permis de construire modificatif a dû être demandé et a été accordé ; « *que les* ***travaux*** *ont, en conséquence, été* ***différés*** *; que le préjudice subi par la société civile immobilière de ce fait a revêtu un caractère anormal* *et spécial et a rompu, à son détriment, l'égalité devant les charges publiques ; que ce préjudice, qui est* ***exclusivement imputable aux exigences*** *de modification du permis de construire initial formulées par l'administration, est de nature à ouvrir à la société civile immobilière "Villa Jacob" droit à réparation ».*

§. 2. L'indemnisation rarissime des servitudes d'urbanisme

Depuis un décret-loi du 25 juillet 1935, constamment réaffirmé par la suite, prévaut sauf exceptions, la non-indemnisation des servitudes d'urbanisme. L'article L.160.5 repris à l'actuel article L. 105-1 du Code de l'urbanisme ne laisse planer aucun doute sur la question, tant sa formulation est exempte d'ambiguïté : *« n'ouvrent droit à aucune indemnité les servitudes instituées par application du présent code en matière de voirie, d'hygiène et d'esthétique ou pour d'autres objets et concernant notamment, l'utilisation du sol, la hauteur des constructions, la proportion des surfaces bâties et non bâties, dans chaque propriété, l'interdiction de construire dans certaines zones et en bordure de certaines voies, la répartition des immeubles entre diverses zones ».*

Cette disposition du code irrite souvent les personnes à qui elle s'applique. Une question prioritaire de constitutionnalité portant sur l'article L. 160-5 du Code de l'urbanisme, contesté au regard du droit de propriété énoncé aux articles **2 et 17** de la Déclaration des droits de l'homme et du citoyen et du **principe constitutionnel d'égalité devant les charges publiques**, a été posée devant le Conseil d'État (CE, 16 juillet 2010, *SCI La Saulaie*, A, n° 334665, Lebon). Le Conseil d'État sans transmettre au Conseil constitutionnel la QPC, puisque celui-ci a eu plusieurs fois l'occasion de se prononcer, a considéré que *« l'article L. 160-5 du Code de l'urbanisme, (...) ne pose pas un principe général de non-indemnisation des servitudes d'urbanisme mais l'assortit expressément de deux exceptions touchant aux droits acquis par les propriétaires et à la modification de l'état antérieur des lieux et (...) ne saurait avoir ni pour objet ni pour effet, ainsi que l'a jugé le Conseil d'État statuant au contentieux dans sa décision du 3 juillet 1998 n° 158592, de faire obstacle à ce que le propriétaire dont le bien est frappé d'une servitude prétende à une indemnisation... »*

Seules les normes imposées par le Code de l'urbanisme sont concernées par ce texte ; ainsi, les autres servitudes, c'est-à-dire des servitudes administratives et non d'urbanisme proprement dites, relevant d'autres codes, obéissent en revanche à des régimes d'indemnisation qui leur sont spécifiques, et ce, même si elles ont une incidence sur l'usage des sols (cas des servitudes imposées au nom de la protection des monuments historiques, du patrimoine archéologique...).

La question a clairement été tranchée par le Conseil d'État en 2004 au sujet des servitudes liées aux plans d'exposition aux risques : CE, 29 décembre 2004, Société d'aménagement des coteaux de Saint-Blaine, A, n° 257804, Lebon. Dans cette affaire, l'action avait été engagée sur le terrain de la responsabilité sans faute de l'État et visait à obtenir la réparation des préjudices causés par l'instauration d'une servitude de non-constructibilité motivée par l'existence de risques naturels, sur des terrains que le requérant avait entrepris de lotir. Il s'agissait donc de déterminer l'étendue du droit à indemnisation. Mais le Conseil précise que : « *c'est seulement lorsqu'elles ont été instituées par application du Code de l'urbanisme que les servitudes d'urbanisme* ***peuvent****, aux termes de l'article L. 160-5 de ce code,* ***donner lieu à l'indemnisation*** *de certains dommages qu'elles ont causés, notamment lorsqu'elles ont porté atteinte à des droits acquis ; que le plan de prévention des risques litigieux a été arrêté par le préfet de Meurthe-et-Moselle le 14 décembre 1995 en application de dispositions introduites dans la loi du 22 juillet 1987 par la loi du 2 février 1995 relative au renforcement de la protection de l'environnement, ultérieurement codifiées aux articles L. 562-1 et suivants du* ***code de l'environnement*** *; que par suite, alors même qu'un tel plan de prévention des risques vaut servitude d'utilité publique et doit, en vertu de l'article L. 126-1 du Code de l'urbanisme, être annexé au plan d'occupation des sols auquel s'est substitué le plan local d'urbanisme,* ***la cour n'a pas commis d'erreur de droit*** *en jugeant que les servitudes litigieuses ne* ***pouvaient pas être regardées comme instituées par application du Code de l'urbanisme****, au sens de l'article L. 160-5 de ce code ;*

(...) qu'il résulte des termes de la loi du 2 février 1995, éclairés par ses travaux préparatoires, que le législateur a entendu faire supporter par le propriétaire concerné ***l'intégralité du préjudice*** *résultant de l'inconstructibilité de son terrain nu résultant des risques naturels le menaçant, sauf dans le cas où ce propriétaire supporterait une* ***charge spéciale et exorbitante hors de proportion avec l'objectif d'intérêt général poursuivi*** *; que la cour n'a donc pas commis d'erreur de droit en jugeant que la servitude litigieuse ne pouvait en l'espèce donner lieu à réparation ;* »

A contrario, concernant un recours intenté en vue d'annuler pour excès de pouvoir le décret du 23 août 1996 approuvant le plan de sauvegarde et de mise en valeur du secteur sauvegardé du Marais à Paris sans aucune disposition relative à l'indemnisation des préjudices résultant des prescriptions édictées par le plan, le Conseil d'État a estimé que « *le silence du décret attaqué sur ce point n'a eu* ***ni pour objet, ni pour effet, d'écarter l'application****, aux préjudices résultant des prescriptions édictées par un plan de sauvegarde et de mise en valeur en vertu des dispositions précitées du Code de l'urbanisme,* ***du régime légal d'indemnisation des servitudes d'urbanisme*** *institué par l'article L. 160-5 du même code* » (CE, 7 janvier 2000, n° 187042, société Lady Jane, Lebon)

Comme indiqué par le Conseil d'État, l'indemnisation des servitudes d'urbanisme est **possible**, mais il s'agit là **d'exceptions** soumises à des conditions strictes énoncées d'abord par le second alinéa de l'article L.105-1, à savoir : une atteinte à des droits acquis ou une modification de l'état antérieur des lieux déterminant un dommage direct, matériel et certain. La jurisprudence est particulièrement restrictive dans l'application de ce texte et concrètement les cas d'indemnisation sont très rares.

- Elle n'a jamais admis jusqu'à présent que la mise en œuvre d'une servitude portait atteinte à l'état antérieur des lieux; un exemple fameux est donné par l'arrêt du Conseil d'État, ministre de la Construction c/Cts Leroy du 8 février 1963 : au propriétaire dont deux immeubles sont détruits du fait de la guerre et qui se voit appliquer une servitude d'urbanisme d'après laquelle il n'est plus autorisé à construire qu'un seul immeuble sur l'emplacement litigieux, le Conseil d'État oppose que lorsqu'il a introduit sa demande de permis de construire, il n'était plus propriétaire que d'un terrain nu et qu'en conséquence, ladite servitude ne peut pas être regardée comme ayant par elle-même, entraîné une modification de l'état des lieux. Il n'y aura pas d'indemnisation même s'il n'est plus possible de reconstruire à l'identique. Dans ses conclusions sur cette décision du Conseil d'État du 4 mars 1977, 99413, le commissaire Labetoulle indiquait : « *l'on voit mal a priori comment une servitude peut modifier l'état des lieux* ». Il s'agit là d'une appréciation catégorique et pérenne.

- Par ailleurs, le juge veille à ce qu'il y ait atteinte à un véritable droit acquis ; par exemple, le droit acquis du lotisseur à réaliser un lotissement autorisé (Conseil d'État, 4 mars 1977, ministre de l'Équipement c./ Simottel, n° 01822, Lebon). Dans cette affaire, le Conseil estime qu'une autorisation de lotissement est un acte créateur de droits : « *après l'intervention d'un arrêté préfectoral autorisant un lotissement, une* ***servitude nouvelle a eu pour effet de rendre inconstructibles des lots*** *résultant du lotissement en cours de réalisation. Cette servitude a été de nature à porter atteinte à des droits acquis. Dans la mesure où des impenses ont été engagées par la société bénéficiaire de l'autorisation de lotissement, elles peuvent ouvrir droit à une indemnisation sur la base de l'article L160-5 du Code de l'urbanisme* ».

Le droit acquis a été reconnu concernant une **autorisation d'exploiter une carrière** remise en cause par une servitude issue d'un plan d'urbanisme. Dans l'affaire suivante traitée par le Conseil d'État (CE, 19 décembre 1984, Société Ciments Lafarge France, A, n° 30397), la société a demandé au préfet de l'Hérault réparation du préjudice que lui causait la servitude d'urbanisme instituée par le plan d'urbanisme directeur de la commune de Frontignan (Hérault) approuvé le 22 février 1971 et **réservant** pour la construction d'une voie expresse reliant l'autoroute A-9 à la ville de Sète des parcelles servant à l'exploitation d'une carrière à laquelle le préfet de l'Hérault lui avait ordonné de mettre fin par une décision du 3 août 1971). Le Conseil renvoie le contentieux devant le Tribunal pour appliquer l'article L. 160-5 à la demande de la société requérante.

Notons que le juge estime que l'autorisation de lotissement ne donne pas nécessairement le droit de construire. Dans une décision du Conseil (Conseil d'État, 15 mai 1981, Société d'études et de réalisations Roche-Béranger, n° 21617) le juge dut respecter la règle du Code de l'urbanisme selon laquelle le permis de construire n'est accordé que si les travaux nécessaires aux réseaux publics précisément identifiés sont réalisables. **Même si l'autorisation de lotissement crée des droits acquis, elle ne peut faire obstacle à l'application de ces exigences légales**. En l'espèce, en 1977, un projet immobilier ne pouvait être alimenté en eau potable sans l'extension préalable du réseau existant. Le département de l'Isère, chargé de ces travaux, étant incapable d'en préciser les délais de réalisation, le préfet était légalement tenu de refuser le permis de construire en application du code.

La même solution a été adoptée dans la décision suivante (C.E, 24 octobre 1980, Cts Thureau, n°18847), où les requérants contestaient un jugement de 1979 ayant refusé de leur accorder une indemnisation pour la perte de valeur de certains terrains de leur lotissement, devenus inconstructibles à la suite de l'adoption du plan d'occupation des sols de Quimper : « *l'autorisation de lotir dont ont bénéficié les consorts (...) n'emportait pas délivrance du permis de construire ; ainsi, les intéressés ne pouvaient se prévaloir* ***d'aucun droit acquis*** *à une utilisation à des fins de construction des terrains compris dans le lotissement dont ils ont entrepris la réalisation ; la servitude créée par le plan d'occupation des sols n'a pas entraîné de modification de l'état antérieur des lieux ; dès lors, en application des dispositions législatives précitées, les consorts y... ne peuvent prétendre à aucune indemnité en réparation du préjudice dont il s'agit* ».

La même logique est suivie par le juge pour les décisions préfectorales approuvant les documents du lotissement. Présentant un caractère réglementaire, elles ne créent pas de droits acquis au sens de l'article L.160.5 (C.E., 29 avril 1983, Le Clos des Cormelles).

Le juge a régulièrement campé sur cette **position assez sévère** pour les administrés et une affaire encore donnait le ton du laconisme et d'une certaine « intransigeance » du Conseil d'État. Il en a été ainsi dans l'arrêt Société Compagnie fermière et foncière de Font-Romeu en date du 8 janvier 1993 dont nous proposons un cours extrait, les formules sont édifiantes : « ***En premier lieu****, le classement en zone inconstructible par le plan d'occupation des sols (...) de terrains appartenant à la société "Compagnie fermière et foncière de Font-Romeu", n'a entraîné aucune modification de l'état antérieur des lieux.* ***En second lieu****, d'une part ni la* ***délibération*** *(...) par laquelle le conseil municipal a autorisé le maire à signer une convention entre la* *commune et ladite société, ni les* ***stipulations*** *de cette convention n'ont eu pour objet ou pour effet de créer au profit de cette société un droit acquis à la délivrance d'un permis de construire, et d'autre part, la société n'était titulaire d'aucun permis de construire en cours de validité à la date d'entrée en vigueur des dispositions du plan d'occupation des sols. Le classement des terrains en zone inconstructible n'a, dès lors, pas porté atteinte à des droits acquis par la société* ». Cette décision qui tombe un peu comme un couperet nous semble illustrer ce caractère administrativiste du droit de l'urbanisme, caractère qui découle de l'intérêt public attaché aux opérations d'urbanisme. Comme l'expliquait parfaitement la doctrine[46] : « *ce principe s'explique par l'impossibilité pour la collectivité d'assurer la charge financière de l'opération. Mais il se justifie aussi par le fait que le préjudice subi par le propriétaire se présente moins comme une perte que comme* ***la non-réalisation d'une espérance****... d'enrichissement le plus souvent sans cause. Ce sont en effet les collectivités publiques qui, par leurs équipements, rendent les terrains constructibles et sont à l'origine de leur augmentation de valeur. Il serait anormal qu'elles doivent en plus indemniser le propriétaire qui, pour des raisons d'intérêt général, ne peut pas profiter de cette possibilité d'enrichissement sous prétexte que d'autres le peuvent* ».

Les assouplissements à la rigueur sont issus ultérieurement de la jurisprudence et du législateur.

- **Tout d'abord**, concernant le juge administratif, l'arrêt Bitouzet (Conseil d'État, 3 juillet 1998, n° 158592, Lebon) montre un net assouplissement de la jurisprudence dans la mesure où il prévoit une **troisième** possibilité pour obtenir une indemnisation (au moins sur le plan théorique et touchant des « *cas exceptionnels* » selon le commissaire du gouvernement). Redoutant une incompatibilité de l'article L.160.5 avec la Convention européenne des droits de l'homme, le Conseil d'État ajoute une exception jurisprudentielle au principe de non-indemnisation des servitudes d'urbanisme : **en cas de charge spéciale et exorbitante hors de proportion avec l'objectif d'intérêt général que la servitude poursuit.** Cette formule a été confirmée par les jurisprudences ultérieures, dont celle précitée de 2010 (CE, 16 juillet 2010, *SCI La Saulaie*, A, n° 334665, Lebon). Dans cette dernière, le conseil rappelle avec force qu'une servitude d'urbanisme *« ne saurait avoir ni pour objet ni pour effet, ainsi que l'a jugé le Conseil d'État statuant au contentieux dans sa décision du 3 juillet 1998 n° 158592, de faire obstacle à ce que le propriétaire dont le bien est frappé d'une servitude prétende à une indemnisation dans le cas exceptionnel où il résulte de l'ensemble des conditions et circonstances dans lesquelles la servitude a été instituée et mise en œuvre, ainsi que de son contenu, que ce propriétaire supporte une charge spéciale et exorbitante, hors de proportion avec l'objectif d'intérêt général poursuivi, n'a, par conséquent,*

[46] JACQUOT H., et PRIET F., *Droit de l'urbanisme*, p.15, Dalloz, édition 2004.

pour effet ***ni de priver*** *le propriétaire, dont le bien serait frappé d'une telle servitude,* ***de la propriété*** *de son bien,* ***ni de porter à cette propriété une atteinte*** *d'une gravité telle que le sens et la portée de ce droit s'en trouvent dénaturés,* ***ni d'exclure*** *tout droit à réparation du préjudice résultant d'une telle servitude* ». Néanmoins, dans le cas concret, le requérant n'obtiendra pas réparation du préjudice que lui a causé le déclassement de ses terrains dans le plan d'occupation des sols de la commune.

On trouve une solution identique avec la décision suivante du Conseil d'État : CE, 2 juillet 1999, n°176894, Lebon. Un requérant avait cherché en vain à obtenir de l'État la réparation de la **perte de valeur vénale de ses terrains, résultant de la proximité de l'ouvrage public** constitué par la maison d'arrêt de Draguignan. Ont été rejetées comme mal fondées ses conclusions tendant à l'indemnisation du préjudice né de la modification des règles d'occupation des sols applicables dans la commune, modification consécutive à la construction de cette maison d'arrêt. Le juge administratif estimera : « *la construction de la maison d'arrêt de Draguignan a eu pour conséquence, dans le plan d'occupation des sols de cette ville,* ***l'interdiction des plantations à moins de six mètres du mur d'enceinte extérieur****, celle des* ***constructions de plus de deux étages*** *et des locaux industriels supérieurs à* ***11 mètres*** *dans un périmètre de* ***50 m*** *autour de la prison, enfin, dans ce même périmètre, l'obligation que les murs pignons et les façades ayant une vue sur le mur d'enceinte soient* ***aveugles*** *; qu'il ne ressort pas des pièces du dossier et n'est d'ailleurs pas soutenu que ces servitudes affectant les terrains des consorts Y... porteraient atteinte à des droits acquis ou modifieraient l'état antérieur des lieux ; qu'il ne ressort pas davantage des pièces du dossier que, par son contenu ou par les conditions dans lesquelles elle est intervenue, l'institution de ces servitudes dans le plan d'occupation des sols ait fait peser sur les propriétaires une charge spéciale et exorbitante, hors de proportion avec les justifications d'intérêt général sur lesquelles reposent ces règles d'urbanisme* ».

Dans **un cas** cependant, le Conseil d'État a estimé qu'il y avait matière à appliquer la jurisprudence Bitouzet à l'occasion d'un déclassement de parcelles qui empêche la constructibilité « *de la totalité des terrains dont la société d'aménagement (...) est propriétaire* » et qui avaient été achetées dans le but de réaliser un projet en accord avec la commune. En effet, la société avait acquis en 1987 et 1989 des terrains, en vue d'une opération d'aménagement importante, après que le plan d'occupation des sols d'une commune eut été modifié, conformément aux engagements pris par cette commune, afin de le rendre compatible avec le projet d'aménagement. Cette société a engagé d'importants travaux en vue de la réalisation de ce projet qui bénéficiait, à l'origine, du soutien de la commune. Or, celle-ci a changé ensuite complètement de point de vue. Le conseil précise qu'« *il était loisible à la commune de décider (...) d'abroger le POS (...) et d'approuver, conjointement avec le préfet, une carte communale procédant au classement de terrains en zone* *naturelle non constructible pour le motif d'intérêt général tiré de la préservation du caractère rural de cette zone »*. Pour autant, **la modification des règles d'urbanisme a été jugée comme hors de proportion avec l'objectif d'intérêt général poursuivi.** « *L'approbation de cette carte a eu, en l'espèce, pour effet, en procédant au classement en zone inconstructible de la totalité des terrains dont la société requérante est propriétaire, d'amoindrir la valeur vénale de sa propriété, laquelle occupe une partie substantielle du territoire de la commune, et de compromettre définitivement ses projets d'aménagement. Elle doit, ainsi, être regardée comme ayant fait peser sur cette société, qui a été seule affectée par ce classement, une charge spéciale et exorbitante, hors de proportion avec l'objectif d'intérêt général poursuivi* », CE, 29 juin 2016, Société d'aménagement du domaine de Château Barrault et la société Château Barrault, n°375020, Lebon.

- **Ensuite**, le législateur s'est ému, pendant un temps, de la situation née de l'instabilité des normes locales d'urbanisme subie par des aménageurs privés qui investissent certes dans leur intérêt, mais aussi pour celui de la collectivité qui a besoin de prendre appui sur le secteur privé pour mener une politique d'aménagement.

Le code a été enrichi pendant un temps par la loi n°2000-1208 du 13 décembre 2000 dite SRU d'une disposition affirmant que les conventions conclues sont à analyser comme des droits acquis. Il s'agit de l'article L. 332-11-2 du code de l'urbanisme concernant la participation pour voirie et réseaux. Il dispose à partir de son 3ème alinéa que « *les propriétaires peuvent conclure avec la commune une convention par laquelle ils offrent de verser la participation avant la délivrance d'une autorisation de construire.*

La convention fixe le délai dans lequel la voie et les réseaux seront réalisés et les modalités de règlement de la participation. Elle précise le régime des autres contributions d'urbanisme applicables au terrain, les dispositions d'urbanisme, les limitations administratives au droit de propriété et l'état des équipements publics existants ou prévus.

La convention est, dès publication de la délibération du conseil municipal l'approuvant, créatrice de droit au sens des dispositions du deuxième alinéa de l'article L. 160-5.

Si la demande de permis de construire prévue à l'article L. 421-1 est déposée dans le délai de cinq ans à compter de la signature de la convention et respecte les dispositions d'urbanisme mentionnées par la convention, celles-ci ne peuvent être remises en cause pour ce qui concerne le cocontractant de la commune ou ses ayants droit ».

Cependant, cet état du droit ne s'est pas maintenu et l'article L. 332-11-2 a été abrogé par la loi ALUR n° 2014-1655 du 29 décembre 2014 - art. 44 (V).
Pour garantir un droit à construire, le plus fiable pour un aménageur est de

demander un certificat d'urbanisme qui lui permet en principe de bénéficier des règles mentionnées dans ledit certificat, sous réserve de l'absence de droit acquis à l'application des dispositions juridiques illégales indiquées par erreur dans un certificat.

II. La responsabilité contractuelle de l'administration

Elle s'avère relativement rare en matière d'urbanisme.

La responsabilité contractuelle peut être envisagée en raison des difficultés nées de la mise en œuvre des conventions conclues. Divers cas seront abordés.

§. 1. Conclusion de convention pour l'instruction des autorisations et actes relatifs à l'occupation du sol

Le cas a pu se rencontrer lors de l'instruction par une collectivité d'autorisations d'urbanisme pour le compte d'une autre collectivité (CE, 18 février 2009, Communauté urbaine de Lyon, C, n° 290961). Cette convention résultait à l'époque des faits de l'article R. 490-2 du Code de l'urbanisme (abrogé par le décret n° 2007-18 du 5 janvier 2007) selon lequel « *Le conseil municipal ou l'organe délibérant de l'établissement public de coopération intercommunale* ***peut décider de confier par voie de convention l'instruction des autorisations*** *et actes relatifs à l'occupation du sol à une collectivité territoriale, à un groupement de collectivités territoriales ou au service de l'État dans le département, chargé de l'urbanisme* ». La ville de Lyon et la Communauté urbaine de Lyon ont ainsi passé une convention relative à l'instruction des autorisations et actes relatifs à l'occupation des sols de la ville de Lyon. Le Conseil d'État a considéré que « *par une interprétation souveraine de l'ensemble des clauses de la convention, la Cour administrative d'appel a estimé qu'elle avait pour objet de mettre à la charge de la communauté urbaine de Lyon la responsabilité de l'ensemble de la procédure d'instruction des dossiers de permis de construire de la ville de Lyon, et ne comportait aucune clause limitant cette responsabilité* (…). (…) ***en estimant que la faute commise dans l'instruction de la demande de permis de construire litigieuse revêtait le caractère d'une faute contractuelle de nature à engager la responsabilité exclusive de la communauté urbaine****, sans avoir recherché ni l'existence d'une faute d'une particulière gravité, ni celle d'un refus, par les services de la communauté urbaine, d'exécuter une instruction du maire de Lyon, la cour n'a pas entaché son arrêt d'erreur de droit ; que la cour a pu également, sans commettre d'erreur de droit ni dénaturer les pièces du dossier, estimer que la circonstance que le refus de permis litigieux avait été* ***signé*** *par le maire de Lyon n'était pas de nature, en l'espèce, à exonérer la communauté urbaine de sa responsabilité au titre de l'instruction de la demande* ».

Depuis, le Code de l'urbanisme a évolué et la référence pertinente se trouve à l'article **R. 423-15**, en vigueur depuis le 25 mai 2019.

Selon ce texte ; « *l'autorité compétente peut charger des actes d'instruction :*
a) Les services de la commune ;

b) Les services d'une collectivité territoriale ou d'un groupement de collectivités ;

c) Les services d'un syndicat mixte ne constituant pas un groupement de collectivités ;

d) Une agence départementale créée en application de l'article L. 5511-1 du Code général des collectivités territoriales ;

e) Les services de l'État, lorsque la commune ou l'établissement public de coopération intercommunale remplit les conditions fixées à l'article L. 422-8 [seuil de moins de 10 000 habitants];

f) Un prestataire privé, dans les conditions prévues au septième alinéa de l'article L. 423-1 ».

L'équivalent se trouve également dans le CGCT à l'article L. 5211-4-1 notamment.

- Une affaire intéressante a été jugée par la Cour administrative d'appel de Toulouse concernant la responsabilité de la Métropole de Toulouse qui avait passé une convention avec une de ses communes membres. En 2014, la commune de Mons avait en effet conclu une convention avec la communauté urbaine de Toulouse (devenue Toulouse Métropole en 2015) pour que cette dernière mette à sa disposition son service instructeur des autorisations d'urbanisme, conformément aux articles R. 423-15 du Code de l'urbanisme et L. 5211-4-1 du CGCT. En vertu de ce texte, la commune **doit rémunérer** Toulouse Métropole pour ce service, en versant une contribution annuelle couvrant les charges correspondantes. Or, la convention précisait aussi que, si un contentieux indemnitaire survenait concernant un dossier instruit par le service mis à disposition, la commune de Mons ne pourrait pas appeler Toulouse Métropole en garantie et **assumera seule toute** responsabilité ainsi que l'ensemble des frais liés au contentieux.

La Cour précise dans ce contentieux qu'une « *convention de mise à disposition des services d'un établissement public de coopération intercommunale au profit d'une de ses communes membres qui prévoit (...) le remboursement des frais de fonctionnement du service instructeur constitue un* ***contrat à titre onéreux****, prévoyant la rémunération d'une personne physique ou morale au sens des dispositions de l'article L. 2131-10 du même code. Une telle convention* ***ne peut*** *donc légalement contenir de clause stipulant que la commune concernée* ***renonce*** *à exercer toute action en responsabilité à l'égard de l'établissement public de coopération intercommunale. (...) La commune de Mons est fondée à soutenir que, sur le principe, elle est en droit d'appeler Toulouse Métropole en garantie.* », CAA de Toulouse, 4 novembre 2025, 25TL00809. Cet arrêt a été pris à la suite de la décision du Conseil d'État d'**annuler** les arrêts de la Cour administrative d'appel de Toulouse du 21 septembre 2023 (CE,17 avril 2025, 489542, Lebon). C'est la Haute-juridiction qui a posé le considérant de principe lequel a été fidèlement repris par la Cour au mot près. Ainsi, il est impossible de renoncer à exercer toute action en responsabilité à l'égard d'une personne rémunérée par la commune (article L 2131-10 du CGCT).

On exprimera trois remarques.

- D'une part, lorsqu'une commune décide par convention de la mise en place d'un service urbanisme mutualisé, service commun ayant pour mission principale l'instruction des demandes d'autorisation d'urbanisme déposées auprès des mairies des communes membres, le maire peut par arrêté **investir un agent instructeur** du droit des sols au sein de la communauté intercommunale **d'une délégation de signature** à l'effet de signer, notamment, les demandes de pièces destinées à compléter les dossiers. Par suite, en cas de conflit, le moyen tiré de l'incompétence de ce signataire doit être écarté (CAA de Nancy, 3 décembre 2024, 21NC00446).

- D'autre part, malgré le principe de l'article L. 5214-16-1 du Code général des collectivités territoriales qui permet aux collectivités territoriales de confier à la communauté de communes la création ou la gestion de certains équipements ou services relevant de leurs attributions, *« il résulte (...) par ailleurs des dispositions précitées que la commune peut confier l'instruction des autorisations d'urbanisme en son nom aux services d'une collectivité ou d'un groupement de collectivités,* ***la décision restant alors prise au nom de la commune****, et l'instruction restant également faite au nom et sous l'autorité du maire, alors même qu'elle est diligentée par un agent de la collectivité délégataire »*, CAA de Lyon, 9 juillet 2024, 23LY00005. Il reste heureusement la possibilité pour la commune d'appeler en garantie l'EPCI à l'origine duquel se trouve le contentieux.

- Enfin dans le cas particulier de mise à disposition des services de **l'État** pour l'instruction des demandes de permis de construire, des conventions peuvent être conclues entre les communes ou EPCI et l'État mais sans permettre une garantie de l'État (CE, 27 octobre 2008, Commune de Poilly-lez-Gien, A, n° 297432, Lebon). Dans cette affaire, le Conseil décide que « *Lorsqu'une commune a décidé de confier l'instruction des permis de construire en son nom au service de l'État* ***mis gratuitement*** *à sa disposition conformément à l'article L. 421-2-6 du Code de l'urbanisme [*alors en vigueur*], la responsabilité de l'État ne peut être engagée que si le service commet une* ***faute en refusant ou en négligeant*** *d'exécuter un ordre ou une instruction du maire* ».

L'actuel article L. 422-8, en vigueur depuis le 1er juillet 2015 (modifié par la loi n° 2014-366 du 24 mars 2014) limite en son alinéa 1er la mise à disposition à des considérations démographiques et précise qu'il s'agit d'une aide de nature « **technique** » et que le service de l'État agit comme « **exécutant** » :

« Lorsque la commune comprend moins de moins de 10 000 habitants et ne fait pas partie d'un établissement public de coopération intercommunale regroupant 10 000 habitants ou plus, ou lorsque l'établissement public de coopération intercommunale compétent regroupe des communes dont la population totale est inférieure à 10 000 habitants, le maire ou le président de l'établissement public compétent peut disposer gratuitement des services déconcentrés de l'État pour ***l'étude technique*** *de celles des demandes de permis ou des déclarations préalables qui lui paraissent justifier l'assistance technique de ces services. Pendant la durée de cette mise à disposition, les services et les personnels agissent en concertation avec le maire ou le président de l'établissement public qui leur adresse* ***toutes instructions nécessaires*** *pour l'exécution des tâches qu'il leur confie.*

Il est vraisemblable que la même solution l'emporte pour le second alinéa de cet article :

« En outre, une assistance juridique et technique ***ponctuelle*** *peut être gratuitement apportée par les services déconcentrés de l'État, pour l'instruction des demandes de permis, à toutes les communes et établissements publics de coopération intercommunale compétents »*.

En vertu de l'article R. 422-5 : « *Lorsque le conseil municipal ou l'organe délibérant de l'établissement public de coopération intercommunale compétent décide, en application de l'article L. 422-8, de confier aux services de l'État l'instruction de tout ou partie des déclarations préalables ou des demandes de permis, une convention précise les conditions et délais de transmission et d'instruction des dossiers, les* ***obligations réciproques*** *des parties en matière de classement, d'archivage des dossiers et d'établissement des statistiques* ».

§. 2. Conclusion de convention dans le cadre des opérations d'aménagement *lato sensu*

La jurisprudence a eu l'occasion de se prononcer sur une convention dans le cadre d'opérations d'aménagement ou d'endigage (CE, 29 décembre 1997, Société civile des néo-polders, B, n° 146753).

Dans cette affaire, la société civile des néo-polders avait conclu avec l'État un contrat d'endigage portant sur 427 hectares, contrat qui prévoyait que la propriété des terrains lui serait transférée au fur et à mesure qu'ils seraient soustraits à l'action des eaux, chaque projet d'exécution devant au préalable être autorisé. L'État a toutefois refusé d'accorder l'une de ces autorisations, au motif que le classement des terrains dans le plan d'occupation des sols, qu'il avait lui-même élaboré, était incompatible avec l'opération d'endigage envisagée.

« *Considérant que la société, qui demandait la réparation du préjudice résultant de l'inexécution par l'État, auteur, en l'espèce, de la réglementation d'urbanisme, de ses obligations contractuelles, avait droit à l'****indemnisation***

***intégrale** de son préjudice, direct et certain, sans qu'y fissent obstacle les dispositions de l'article L. 160-5 du Code de l'urbanisme ; qu'en excluant, par principe, du calcul du préjudice les terres dont la société n'est jamais devenue propriétaire, la cour a commis une erreur de droit ; qu'en excluant aussi de ce calcul les bénéfices d'exploitation, elle a dénaturé les clauses du contrat ; qu'il y a lieu d'annuler dans cette seule mesure l'arrêt attaqué ; que c'est, en revanche, sans erreur de droit, que la cour a estimé qu'il fallait déduire du préjudice les recettes effectivement perçues par la société* ».

Après moult péripéties contentieuses, la société contesta la méthode d'évaluation du préjudice, estimant qu'elle n'est jamais devenue propriétaire de l'ensemble des terrains comme prévu par convention et qu'elle n'a pu percevoir tous les bénéfices d'exploitation espérés en conséquence. Par un arrêt rendu le 13 octobre 2000, le Conseil d'État estima qu'aucun des moyens de la société requérante n'était de nature à permettre l'admission de son pourvoi. La société a porté en vain son action devant la Cour européenne des Droits de l'Homme (CEDH) qui fera état du non-respect des délais de la procédure contentieuse. Selon la CEDH : « *La Cour relève en l'espèce que si le préjudice de la société requérante né du manque à gagner pouvant résulter de la perte de la valeur des terres dont la société aurait dû devenir propriétaire **a été reconnu** comme tel - tant par l'arrêt du Conseil d'État rendu le 29 décembre 1997 que par l'arrêt de la Cour administrative d'appel de Nantes, saisie après renvoi, rendu le 30 décembre 1999 - il ressort néanmoins de l'analyse de la procédure que la demande de la société requérante visant à ce que l'État soit condamné à l'indemniser de ce préjudice **n'a pas pu être examinée en raison de l'irrecevabilité du recours en appel qu'elle avait interjeté à l'encontre du jugement du tribunal administratif de Caen du 31 janvier 1995**. La Cour considère dès lors que ce grief n'a pas été soulevé dans les formes et délais prescrits par le droit interne.*

Il s'ensuit que ce grief doit être rejeté pour non-épuisement des voies de recours internes, en application de l'article 35 §§ 1 et 4 de la Convention », CEDH, 22 février 2005, n°71643/01, Société civile des Néo-Polders contre la France

§. 3. Contrat de vente sous conditions (cas de l'île de Porquerolles)

Il s'agit d'un cas assez original qui a été porté jusqu'au niveau de la Cour européenne (CEDH 18 novembre 2010, Consorts Richet et Le Ber c/ France, n° 18990/07)

La Cour juge que l'État, qui a reconnu un **droit à construire** dans le cadre d'un contrat de vente de terrains, ne peut ensuite opposer une règle d'urbanisme à son cocontractant pour lui refuser le permis de construire demandé. Cet arrêt illustre les tensions possibles entre contrats privés, urbanisme et protection de l'environnement. Des engagements contractuels solides peuvent être remis en cause si l'État invoque un intérêt général, mais il doit alors compenser équitablement les propriétaires. Sans surprise la Cour pointe la nécessité d'un **équilibre proportionné** entre l'intérêt général et les droits de propriété garantis par la Convention.

Les faits méritent d'être brièvement relatés. La famille Fournier possédait l'île de Porquerolles. Dans les années 1970, une partie de l'île a été vendue à l'État français. Lors de cette vente, des accords ont été faits : les vendeurs conservent certains terrains et reçoivent des droits de construire précis (logements, hôtel, bâtiments agricoles). C'est cet arrangement qui a persuadé les vendeurs à céder leurs terres à l'État plutôt qu'à des investisseurs privés proposant un prix beaucoup plus élevé pour cet achat. Or, plus tard, un plan d'occupation des sols (POS) est adopté par la commune d'Hyères-Les-Palmiers en vue de préserver complètement l'île contre les constructions nouvelles. Mais en classant les parcelles concernées par le contrat de vente comme inconstructibles, cette situation empêche la réalisation des droits de construire promis lors de la vente. D'où le contentieux qui en découla.

Les requérants (les consorts Richet et Mme Le Ber) demandent à l'État l'exécution de leurs droits « *ne varietur* » (c'est-à-dire fixes), ou à défaut, une indemnisation. Ils estiment que l'État a violé ses engagements contractuels en n'assurant pas l'exercice effectif des droits de construire. Selon eux, ces droits avaient été garantis contractuellement et ne pouvaient être remis en cause par des règlements d'urbanisme futurs.

Le Gouvernement français soutint qu'il avait agi dans l'intérêt général (protection de l'environnement de Porquerolles) et que les droits de construire n'étaient **pas garantis indéfiniment** sans lien avec la réglementation d'urbanisme.

La Cour reconnaît qu'il y a bien eu ingérence dans le droit de propriété des requérants ; l'ingérence peut être légitime si elle poursuit un but d'intérêt général, mais elle ne doit pas imposer une charge excessive aux propriétaires. En l'espèce, la Cour européenne estime que les autorités n'ont pas suffisamment protégé les droits des requérants : elles n'ont pas délivré les permis de construire promis, n'ont pas proposé de compensation matérielle ou financière alternative, n'ont pas non plus cherché une solution de compromis (par exemple relocalisation des constructions) qui concilierait protection environnementale et engagement contractuel.

La Cour a décidé « *d'écarter l'argument du Gouvernement selon lequel les requérants n'étaient pas censés ignorer la loi et ne pouvaient prétendre avoir légitimement cru que l'État leur consentait des droits de construire.* ***Compte tenu de la qualité même du cocontractant avec lequel ils traitaient – qui constituait indiscutablement un gage d'autorité, de bonne foi et du respect de la loi –, les requérants pouvaient légitimement penser que l'État était en mesure de leur accorder de tels droits et s'attendre à ce qu'il respecte ses***

engagements contractuels, nonobstant le changement ultérieur des règles d'urbanisme. *Si l'État envisageait, avant l'acquisition de l'île, de conférer aux requérants des droits de construire selon le droit applicable en vigueur à l'époque, et de modifier ensuite les règles d'urbanisme, puis de procéder au classement du site – comme cela semble être le cas en l'espèce (...) –, les requérants, qui se trouvaient par ailleurs en* ***position de net désavantage en leur qualité de simples particuliers****, pouvaient légitimement s'attendre à ce qu'il les informe clairement de son intention au moment des négociations et qu'il insère dans les actes de vente des clauses dénuées d'ambiguïté à ce sujet.(...) La Cour estime, dans les circonstances de l'espèce, que les requérants étaient titulaires de droits de construire aux termes des actes de vente et qu'ils avaient une* ***espérance légitime de pouvoir exercer ces droits*** *dans les conditions contractuelles. Ils sont dès lors titulaires d'un « bien » au sens de l'article 1 du Protocole n° 1 ».*

En conséquence, la Cour constate une violation de l'article 1 du Protocole n° 1 par la France.

L'État dut verser pour dommage matériel 800 000 euros aux consorts Richet, et 700 000 euros à Mme Le Ber ; pour dommage moral 10 000 euros à Mme Le Ber, et 3 000 euros à chacun des autres requérants, sachant que l'État a acheté les terres au prix de 29,85 millions de francs, que l'estimation du service des domaines était de 40 millions de francs et que le prix proposé par des investisseurs privés était de 60 millions de francs. Au regard de la valeur « inestimable » de l'île actuellement, on peut considérer que l'État ressort « gagnant » de ce procès qu'il a perdu.

III. Responsabilité pour les préjudices causés par les fautes des autorités publiques

Plusieurs éléments sont à analyser pour comprendre l'étendue de la responsabilité pour faute de l'administration. Il faut pouvoir identifier **la ou les personnes publiques** à poursuivre, être à même d'établir la **réalité d'une faute** dont les exigences quant à la nature peuvent varier selon les personnes publiques et l'administration. De son côté, l'administration peut alléger sa responsabilité en arguant du **rôle joué par la victime** dans la réalisation du fait dommageable.

§ 1. Les autorités publiques concernées

- Au regard de la répartition des compétences en la matière, le juge administratif connaît des recours indemnitaires formés en droit de l'urbanisme contre diverses autorités publiques, qu'il s'agisse de l'État, des collectivités territoriales ou de leurs EPCI.

La commune, à travers son maire, n'est pas systématiquement la personne à poursuivre. En effet, le **transfert de la compétence d'urbanisme** des communes vers l'EPCI est une forte réalité depuis la transformation des PLU en PLUi. Par ailleurs, en présence du RNU et en l'absence de carte communale, un maire agissant en qualité d'agent de l'État peut prendre une décision qui conduira le requérant à une demande indemnitaire **auprès de l'État qui reste l'autorité compétente** (CE, 20 juillet 2007, Société Immobart, A, n° 278611). En effet, aux termes de l'article 7 du décret du 28 novembre 1983 alors en vigueur dans cette affaire, « *toute autorité de l'État ou d'un établissement public administratif de l'État, saisie d'une demande dont l'examen relève d'une autre autorité, est tenue, quelle que soit la personne morale dont relève cette autorité, de transmettre la demande à l'autorité compétente. La transmission est réputée faite dès le dépôt de la demande (...). / Lorsqu'une demande adressée à une autorité incompétente doit être transmise à l'autorité compétente en vertu des dispositions du premier alinéa du présent article,* ***les délais ne courent, en cas de décision implicite de rejet, que s'il est fait mention de la transmission dans l'accusé de réception*** ». Dans ce contentieux, le Conseil précise « *qu'il résulte de ces dispositions que le maire, lorsqu'il est saisi incompétemment d'une demande tendant à ce que soit indemnisé le préjudice subi du fait des décisions qu'il a prises en tant qu'agent de l'État,* ***est tenu de transmettre*** *la demande à l'autorité compétente ; (...) la demande est réputée avoir été transmise, dès son dépôt, au représentant de l'État (...), dès lors qu'elle devait être regardée comme engageant la responsabilité de l'État ; que le silence gardé pendant plus quatre mois par le représentant de l'État a fait naître, alors même que la demande ne lui avait pas été effectivement transmise,* ***une décision implicite***

de rejet *liant le contentieux ; que dès lors, en se fondant sur la circonstance qu'aucune demande préalable d'indemnisation n'avait été adressée au représentant de l'État pour juger que le contentieux n'était pas lié et pour déclarer irrecevable la requête de la SOCIÉTÉ IMMOBART, la Cour administrative d'appel de Bordeaux a commis une erreur de droit* ».

On sait également que, quand bien même la faute alléguée a été commise à l'occasion de l'instruction de la demande, seule la responsabilité de l'autorité, auteur de l'acte, peut être engagée par le pétitionnaire Le Conseil d'État a fixé cette solution dans sa décision du 21 juin 2000, ministre de l'Équipement, des Transports et du Logement c/ commune de Roquebrune-Cap-Martin, A, n° 202058. Se trouvaient ici concernés les services de la direction départementale de l'équipement chargés par les communes d'une mission d'instruction des permis de construire : « *considérant que les services de l'État mis à la disposition des communes pour l'élaboration des documents d'urbanisme et l'instruction des demandes d'occupation des sols agissent en concertation permanente avec le maire qui leur adresse toutes instructions nécessaires pour l'exécution des tâches qui leur sont confiées ; que la responsabilité de l'État ne peut être engagée à ce titre envers les communes que lorsqu'un de ses agents commet* ***une faute en refusant ou en négligeant*** *d'exécuter un ordre ou une instruction du maire* ».

À l'occasion d'une erreur de renseignements commise par un maire pour la délivrance d'un certificat d'urbanisme positif puis d'un permis par un préfet, le Conseil d'État a indiqué « *qu'une faute commise dans le cadre de la procédure d'instruction d'une demande d'autorisation d'urbanisme n'est susceptible d'engager, à l'égard du pétitionnaire, que la responsabilité de la personne publique qui délivre ou refuse de délivrer l'autorisation sollicitée,* ***quand bien même la faute entacherait un avis*** *émis par une autre personne au cours de l'instruction de la demande* ». Dans cette affaire, un certificat d'urbanisme positif mentionnant que la parcelle était desservie par les réseaux publics avait été délivré par le préfet au vu d'un avis favorable émis par le maire puis un permis de construire avait été accordé par la même autorité. Or, un contentieux surgit avec le voisinage en raison des renseignements inexacts sur la desserte en réseaux publics donnés par le maire au préfet préalablement à la délivrance du certificat d'urbanisme et du permis de construire. Le Conseil d'État estimera que **les conclusions indemnitaires dirigées contre la commune étaient irrecevables comme mal dirigées**, Conseil d'État, 9 novembre 2015, n°380299.

Selon les configurations, il peut y avoir un **partage de responsabilités** entre personnes publiques responsables.

Classiquement en droit public, tout dépend des règles de compétence et de l'étendue de la compétence dévolue à chaque personne publique. Ainsi, dans les communes où n'ont été approuvés ni carte communale, ni plan local d'urbanisme, lorsque le certificat d'urbanisme a été délivré par le maire, c'est nécessairement **au nom de l'État** qu'il agit, et toute omission quant à une servitude d'alignement (corroborée par une note de renseignements d'urbanisme délivrée préalablement par un service de l'État) ne peut qu'engager la responsabilité de l'État (CAA Nancy, 11 juin 2020, n°18NC02151).

La jurisprudence abondante à la suite de **la tempête Xynthia** (nuit du 27 au 28 février 2010) montre le partage de responsabilité entre l'État, les communes concernées (dont notamment les communes de la Faute-sur-Mer et de L'Aiguillon-sur-Mer), et parfois selon les lieux, le syndicat chargé de l'entretien des digues (CE, 13 mars 2020, n°423501 ; CE, 18 décembre 2019, n°423681).

Par ailleurs, rappelons que dans le cadre des conventions de mise à disposition, une commune ne peut renoncer contractuellement à agir contre le service fautif de l'EPCI : Conseil d'État, 17 avril 2025, Commune de Mons c/ Toulouse métropole, n° 489542, Lebon. « *Une convention de mise à disposition des services d'un établissement public de coopération intercommunale au profit d'une de ses communes membres qui prévoit, conformément aux dispositions du IV de l'article L. 5211-4-1 du Code général des collectivités territoriales,* ***le remboursement des frais*** *de fonctionnement du service instructeur constitue un contrat prévoyant la rémunération d'une personne physique ou morale au sens des dispositions de l'article L. 2131-10 du même code. Une telle convention ne peut donc légalement contenir de clause stipulant que la commune concernée renonce à exercer toute action en responsabilité à l'égard de l'établissement public de coopération intercommunale* ». En l'espèce, après avoir, par arrêté, autorisé l'aménagement d'un lotissement de trois lots à bâtir, puis délivré, deux permis de construire (instruits par le service métropolitain) sur des parcelles de ce lotissement, le maire de Mons a indiqué aux bénéficiaires de ces autorisations, que le plan de prévention des risques naturels prévisibles, approuvé par arrêté préfectoral, classait leurs terrains en zone bleu foncé en raison d'un risque moyen de mouvement de terrain, que ces terrains étaient ainsi inconstructibles et que les travaux en cours de réalisation devaient être interrompus.

§. 2. La nature de la faute

A. Une faute simple par principe

En matière d'urbanisme, les recours indemnitaires tendent principalement à la mise en œuvre de la responsabilité des autorités en raison des fautes qu'elles ont commises, **une faute simple étant suffisante.**

Cependant, cela n'est pas le cas lorsqu'est en cause l'activité de contrôle **exercée par l'État** (CE, 21 juin 2000, ministre de l'Équipement, des Transports et du Logement c/ commune de Roquebrune-Cap-Martin, A, n° 202058, Lebon). Sur ce point, le Conseil a infirmé les jugements de 1ère instance, puis d'appel. En effet, ces derniers avaient retenu le principe qu'une faute simple dans l'exercice du contrôle de légalité suffisait à engager la responsabilité de l'État (C.A.A. Marseille 21 janvier 1999, ministre de l'Intérieur c/commune de Saint-Florent, n° 97MA05173).

Cette solution fut remise en cause par la décision de principe du Conseil d'État précitée du 21 juin 2000. La Haute Juridiction a en effet jugé : « *que la circonstance que le préfet des Alpes-Maritimes s'est abstenu de déférer au tribunal administratif le plan d'occupation des sols de la commune de Roquebrune-Cap-Martin sur le fondement duquel a été délivré le permis de construire litigieux, ne revêt pas le caractère d'une faute lourde, seule de nature à engager en pareil cas la responsabilité de l'État envers la commune* ».

Le débat est donc en principe tranché. Sauf cas de la faute lourde, les fautes dans le contrôle de légalité n'emportent pas la responsabilité de l'État. Par exemple, le juge a pu reconnaître qu'un préfet commet une faute en n'exerçant pas ses pouvoirs pour faire respecter la loi Littoral et pour n'avoir pas déféré au tribunal administratif le POS adopté par la commune, illégal donc au regard de ce texte. Mais, le juge n'admet pas toujours pour autant la faute lourde. Ainsi, un tribunal administratif a pu considérer « *eu égard aux difficultés d'interprétation de la loi Littoral, à la situation et à la superficie des terrains en cause* », qu'il n'existait pas de faute lourde en l'espèce (TA Nice, 6 nov. 1997, M. Hubert Anders c/ Cne de Hyères, AFDUH 1999. 451 ; BJDU 1998. 469).

Cependant, **en dehors du contrôle de légalité**, dans un arrêt du 15 septembre 1998, n° 96MA00910 et n° 96MA00911, la Cour administrative d'appel de Marseille avait souligné que l'État engage sa responsabilité **en raison d'une information incomplète transmise** par le préfet lors de l'élaboration du projet d'aménagement. En omettant de signaler les contraintes résultant de la loi du 3 janvier 1986 (loi littoral), pourtant applicables à la zone concernée, l'État a induit la commune en erreur sur le cadre juridique du projet immobilier. Cette carence informative est constitutive d'une faute de nature à engager la responsabilité de l'État, lequel est condamné à garantir la commune à hauteur d'un tiers des condamnations prononcées contre elle.

Dans une affaire célèbre, la faute lourde sera caractérisée en raison de la **carence durable** du représentant de l'État. La décision est la suivante : C.E. 6 octobre 2000, ministre de l'Intérieur c/commune de Saint-Florent et autres, n°205959, Lebon : « *Le préfet, en* ***s'abstenant pendant*** *trois années consécutives de déférer au tribunal administratif neuf délibérations d'un syndicat intercommunal dont l'illégalité ressortait à l'évidence des pièces qui lui étaient transmises et dont les conséquences financières étaient graves pour les communes concernées, a commis dans les circonstances particulières de* *l'espèce, dans l'exercice du contrôle de légalité qui lui incombait, une faute lourde de nature à engager la responsabilité de l'État* ».

Les fautes simples correspondent le plus souvent aux différents cas qui vont suivre ci-après.

B. Les différentes hypothèses de fautes

a. L'acte est illégal

L'illégalité peut entacher une décision individuelle et toute illégalité est fautive. Les cas sont en pratique fort nombreux puisque touchant aux différentes autorisations et déclarations relatives à l'utilisation et occupation du sol. Accorder trop de détails à cette thématique nous semble peu pertinent et nous prendrons appui sur l'étude significative du Conseil d'État (« Le juge administratif et l'urbanisme, Dossier thématique 25 mai 2016 »[47]) qui mentionne en synthèse les cas et les jurisprudences suivantes entachés d'illégalité :

- « *un permis de construire (30 juin 1976, Volant et ministre de l'Équipement, B, n° 96295-00202),*

- *un refus de permis de construire (CE, 17 juin 1983, ministre de l'Environnement et du cadre de vie c/ SCI Italie-Vendrezanne, A, n° 27694),*

- *un refus de lotir (CE, 12 décembre 2008, Marchand, B, n° 280554) ou*

- *un arrêté interruptif de travaux (CE, 10 juin 1994, Banque nationale de Paris, B, n° 80108),*

- *la responsabilité de la collectivité pouvant cependant ne pas être engagée lorsque l'acte illégal (pour raison de procédure) pouvait, en réalité, être justifié au fond (CE, 20 mars 1985, Commune de Villeneuve-le-Roi, B, n° 33848)* ».

Dans cette dernière affaire, en avance sur les futures régularisations pour vice de procédure, le Conseil reconnaît une faute dans un premier temps impliquant la responsabilité de l'État: « *que le permis de construire accordé par le préfet (...) à la commune (...) pour la construction d'une bibliothèque a été annulé par décision du Conseil d'État (...) par le motif que la délibération du comité d'aménagement de la région parisienne du 22 décembre 1971, délégant certaines de ses attributions en matière de dérogations aux plans d'urbanisme, n'avait pas été régulièrement publiée à la date de consultation de la conférence permanente du permis de construire le 4 septembre 1973 ; que cette irrégularité de procédure constitue une faute de nature à engager la responsabilité de l'État* ;

[47] Voir le lien suivant : https://www.conseil-etat.fr/content/download/145799/document/dossier%20themat%20urbanisme%20VF.pdf

Mais une dérogation était admissible au fond et la demande en vue d'engager la responsabilité de l'État a été rejetée : « *Considérant, toutefois, que la dérogation autorisée aux dispositions de l'article R. 111-19 du Code de l'urbanisme avait pour objet de permettre la construction du premier étage du bâtiment à 2, 50 m de x... (...) au lieu de respecter la marge d'isolement de 3 mètres (...);* qu'*une telle dérogation ne porte pas à l'intérêt général une atteinte excessive eu égard à l'utilité qu'elle pressente ; qu'ainsi il n'est pas établi que si la procédure avait été régulière, le permis annulé n'aurait pu être légalement accordé (...); que, d'ailleurs, un nouveau permis de construire a été délivré (...) à la commune (...) respectant la formalité méconnue par la décision censurée ; que, dans ces conditions, les époux y... ne justifiant pas en l'espèce d'un préjudice de nature à engager la responsabilité de l'État, leurs conclusions d'appel provoque ne peuvent être accueillies* ».

L'illégalité d'un acte ne permet pas systématiquement d'aller utilement sur le terrain de la réparation comme nous l'évoquerons plus loin.

Mais d'ores et déjà, par exemple, on a pu relever que pour engager la responsabilité sans faute du propriétaire d'un ouvrage public envers les tiers, **il ne suffit pas que l'autorisation d'urbanisme soit illégale**. Le juge doit vérifier si le préjudice subi présente un caractère anormal, c'est-à-dire s'il dépasse les inconvénients ordinaires que peut subir tout habitant en zone urbanisée. En ne procédant pas à cette vérification et en se fondant uniquement sur l'illégalité du permis, la cour a commis une erreur de droit.

L'illustration est donnée en la matière par une décision du 28 septembre 2016 (CE, 28 septembre 2016, n° 389581) touchant l'Office public de l'habitat (OPH) de Gironde Habitat, le Conseil d'État juge *« que pour retenir la responsabilité sans faute du propriétaire d'un ouvrage public à l'égard des tiers par rapport à cet ouvrage, le juge administratif apprécie si le préjudice allégué revêt un caractère anormal ; qu'il lui revient d'apprécier si les troubles permanents qu'entraîne la présence de l'ouvrage public sont supérieurs à ceux qui affectent tout résident d'une habitation située dans une zone urbanisée, et qui se trouve normalement exposée au risque de voir des immeubles collectifs édifiés sur les parcelles voisines ;* ***que l'illégalité affectant une autorisation d'urbanisme ne saurait par elle-même suffire à caractériser l'anormalité du préjudice*** *;*

que, pour juger que les troubles de voisinage qu'entraînait, pour les consorts D..., la seule présence de l'ouvrage public érigé par l'OPH Gironde Habitat créaient un dommage permanent de nature à engager la responsabilité sans faute de l'office, à leur égard, la Cour administrative d'appel de Bordeaux s'est bornée à relever que le permis de construire avait été accordé en méconnaissance des règles d'urbanisme applicables et que les intéressés ne pouvaient, dès lors, s'attendre à une telle réalisation sur le terrain contigu à leur propriété ; ***qu'en se fondant sur cette seule circonstance, sans rechercher si le préjudice résultant de la proximité d'un ensemble immobilier par rapport à la parcelle où résidaient les intéressés revêtait, dans les circonstances de l'espèce, un caractère anormal, la cour a commis une erreur de droit*** **»** ;

- Outre les utiles précisions données par l'étude précitée du Conseil, citons également le cas de la conclusion illégale d'un contrat pour modifier un document d'urbanisme

Une commune ne peut s'engager par contrat à modifier son document d'urbanisme dans un sens déterminé. Une commune ne commet donc **aucune faute en dénonçant un tel contrat** entaché de nullité. **En revanche, la conclusion d'un tel accord est fautive** et engage sa responsabilité. Pour autant son cocontractant ne saurait lui imputer des préjudices financiers, ayant lui-même commis une faute en s'engageant dans un contrat dont il ne pouvait ignorer qu'il était nul (CAA Marseille, 12 juin 2001, Sté Durance Granulats, n° 97MA00876 : « *si la commune a commis une faute en concluant l'engagement illégal du 9 juin 1987, la société Durance Granulats a elle-même commis une faute en participant à la conclusion d'un accord dont elle ne pouvait ignorer l'illégalité et en entreprenant des investissements importants avant même de s'être assurée de l'obtention d'une autorisation préfectorale d'extension de la carrière et de la modification des règles d'urbanisme dans un sens la rendant possible* ».

b. Illégalités des agissements

Des agissements fautifs peuvent consister en diverses situations dont celles qui sont exposées ci-dessous.

1. La fourniture de renseignements erronés ou incomplets

On peut s'attarder sur la décision suivante : CE, 23 octobre 1974, ministre de l'Aménagement du territoire, de l'Équipement, du Logement et du Tourisme c/ consorts C. et J., A, n° 92893). Elle concerne les annexes d'un document d'urbanisme : l'existence d'une information erronée dans les annexes du POS ou du PLU peut engager la responsabilité de la commune et l'absence d'annexion d'une servitude d'utilité publique au document d'urbanisme dans le délai d'un an a été considérée comme de nature à engager conjointement la responsabilité de l'État et celle de la collectivité locale (Rép. min. no 12652, JO Sénat Q 26 août 2004, p. 1947).

Délivrer un certificat d'urbanisme positif à tort ou incomplet est bien évidemment fautif. Plusieurs illustrations jurisprudentielles concernant la délivrance d'un certificat positif erroné peuvent être données. En pratique, il y a une mauvaise analyse du droit applicable (PLU, loi…) par l'autorité qui rend le certificat. Nous pouvons signaler ainsi les cas suivants :

- Mauvaise interprétation de la loi Littoral : un certificat déclarant constructible un terrain compris dans un espace remarquable au sens de l'article L. 146-6 du Code de l'urbanisme relatif à la loi Littoral (nouvel article L. 121-23) est fautif : « *… en jugeant que le certificat d'urbanisme positif du 1er décembre 2000 n'était pas entaché d'illégalité dès lors qu'il mentionnait l'opposabilité de la "loi littoral", alors que ce certificat déclarait constructible un terrain compris dans un espace remarquable au sens de l'article L. 146-6 du Code de l'urbanisme, la Cour administrative d'appel de Bordeaux a commis une erreur de droit* » (CE, 26 juillet 2018, n°408149).

- Mauvaise interprétation du règlement du plan : CE, 25 mars 2019, n°383428). Est sanctionnée la faute commise par une commune ayant délivré illégalement un certificat d'urbanisme positif erroné quant au caractère constructible d'un terrain alors que les parcelles concernées, situées à plus de cent mètres d'une voie déneigée, ne permettent pas, contrairement aux prescriptions de l'article UD 3.2.1 du règlement du plan d'occupation de sols, de garantir l'accès des constructions aux services de lutte contre l'incendie.

- Il incombe à l'autorité administrative de ne pas appliquer un règlement illégal (CE, 18 février 2019, n°414233). La responsabilité d'une commune ayant délivré un certificat d'urbanisme erroné reprenant le classement d'un PLU, lui-même erroné est ainsi reconnue. Le terrain ne pouvait être regardé comme un espace urbanisé au sens du III de l'article L. 146-4 du Code de l'urbanisme (nouvel article L. 121-8), et le classement entachait d'illégalité le certificat d'urbanisme délivré.

- Même s'il ne s'agit que d'un certificat d'urbanisme simple, les erreurs commises dans la délivrance des informations suffisent à donner un caractère erroné audit certificat : « *en se fondant également, pour juger que la délivrance de ce même certificat n'était pas fautive, sur la circonstance qu'il ne revêtait qu'un caractère informatif, alors que l'information délivrée sur la constructibilité du terrain présentait un caractère erroné, la cour a également commis une erreur de droit* » (CE, 26 juillet 2018, n°408149).

- La consistance insuffisante d'un certificat d'urbanisme qui renvoie au PLU et implicitement à la loi Littoral est sanctionnée : « *la circonstance que le certificat d'urbanisme litigieux exposait que les règles applicables au terrain figuraient dans le règlement du plan local d'urbanisme et que la lecture de ce document d'urbanisme permettait de connaître l'applicabilité de la loi Littoral au terrain d'assiette, ne permet pas d'exonérer la commune de sa responsabilité eu égard à la nature du certificat d'urbanisme en cause, lequel a pour objet d'indiquer l'ensemble des dispositions d'urbanisme applicables à un terrain déterminé. Par suite, la société (...) et Autres sont fondés à soutenir que la mention erronée figurant sur ce certificat d'urbanisme est constitutive d'une faute de nature à engager la responsabilité de la commune* » (CAA Bordeaux, 2 juillet 2020, n°18BX04244).

- Le certificat d'urbanisme positif délivré à tort avant la tempête Xynthia entraîne la responsabilité des personnes publiques pour non-respect de l'article R. 111-2 du Code de l'urbanisme (CE, 13 mars 2020, n°423501). Il incombe au maire, agissant au nom de la commune, de vérifier que le projet n'est pas de nature à porter atteinte, notamment à la sécurité publique, et d'opposer à la demande, le cas échéant, un refus fondé sur les dispositions de l'article R. 111-2 du Code de l'urbanisme. En délivrant un certificat d'urbanisme positif, la commune de l'Aiguillon-sur-Mer a commis une faute de nature à engager sa responsabilité à leur encontre.

- La faute de la commune peut être atténuée par la faute de l'État, par exemple en classant un terrain dans une zone d'aléas faible au sein d'un plan de prévention des risques inondations : « *... le terrain acquis par M. et Mme D... avait été classé dans le projet de PPRI appliqué par anticipation par l'arrêté du préfet de la Vendée en secteur bleu clair correspondant à un aléa faible. (...) cette appréciation du risque était* ***sous-évaluée*** *alors que les services de l'État disposaient d'informations sur la dangerosité particulière de l'estuaire du Lay et a contribué à fausser l'appréciation du maire et à le dissuader de classer en zone inconstructible le secteur en cause* ». L'État a commis une faute de nature à engager sa responsabilité à 60 %, la commune à 40 % (CE, 13 mars 2020, n°423501).

2. Des revirements de l'administration

Mentionnons les décisions suivantes : CE, 26 octobre 1973, SCI Résidence Arcole, A, n° 87909-87910 et CE, 16 novembre 1998, Sille, A, n° 175142).

Dans la dernière affaire citée, un maire avait délivré à M. Sille un permis de construire, auquel celui-ci a ensuite provisoirement renoncé afin de participer à un projet élargi avec la commune intégrant des logements sociaux et des équipements publics. M. Sille a réalisé les études et plans du nouveau projet, appelé « Clos du Village ». La commune a engagé une procédure de modification du plan d'occupation des sols, mais y a finalement renoncé après un avis défavorable du commissaire-enquêteur, lequel a conduit à rendre le projet non réalisable aux yeux de la collectivité.

Estimant avoir subi un préjudice, M. Sille a saisi le tribunal administratif puis la Cour administrative d'appel afin d'obtenir une indemnisation de la commune.

Le Conseil estime qu'en « *renonçant, en raison notamment des résultats de l'enquête publique et de l'avis négatif formulé par le commissaire-enquêteur, à poursuivre la procédure de modification de son plan d'occupation des sols nécessaire à la mise en œuvre du projet du "Clos du Village", la commune de Maurepas n'a commis, en prenant cette décision, aucune faute de nature à engager sa responsabilité à l'égard de M. Sille* ;

Considérant, toutefois, ***qu'en incitant fermement*** *et "sous peine de rupture des pourparlers", M. Sille à s'engager à ses frais dans l'étude du projet dont il s'agit, et à présenter des "plans explicites" et le bilan de l'opération, la commune de Maurepas* ***a commis une faute*** *de nature à engager sa responsabilité à l'égard de M. Sille ; qu'il y a lieu cependant de tenir compte de l'imprudence commise par ce dernier en engageant des frais dans une opération dont il ne pouvait ignorer le caractère aléatoire ; que, dans ces conditions, les premiers juges ont procédé à une juste appréciation des faits de l'espèce en ne mettant à la charge de la commune que la moitié du préjudice indemnisable* ».

3. Des retards

CE, 27 juillet 1979, B. et ministre de l'Équipement, A, n° 06875-06995 ; CE, 21 octobre 1983, ministre de l'Environnement et du cadre de vie c/ G., A, n° 31728 ; CE, 26 octobre 1988, ministre de l'Équipement, du Logement, de l'Aménagement du territoire et des Transports c/ SCI Les Moulins d'Hyères, A, n° 79400),

4. Une négligence

CE, 3 novembre 1989, SNC Sanz-Samenayres et autres, B, n° 80974.

5. Des actions d'obstruction

CE, 24 juillet 1987, Société immobilière de Verneuil-Vernouillet, A, n° 44229 ; CE, 28 octobre 1987, SCI Résidence Neptune, A, n° 60333.

6. Une abstention fautive

La carence de l'administration est en général fautive. Mais attention, un cas qui a été soumis au juge concernant l'inaction de l'administration face à une construction édifiée sans permis a été jugé sur le fondement de la responsabilité sans faute (CE, 20 mars 1974, ministre de l'Aménagement du territoire, de l'Équipement, du Logement et du Tourisme, n° 90547, Lebon). Dans cette espèce, une construction avait été édifiée sans permis de construire, causant des nuisances à la propriété du requérant. Le voisin de celle-ci avait vainement alerté à plusieurs reprises le préfet. Le préfet s'est abstenu d'agir, alors que l'autorité administrative disposait du pouvoir d'apprécier l'opportunité de demander leur démolition. En l'espèce, le juge estime qu'il n'y a pas de faute résultant du refus de l'administration de saisir l'autorité judiciaire, mais une responsabilité pour défaut d'application d'une législation et d'une réglementation. Le Conseil d'État avait alors admis que la situation avait causé au voisin « *un préjudice qui, en raison de son caractère spécial et anormal, ne saurait être regardé comme une charge incombant normalement à l'intéressé et qui, par suite, est de nature à lui ouvrir droit à réparation* ».

7. Omission de règles applicables lors de la délivrance d'un certificat d'urbanisme

- Responsabilité de l'administration au sujet de l'existence d'une servitude d'alignement non signalée tant par la commune que par la subdivision territoriale du ministère de l'Équipement (CAA Nancy, 11 juin 2020, n°18NC02151). L'acquisition des biens avait été précédée par la délivrance d'une note de renseignements d'urbanisme de la subdivision territoriale de l'équipement, suivie par celle d'un certificat d'urbanisme positif par le maire, sans que ces documents mentionnent l'existence de la servitude d'alignement qui grevait ces immeubles en application d'un plan d'alignement de 1886.

- Omission de règles d'inconstructibilité (CE, 9 février 1979, Min. Équipement c/ Macé de Gastines, n° 10255)

- Omission préjudiciable de mentionner que le terrain était situé dans un site classé et ne pouvait donc être modifié sans autorisation spéciale en vertu de l'article 12 de la loi du 2 mai 1930 (CE, 13 juin 1980, n°12647, Lebon).

- Délivrance fautive à une société d'un certificat d'urbanisme positif comportant des mentions erronées relatives aux conditions d'accès et de desserte en eau du terrain concerné ainsi qu'une omission quant à l'atteinte portée au site par la construction envisagée (CE, 3 mai 2002, n°224282).

- Omission préjudiciable d'une procédure de révision en cours du POS allant vers l'inconstructibilité du terrain (CE, 10 novembre 2004, n°245711).

- Omission potentiellement préjudiciable de mentionner un éventuel sursis à statuer (CAA Bordeaux, 9 juillet 2020, n°18BX01979), au sujet d'un certificat d'urbanisme partiellement illégal en raison de cette omission : le préjudice allégué tenait selon le requérant en ce que les fautes commises par la commune l'ont empêché de réaliser son projet de vendre un lot du terrain dont il est propriétaire ; cependant, la Cour considère que cette omission n'est pas à l'origine des préjudices, car elle avance que le requérant n'a déposé aucune demande de permis de construire ou de déclaration préalable sur le fondement de ce certificat. En effet, lorsqu'il y a vente d'un lot, ce n'est pas nécessairement le vendeur qui dépose la demande de permis, mais plutôt l'acheteur qui bénéficie du certificat d'urbanisme positif lié au terrain.

§. 3. Les conditions d'engagement de la responsabilité

A. L'existence d'un préjudice certain et direct

Si une large étendue de préjudices peut être indemnisée (perte de valeur, hausse de coûts pour réaliser le projet, dommages matériels, frais engagés en vain, etc.), l'engagement de la responsabilité pour faute des autorités publiques suppose l'existence de préjudices certains et directs :

- Un préjudice **seulement éventuel**, qui peut consister par exemple en une perte des loyers qu'aurait rapportés l'immeuble s'il avait été édifié, ne peut être retenu (CE, 12 mars 1986, D., B, n° 55890). La même analyse s'impose, sauf circonstances particulières, si sont seulement allégués la perte de bénéfices ou le manque à gagner découlant de l'impossibilité de réaliser une opération immobilière.

On citera à titre d'illustration la décision suivante du Conseil d'État (CE, 15 avril 2016, Commune de Longueville, B, n° 371274) concernant une action en réparation des préjudices résultant de l'illégalité de la décision par laquelle le maire a refusé de délivrer le permis de construire que la requérante sollicitait en vue de l'édification de trois bâtiments à usage d'habitation. La Cour administrative d'appel accordera une indemnisation qui sera remise en cause par le Conseil d'État, faute de l'appréciation des circonstances propres à l'affaire : « *que l'ouverture du droit à indemnisation* ***est subordonnée au caractère direct et certain des préjudices invoqués*** *; que la perte de bénéfices ou le manque à gagner découlant de l'impossibilité de réaliser une opération immobilière en raison d'un refus illégal de permis de* ***construire revêt un caractère éventuel*** *et ne peut, dès lors,* en principe, *ouvrir droit à réparation ; qu'il en va toutefois autrement si le requérant justifie de* circonstances particu-lières, *telles que des* ***engagements souscrits par de futurs acquéreurs*** *ou* ***l'état avancé des négociations*** *commerciales avec ces derniers, permettant de faire regarder ce préjudice comme présentant, en l'espèce, un caractère direct et certain ; qu'il est fondé, si tel est le cas, à obtenir réparation au titre du bénéfice qu'il pouvait raisonnablement attendre de cette opération* ; *que, par suite, en se bornant, pour accorder une somme de 180 000 euros de ce chef, à faire référence aux conclusions d'un rapport d'expert évaluant à ce montant le préjudice subi, par* ***comparaison avec une opération présentant des caractéristiques similaires et réalisée, à la même époque, dans une commune voisine****, sans rechercher si les circonstances particulières de l'espèce permettaient de faire regarder ce préjudice comme ayant un caractère direct et certain, la cour a entaché son arrêt d'une erreur de droit* ».

On relèvera dans cette affaire que le compromis de vente prévoyait une condition suspensive tenant à l'obtention d'un permis de construire sur ce terrain. Mais la société ne fera pas usage de cette clause. Pour autant, il n'y a pas imprudence de la part de la société, de nature à exonérer en tout ou partie la commune de sa responsabilité.

En matière de certificat d'urbanisme erroné, le préjudice vient souvent de ce que l'acheteur a acquis un terrain au prix d'une parcelle constructible, qui est en définitive inconstructible. L'indemnité devra compenser la perte subie. Le Conseil d'État rappelle ci-dessous à quoi peut prétendre la victime :

« *En réparation du préjudice résultant de la faute commise par une commune qui a délivré illégalement un certificat d'urbanisme positif erroné quant au caractère constructible d'un terrain, le propriétaire du terrain en cause a en principe droit à une indemnité égale à la différence entre le prix qu'il a versé pour l'acquisition du terrain litigieux, y compris les frais annexes utilement exposés, et la valeur vénale du même terrain, appréciée à la date à laquelle il a été établi que ce terrain est inconstructible* » (CE, 25 mars 2019, n°383428). Le Conseil a sanctionné dans cette affaire la Cour administrative d'appel qui avait sous-évalué le préjudice : il a en effet évalué la perte de valeur vénale à la somme de 223.259 euros alors que la Cour l'avait fixée à 53.698 euros ; la différence est significative.

- Pas d'indemnisation en l'absence de lien direct de causalité :

* Ne peut être indemnisé le préjudice subi par un architecte du fait du refus illégal de permis de construire opposé à l'un de ses clients (CE, 9 décembre 1983, Gillet, A, n° 26445),

* Concernant le préjudice subi par l'acquéreur d'un lot d'une zone d'aménagement concerté, résultant de la différence entre le prix d'acquisition de ce lot et la valeur réelle de celui-ci, compte tenu de l'interdiction de construire résultant de la loi Littoral (un site remarquable dans lequel aucune construction ne pouvait être légalement autorisée en application des dispositions de l'article L. 146-6 du Code de l'urbanisme alors applicable) : CE, 28 octobre 2009, ministre des Transports, de l'Équipement, du Tourisme et de la Mer c/ Therme et commune du Rayol-Canadel c/ Therme, B, n° 299753-299779). En effet, dans une telle hypothèse, le préjudice trouve son origine directe non pas dans les actes ayant permis l'aménagement de la zone, qui ne conféraient aucun droit à construire (actes classant des terrains en zone constructible puis créant une zone d'aménagement concerté et approuvant le plan d'aménagement de cette zone, ainsi que l'État, en donnant son accord), **mais dans les** contrats de vente passés entre les acquéreurs et l'aménageur de la zone; les premiers pouvaient prévoir, en particulier, que la vente n'était conclue que sous réserve de l'obtention des permis de construire. Par suite, les préjudices que l'intéressé soutient avoir subis et dont il pouvait demander réparation en poursuivant l'aménageur devant le juge judiciaire, ne peuvent pas être regardés comme étant la conséquence directe des fautes commises par la commune et par l'État.

* En revanche, en l'absence d'intervention d'un aménageur, lorsque l'acquéreur avait, lors de l'acquisition d'une parcelle, une assurance suffisante, donnée par la commune et par l'État, sur sa constructibilité, le préjudice résultant du caractère finalement inconstructible de la parcelle est directement lié aux illégalités commises par l'administration (CE, 8 avril 2015, ministre de l'Égalité des territoires et du Logement c/ Commune de Crozon et Société Masarin, B, n° 367167).

« que la cour a relevé que la commune de Crozon avait classé les terrains litigieux en zone constructible par une délibération de son conseil municipal approuvant la modification de son plan d'occupation des sols, après accord

donné par le préfet du Finistère à l'extension de l'urbanisation dans le secteur de Kervéron, en méconnaissance des dispositions du I de l'article L. 146-4 du Code de l'urbanisme qui limitent l'extension de l'urbanisation dans les communes littorales ; qu'elle en a déduit que la société Masarin avait, lors de l'acquisition des parcelles le 18 août 1998, une assurance suffisante, donnée par la commune et par l'État, de leur constructibilité tant au regard du plan d'occupation des sols que de l'article L. 146-4 du Code de l'urbanisme et que le préjudice résultant pour la société de la différence entre le prix d'acquisition des terrains et leur valeur réelle trouvait son origine directe non dans les actes de cession de ces terrains, mais dans la modification illégale du plan d'occupation des sols de la commune ».

- Pas d'indemnisation si le requérant ne fait pas état d'un projet de vente à l'époque où le certificat d'urbanisme avait été délivré et s'il n'établit pas qu'il aurait conçu un projet de construction susceptible d'être autorisé avant la mise en œuvre d'une réglementation contraignante qui aurait été opposable à la demande de permis. Le préjudice invoqué ne présentait pas de caractère actuel et certain (CE, 13 décembre 2010, n°317261).

- Peuvent être indemnisés les frais préalables à la construction : honoraires d'architecte et de bureaux d'études, frais engagés, en pure perte (CE, 13 juin 1980, n°12647, mentionné aux tables du recueil Lebon : « *Le préjudice indemnisable comprend la commission d'agence versée pour l'achat du terrain, les frais de desserte en eau et électricité, et les frais d'honoraires d'architecte et de géomètre engagés pour la constitution du dossier de permis de construire. En revanche, non-remboursement des frais et pertes afférents à l'emprunt destiné à financer la construction, que l'intéressé a souscrit avant d'obtenir le permis de construire, prenant ainsi un risque sans lien direct avec la faute de l'administration* »).

- Il peut y avoir un préjudice moral outre les frais classiquement engagés à l'occasion d'un achat immobilier. « *Il résulte de l'instruction que M. et Mme D... ont acquis la parcelle de terrain (...) de 307 m2 moyennant le versement d'une somme de 43 000 euros correspondant au prix d'un terrain à bâtir. Postérieurement à la tempête Xynthia de février 2010, ils ont renoncé à la mise en œuvre de leur projet de construction d'une habitation. Ils ont, du fait de cette acquisition, engagé des frais de négociation et de mutation immobilières et ont dû souscrire un emprunt bancaire à l'origine du paiement d'intérêts assis sur la somme empruntée. Par ailleurs, la renonciation à leur projet immobilier est à l'origine pour les intéressés d'un* ***préjudice moral****, (...) il sera fait une juste appréciation des préjudices de toutes natures subis par M. et Mme D... consécutivement à la délivrance d'un certificat d'urbanisme positif* » (CAA Nantes, 3 juillet 2020, n°19NT02314).

- Pour un préjudice subi du fait du classement de leurs terrains en zone inconstructible et du retard avec lequel leur a été délivré un certificat d'urbanisme : le fait, dans une réclamation préalable adressée à l'administration, de demander l'indemnisation du préjudice résultant d'une faute tenant à un retard, suffit à lier le contentieux, quand bien même n'est pas mentionnée dans la réclamation préalable l'existence d'un préjudice moral et de jouissance, évalué ensuite devant le tribunal administratif (CE, 6 juin 2012, n° 329123).

- Absence de préjudice indemnisable : pas de droit acquis pour un certificat d'urbanisme précisant à tort le taux d'une taxe, 0,3% au lieu de 3% (CE, 8 février 2019, n° 422007). Un certificat d'urbanisme mentionnait de manière erronée que le taux de la taxe d'aménagement était de 0,3 %, alors que le conseil municipal l'avait fixé à 3 %. Ayant obtenu un permis de construire, les requérants ont demandé au tribunal administratif de condamner la commune à leur verser une indemnité de 3888 euros en réparation du préjudice qu'ils estiment avoir subi du fait de la mention d'un taux de taxe d'aménagement communal erroné figurant sur le certificat d'urbanisme qui leur avait été délivré. Pour le Conseil d'État, « *la circonstance que le certificat d'urbanisme qui a été délivré (...) en 2012 mentionnait de manière erronée que le taux de la taxe d'aménagement était de 0,3 %, alors que le conseil municipal l'avait fixé à 3 %, n'était pas de nature à créer à leur profit un droit acquis à ne pas acquitter la somme due à ce titre lors de la délivrance du permis de construire* ». *En effet,* « *l'article L. 410-1 du Code de l'urbanisme ne saurait avoir pour effet de justifier la délivrance d'un permis de construire en méconnaissance des dispositions légalement applicables à la date du certificat, alors même que ce dernier aurait omis d'en faire mention ou aurait comporté une mention inexacte* ».

L'erreur dans le certificat d'urbanisme n'est pas invocable par le bénéficiaire du permis, car la règle fixée par l'article L. 410-1 du Code de l'urbanisme ne saurait avoir pour effet de justifier la délivrance d'un permis de construire en méconnaissance des dispositions légalement applicables à la date du certificat. « *Si le certificat d'urbanisme a pour effet de garantir à son titulaire un droit à voir sa demande de permis de construire déposée dans les dix-huit mois examinée au regard du régime des taxes et participations d'urbanisme qu'il mentionne, la règle fixée par l'article L. 410-1 du Code de l'urbanisme ne saurait avoir pour effet de justifier la délivrance d'un permis de construire en méconnaissance des dispositions légalement applicables à la date du certificat, alors même que ce dernier aurait omis d'en faire mention ou aurait comporté une mention inexacte. Par suite, la circonstance que l'auteur du certificat d'urbanisme a omis de mentionner une participation ou une taxe légalement applicable à la date de la délivrance de ce document, ou a donné une indication inexacte, n'est pas de nature à créer, au profit du bénéficiaire d'un permis de construire, des droits acquis à ne pas acquitter les sommes dues à ce titre lors de la délivrance du permis. (...) La circonstance que le certificat d'urbanisme qui a été délivré (...) 2012 mentionnait de manière erronée que le taux de la taxe d'aménagement était de 0,3 %, alors que le conseil municipal l'avait fixé à 3 %, n'était pas de nature à créer à leur profit un droit acquis à ne pas acquitter la somme due à ce titre lors de la délivrance du permis de construire* » (CE, 8 février 2019, n°422007).

B. L'attitude de la victime

L'attitude de la victime peut constituer une **cause d'atténuation, voire d'exonération** de la responsabilité de l'autorité publique :

* C'est le cas lorsque le demandeur d'une autorisation d'urbanisme a induit en erreur l'administration (CE, 17 octobre 1973, Mouzin Lizys, A, n° 82740).

Du reste, le Conseil d'État a précisé que « *Le juge ne peut faire application des articles L. 600-5 et L. 600-5-1 du Code de l'urbanisme lorsque l'autorisation d'urbanisme dont il est saisi a été obtenue par fraude* », CE 11 mars 2024, Commune de Saint-Raphaël, n°464257, le demandeur du permis a sciemment trompé la commune en présentant un appentis en ruine comme un bâtiment existant et en dissimulant des éléments sur les plans et photos fournis[48].

* Pour apprécier cette éventuelle atténuation de responsabilité, le juge administratif tient notamment compte de la **complexité** du dossier (CE, 9 juillet 1982, ministre de l'Environnement et du cadre de vie c/ société Le Pré du Roi, B, n° 30487),

* Prise en considération de l'imprudence de la victime (CE, 27 juillet 1979, Blanc et ministre de l'Équipement, A, n° 06875-06995 ; CE, 2 octobre 2002, ministre de l'Équipement, des Transports et du Logement c/ G., B, n° 232720 et, a contrario, CE, 17 juillet 2001, Société européenne nouvelle d'achat immobilier, B, n° 212050)

L'affaire « *Casa di fiori* » (Conseil d'État, 9 octobre 2015, n° 367604) est particulièrement révélatrice : même si une commune a commis des fautes en rendant un terrain constructible et en délivrant un permis illégal, sa responsabilité peut être totalement écartée lorsque le promoteur a fait preuve d'une **imprudence manifeste** lors de l'achat et du montage du projet.

Les considérants de la décision du Conseil d'État mérite d'être reproduits tant la position est intransigeante pour les investisseurs :

« *Considérant qu'il ressort des pièces du dossier soumis aux juges du fond que le terrain acquis par la SCI est situé dans une* ***commune littorale*** *dans*

---

[48] CAA Nantes, 8 juillet 2025, n° 23NT00220, Commune de S., est entachée d'erreur manifeste d'appréciation, le refus du maire de procéder au retrait d'une décision de non-opposition à déclaration préalable, obtenue par une manœuvre frauduleuse des pétitionnaires, pour la rénovation et l'extension d'une maison d'habitation sur un terrain supportant une construction à usage de garage, classé en zone naturelle, dans laquelle le règlement du plan local d'urbanisme.

laquelle sont applicables, en vertu de l'article L. 146-4 du Code de l'urbanisme, des restrictions particulières aux droits à construire ; que le terrain, dont le maire de la commune était l'un des vendeurs, avait été rendu constructible par le plan local d'urbanisme approuvé moins de six mois avant la vente ; que le contrat de vente exonérait le vendeur de tout risque en cas d'impossibilité de construire et plaçait l'acquéreur dans l'impossibilité d'agir, le cas échéant, contre le vendeur ; que, dans ces conditions, et eu égard aux éléments d'incertitude affectant la légalité du plan local d'urbanisme et du permis de construire délivré, en estimant que la SCI n'avait commis aucune imprudence susceptible d'exonérer partiellement ou totalement la commune de sa responsabilité dans la survenance des dommages qu'elle a subis, la Cour administrative d'appel a inexactement qualifié les faits de l'espèce ; que, sans qu'il soit besoin d'examiner les autres moyens qu'elle soulève, la commune de Bonifacio est dès lors fondée à demander l'annulation de l'arrêt qu'elle attaque ;

(...) *par la délibération approuvant le plan local d'urbanisme, la commune de Bonifacio a classé le secteur côtier, où se trouvait le terrain litigieux, en zone NL, en méconnaissance des dispositions du I de l'article L. 146-4 du Code de l'urbanisme ; que, par suite, le permis de construire délivré à la SCI Casa di Fiori le 25 septembre 2007 se trouvait entaché d'illégalité ; que ces deux illégalités, qui ont été respectivement censurées par un arrêt de la Cour administrative de Marseille et un jugement, devenu définitif, du tribunal administratif de Bastia; ces décisions constituent des fautes de nature à engager la responsabilité de la commune à l'égard des préjudices qu'elles auraient directement causés à la SCI ;*

Considérant, toutefois, que compte tenu des circonstances rappelées (...), il ressort des pièces du dossier ***que la SCI a fait preuve d'une particulière imprudence*** *dans la réalisation de son projet immobilier, eu égard notamment, au contrat de vente qu'elle a conclu, qui ne comportait aucune clause résolutoire, et à la situation du terrain d'assiette du permis de construire ; que, par suite, dans les circonstances particulières de l'espèce, la conduite de la SCI est de nature à exonérer entièrement la commune de sa responsabilité ».*

* Prise en compte de la faute de la victime :

** La responsabilité de la commune est engagée lorsqu'elle acquiert des terrains pour un prix symbolique en échange de la promesse de réviser le POS pour rendre constructibles d'autres terrains appartenant au vendeur. Cette responsabilité se fonde sur la jurisprudence relative aux promesses non tenues. La « victime », qui devait connaître les procédures permettant l'évolution du contenu des POS et la compétence des différentes autorités administratives en la matière, ne sera cependant indemnisée que du **quart** du préjudice subi

(CAA Bordeaux, 13 nov. 1995, Cie des salins du midi et des salines de l'est, n°94BX00467

* Prise en compte de son éventuelle **qualité de professionnel** de l'immobilier (CE, 7 mai 2007, Société immobilière de la banque de Bilbao et de Viscaya d'Ilbarritz, C, n° 282311). De même que dans la décision précitée du Conseil, CE 16 nov. 1998, M. Sille, n°175142, la responsabilité de la personne publique dans ce cas est atténuée : « *en renonçant à modifier le POS au vu des résultats négatifs de l'enquête publique, la commune n'a commis aucune faute;* ***(...) le promoteur, professionnel de l'immobilier, ne pouvait ignorer les aléas qui pèsent sur un programme immobilier*** *[...] il devait envisager l'éventualité où, face aux résultats négatifs de l'enquête publique et à l'hostilité rencontrée par le projet, celui-ci serait abandonné par la commune ; qu'ayant assumé ce risque en toute connaissance de cause, il ne saurait soutenir qu'il a subi un préjudice anormal... qu'il y a lieu (...) de tenir compte de* ***l'imprudence*** *commise par ce dernier en engageant des frais dans une opération dont il ne pouvait ignorer le caractère aléatoire ; que, dans ces conditions, les premiers juges ont procédé à une juste appréciation des faits de l'espèce en ne mettant à la charge de la commune que* ***la moitié*** *du préjudice indemnisable* ». Pourtant, il y a eu tergiversation : le projet initial d'un promoteur est abandonné au profit d'un projet plus vaste suggéré par la commune, puis la commune a renoncé à entreprendre la modification nécessaire du document d'urbanisme.

La démarche est constante, y compris lorsqu'il s'agit de la délivrance d'un certificat d'urbanisme. Le juge réduit la part de la responsabilité de l'administration qui délivre le certificat lorsque le pétitionnaire est un professionnel de l'immobilier agissant avec imprudence :

« Compte tenu de la localisation du terrain d'assiette du projet de construction envisagée, à proximité de l'estuaire de la Gironde, et de l'importance de l'opération immobilière, tendant à la réalisation de 40 logements, il appartenait au pétitionnaire, quand bien même les informations que la commune lui a fournies étaient incomplètes et ne mentionnaient pas l'application des dispositions de la loi Littoral, de s'entourer de garanties quant à la délivrance des autorisations de construire nécessaires à l'aboutissement de son projet et de se prémunir contre le risque d'un refus, notamment par la sollicitation d'un certificat d'urbanisme opérationnel. Comme l'a indiqué à juste titre le tribunal administratif, qui ne s'est pas limité à relever que le pétitionnaire était un professionnel de l'immobilier mais a également indiqué les différents points qui auraient objectivement dû inciter le pétitionnaire à faire montre de davantage de prudence, la société (...), en procédant à l'acquisition des terrains en litige, alors même qu'elle n'était pas certaine, au vu des renseignements lui ayant été fournis, d'obtenir les autorisations de construire nécessaires, a elle-même commis une imprudence fautive. Dans ces circonstances, c'est à bon

droit que les premiers juges ont considéré que la faute commise par la société (...) était de nature à exonérer pour moitié la commune de (...) de sa responsabilité » (CAA Bordeaux, 2 juillet 2020, n°18BX04244).

Par ailleurs, le juge, pour déterminer le montant du préjudice indemnisable, doit tenir compte des « *avantages financiers de toute nature dont l'intéressé a pu bénéficier* » du fait de la faute de l'administration (CE, Sect., 25 juin 1971, ministre de l'Équipement et du Logement c/ B., A, n° 80473), ou des bénéfices retirés de l'existence d'une construction irrégulière (CE, 5 octobre 1988, SCI Les Trois Roses, A, n°53511).

Concernant l'imprudence du particulier (par opposition avec le professionnel de l'immobilier), la Haute juridiction administrative a pu rendre une décision assez sévère, mais tout dépend des circonstances examinées par le juge.

- Dans certains cas, le juge administratif estime que le **particulier ne pouvait pas totalement ignorer les risques tenant à la situation du terrain** (risques d'inondation). Pour retenir l'existence d'une faute du pétitionnaire de nature à limiter la part de responsabilité de la commune, « *la Cour administrative d'appel s'est fondée sur ce qu'il ne pouvait ignorer que le terrain en cause était exposé à un risque d'inondation, le certificat d'urbanisme du 21 mars 2008 et la plaquette d'information préventive relative au* ***plan de prévention des risques inondations de l'estuaire du Lay****, rédigée en juillet 2007, mentionnant expressément l'existence d'un tel risque d'inondation. En statuant ainsi, par un arrêt suffisamment motivé sur ce point, la cour a exactement qualifié les faits de la cause. En fixant à* ***20 % la part*** *du dommage subi correspondant à la faute commise par M. A..., la cour s'est livrée à une appréciation souveraine exempte de dénaturation* » (CE, 13 mars 2020, n°423501).

- Mais ne sera pas reconnue de faute du particulier, bénéficiaire d'un certificat positif en 2009, et dont il n'a pas fait usage, puis victime d'un classement de sa parcelle de terrain à La Faute-sur-Mer en zone inconstructible, à la suite de la tempête Xynthia, sachant que le notaire avait mentionné dans l'acte de vente la prescription d'un plan de prévention des risques inondation : « ... *en 2009, lors de l'acquisition par M. et Mme D... de leur terrain, celui-ci était classé en zone constructible. La seule circonstance que l'acte notarié mentionne qu'un PPRI avait été prescrit,* ***ne peut, en l'espèce, être de nature à permettre aux intéressés, non professionnels de l'immobilier, d'appréhender l'ampleur du risque auquel ils étaient confrontés****. Dans ces conditions, alors même que les intéressés n'ont pas fait usage des droits mentionnés dans le certificat d'urbanisme dans les 18 mois suivant sa délivrance, aucune faute de M. et Mme D... n'est de nature à exonérer en tout ou en partie la responsabilité de la commune de l'Aiguillon-sur-Mer et de l'État* » (CAA Nantes, 3 juillet 2020, n°19NT02314).

- Pas de faute du particulier d'autant que le certificat d'urbanisme positif avait un contenu précis et clair en sa faveur : « *la cour a jugé que eu égard au caractère précis et sans ambiguïté du certificat d'urbanisme, et alors que la SCI (...) n'est pas un professionnel de l'immobilier, les circonstances que celle-ci aurait été assistée d'un géomètre-expert et d'un notaire et qu'elle aurait manqué de discernement en procédant à l'acquisition rapide et inconditionnelle du terrain n'étaient pas, de nature à caractériser de sa part une faute d'imprudence susceptible d'atténuer la responsabilité de la commune. En se prononçant ainsi, par un arrêt suffisamment motivé sur ce point, la cour n'a pas inexactement qualifié les faits de la cause contrairement à ce que soutient la commune* » (CE, 25 mars 2019, n° 383428).

C. La responsabilité de la commune vis-à-vis de son maire

La responsabilité de la commune est engagée pour les actes fautifs du maire[49] (même condamné pénalement), mais qualifiés de non détachables du service (voir Cour d'appel de Poitiers, 4 avril 2016, n° 16/00199), puisque s'exerçant dans le cadre d'une compétence d'urbanisme (dans cette affaire, cas d'un permis de construire délivrés sans tenir compte d'un Plan de prévention des risques). Ni la qualification retenue par le juge pénal, ni le caractère intentionnel des faits retenus contre l'intéressé ne suffisent, par eux-mêmes, à regarder une faute comme étant détachable des fonctions et justifiant l'exclusion du droit à la protection fonctionnelle (Conseil d'État, 30 décembre 2015, n° 391798, n°391800).

De manière traditionnelle, lorsque l'élu commet une faute détachable de sa fonction, il en est personnellement responsable et il est soumis au régime de responsabilité de droit commun. Ce n'est donc pas le cas lorsqu'il commet une faute non détachable de l'exercice des fonctions, c'est-à-dire une faute de service.

Comme le rappelle le rapport sénatorial précité en note sous le titre C, « *Les lois n° 96-393 du 13 mai 1996 et n° 2000-647 du 10 juillet 2000 ont permis aux élus locaux de bénéficier de la protection applicable aux agents publics mis en cause pénalement à l'occasion de l'exercice de leurs fonctions, dès lors qu'il s'agit de faits n'ayant pas le caractère d'une faute personnelle détachable de cet exercice.*

C'est une obligation à la charge de la commune, qui résulte de l'alinéa 2 de l'article L. 2123-34 du CGCT : « la commune est tenue d'accorder sa protection au maire, à l'élu municipal le suppléant ou ayant reçu une délégation ou à l'un de ses élus ayant cessé ses fonctions lorsque celui-ci fait l'objet de poursuites pénales à l'occasion de faits qui n'ont pas le caractère de faute détachable de l'exercice de ses fonctions (...).

---

[49] Voir le Rapport d'information n° 74 (2007-2008) de M. Jean PUECH, fait au nom de l'observatoire de la décentralisation, déposé le 7 novembre 2007, in https://www.senat.fr/rap/r07-074/r07-074.html

Une obligation similaire pèse sur le département (L.3123-29 CGCT) et sur la région (L.4135-29 CGCT).

Cette protection peut comporter le remboursement par la collectivité à l'élu de tous les frais engagés par lui pour sa défense (frais d'avocat, frais de déplacement occasionnés par la procédure, condamnation pécuniaire de l'élu).

La carence ou l'insuffisance de la collectivité dans la protection qu'elle doit assurer à son élu est sanctionnée puisque son abstention ou sa défaillance est susceptible de constituer une faute de nature à engager sa responsabilité. Il revient au juge de déterminer la frontière entre faute personnelle et faute de service : s'agissant d'une faute personnelle, c'est à l'élu de supporter la charge de la réparation, s'agissant d'une faute de service, la réparation incombe à la collectivité ».

Si la collectivité est condamnée à réparer les conséquences d'une faute personnelle commise par un élu comme un agent, dès lors que son comportement présente malgré tout un lien avec le service, alors même qu'aucune faute ne peut être imputée à l'administration et que le préjudice résulte exclusivement de la faute personnelle de l'agent, l'administration pourra exercer une action récursoire à son encontre. La règle est classique en droit administratif (décision Laruelle, Conseil d'État, Assemblée, du 28 juillet 1951, n°04032, Lebon).

Notons que plusieurs textes récents ont cherché à renforcer la protection fonctionnelle des élus. La loi n° 2019-1461 du 27 décembre 2019 relative à l'engagement dans la vie locale et à la proximité de l'action publique a constitué une avancée importante en renforçant l'effectivité de cette protection. Son article 104 impose à toutes les communes de souscrire un contrat d'assurance couvrant le conseil juridique, l'assistance psychologique ainsi que les coûts résultant de l'obligation de protection fonctionnelle du maire, des adjoints et des élus ayant reçu délégation. Elle prévoit en outre une compensation financière de l'État pour les communes de moins de 3 500 habitants. Cette réforme bénéficie tant au volet de protection des élus poursuivis pour des faits non détachables de leurs fonctions qu'à celui des élus victimes d'atteintes commises en raison de leur mandat, ces deux composantes de la protection fonctionnelle étant toutefois antérieures à la loi de 2019.

La loi du 22 décembre 2025 portant création d'un statut de l'élu local a renforcé la protection fonctionnelle des élus victimes d'atteintes liées à l'exercice de leurs fonctions et a clarifié certaines situations susceptibles d'engager leur responsabilité pénale, notamment en matière de conflits d'intérêts. En revanche, elle n'a pas modifié le régime applicable aux élus poursuivis pénalement. La protection fonctionnelle demeure réservée aux élus exerçant des fonctions exécutives ou titulaires d'une délégation. Dans sa décision n° 2024-1107 QPC du 11 octobre 2024, le Conseil constitutionnel a jugé conforme à la Constitution cette différence de traitement, estimant que le législateur pouvait réserver cette protection aux élus exerçant de telles responsabilités « *compte tenu des risques de poursuites pénales auxquels les exposent ces fonctions* ».

THÈME 3.

CONTENTIEUX DES INFRACTIONS

Avant d'évoquer le contentieux des infractions, il est indispensable de passer par un préalable, à savoir une synthèse desdites infractions qui sont répertoriées dans le Code de l'urbanisme. Une des difficultés tenant à la compréhension de cette thématique est l'instabilité de la norme. En l'occurrence, la loi n° 2025-1129 du 26 novembre 2025 de simplification du droit de l'urbanisme et du logement a abrogé certaines dispositions pertinentes, démarche qui laisse perplexe l'utilisateur du Code de l'urbanisme d'autant que le nombre des dispositions rédigées a paradoxalement augmenté. De plus, le champ d'application de ces infractions est fort vaste.

I. Les infractions en droit de l'urbanisme

Il y a en la matière une évolution du droit que nous devons retracer brièvement afin de conserver une vision d'ensemble de la question.

- Avant 2015, il y avait trois articles essentiels et constants du Code de l'urbanisme. Historiquement, les seuls articles de référence étaient L. 160-1, L. 480-1 et L. 480-4 du Code de l'urbanisme (CU) qui énuméraient toute une série d'infractions en renvoyant à de multiples reprises à d'autres dispositions du Code de l'urbanisme pour en sanctionner la méconnaissance. Certes, ces articles n'avaient pas échappé, d'une part à la nouvelle codification transformant contre le bon sens presque tous les articles de base du code, d'autre part à des ajustements en raison des moutures législatives successives.

- Puis, en vertu de l'Ordonnance du 23 septembre 2015, modifiée plusieurs fois dont par la loi Essoc du 23 novembre 2018[50] et par la loi du 27 décembre 2019 relative à l'engagement dans la vie locale et à la proximité de l'action publique[51], les bases textuelles furent les suivantes : il s'agissait de l'article L. 610-1 et suivants et L. 480-1 à L. 480-17 du Code de l'urbanisme.

À partir de 2019, il y a eu un nouveau chapitre intitulé « *Mise en demeure, astreinte et consignation* » (articles L. 481-1 à L. 480-3). Ce dernier permet au maire d'intervenir directement pour faire cesser les infractions aux règles d'urbanisme.

---

[50] Loi n° 2018-727 du 10 août 2018 pour un Etat au service d'une société de confiance

[51] Loi n° 2019-1461 27 décembre 2019 relative à l'engagement dans la vie locale et à la proximité de l'action publique

On note donc une incontestable inflation mais on retrouve toujours le principe d'une énumération d'infractions, formulée avec peu d'esprit de synthèse et assez indigeste à assimiler.

- Enfin, la loi n° 2025-1129 du 26 novembre 2025 de simplification du droit de l'urbanisme et du logement a procédé à de nouvelles modifications.

Désormais, l'état du droit positif se focalise sur les dispositions suivantes :

- **le Titre VIII du Code de l'urbanisme** traitant les « *Dispositions relatives aux contrôles, aux sanctions et aux mesures administratives* » (articles L 480-1 à L 481-4). Ce titre qui se rattache au Livre IV concernant le « *Régime applicable aux constructions, aménagements et démolitions* » se subdivise en deux chapitres :

* Le chapitre préliminaire vise « *les **Constats** des infractions et **sanctions** pénales et civiles* (articles L 480-1 à L 480-17) » qui totalise 18 articles. Il est complété par les dispositions réglementaires suivantes : Articles R480-3 à R*480-7 relevant du Titre VIII : Sanctions

* Le chapitre Ier (non suivi d'un chapitre 2...) est relatif aux questions suivantes : « ***Mise en demeure, astreinte et consignation*** (Articles L481-1 à L481-4) ».

- **le Titre Ier : Infractions et sanctions** : (Articles L610-1, L610-2, L610-3, L610-4) se rattache au Livre VI : Dispositions relatives au contentieux de l'urbanisme (articles L. 600-1-1 à L 610-4). Ces dispositions législatives sont complétées par des mesures réglementaires : **Infractions** et **sanctions** (articles R 610-1 à R 610-3, concernant l'assermentation des agents chargés de constater les infractions)

On signale également au « *Chapitre Ier : Fiscalité de l'aménagement* » (articles L 331-1 à L 331-17), la « *Section 1 : Taxe d'aménagement* » (articles L 331-1 à L 331-17), dotée d'une « *Sous-section 7 : **Contrôle** et **sanctions*** » (articles L 331-21, L 331-22, L 331-23).

Des sanctions sont aussi prévues aux articles L 550-1 et R 550-1, pour les infractions à la réglementation relative à la décentralisation industrielle (*Livre V : Implantation des services, établissements et entreprises*) et aux articles L 520-14 à L 520-16 pour le contrôle et les sanctions propres aux dispositions financières concernant la région d'Île-de-France (articles L 520-1 à L 520-23).

§. 1. Un vaste potentiel d'infractions

En substance, le code vise les diverses infractions aux règles de fond. En pratique, au regard du riche contenu du code largement nourri par les multiples textes régulièrement adoptés et de l'importante planification au niveau local, divers travaux menés par des particuliers comme des professionnels ou des opérations d'aménagement portées par les personnes publiques, peuvent aisément être l'objet d'infractions. Souvent, l'infraction vient de ce que la règle est complexe dans son application ou parce que les aménageurs s'engagent dans la réalisation de projets qui se trouvent parfois à la limite de la légalité et sont tentés par la politique du fait accompli.

Les diverses infractions possibles seront ainsi envisagées par rapport aux règles de fond (A) et d'autres hypothèses sélectionnées de méconnaissances des règles (B). Enfin, on relèvera la consistance variable des infractions (C)

A. L. 610-1, L. 480-1 et L. 480-4 : synthèse des infractions aux règles de fond

Deux articles qui se recoupent dans le Code de l'urbanisme traitent des diverses infractions qu'il est possible de commettre, L. 480-4 et l'article L. 610-1 du Code de l'urbanisme. Ce dernier, tout spécialement, détermine les infractions qui peuvent faire l'objet de poursuites pénales, à savoir :

- les infractions aux dispositions des plans locaux d'urbanisme

- les infractions aux prescriptions imposées par un permis de construire, de démolir ou d'aménager ou par la décision prise sur une déclaration préalable

- les infractions à « d'autres » dispositions contraignantes du code, mentionnées aux titres I à VII du Livre Ier : Réglementation de l'urbanisme. Le nombre de règles applicables est ici particulièrement large.

Ce large éventail d'infractions potentielles est également envisagé à l'article L. 480-4 qui mentionne la « *méconnaissance des obligations imposées par les titres Ier à VII du présent livre et les règlements pris pour leur application* ».

B. Les divers cas d'exécution de travaux ou d'utilisation du sol en méconnaissance des obligations imposées

Concrètement, L. 610-1 envisage les différents cas d'exécution de travaux ou d'utilisation du sol en méconnaissance des obligations imposées par les diverses normes suivantes.

1/ Méconnaissance des PLU ou des documents en tenant lieu ;

2/ Méconnaissance du SCoT (principe de compatibilité).

Les articles L. 131-1 à L. 131-7 du Code de l'urbanisme établissent les obligations de compatibilité et de prise en compte des documents d'urbanisme avec les documents de planification de niveau supérieur. En cas d'exécution de travaux ou d'utilisation du sol en méconnaissance de ces obligations, des sanctions sont donc prévues

3/ Méconnaissance du Règlement national d'urbanisme (RNU).

Le RNU couvre un champ assez large prévu aux articles L. 111-1 à L. 111-35.

Pour rappel, conformément aux dispositions de l'article L. 111-1 du Code de l'urbanisme tel que modifié depuis l'Ordonnance n° 2015-1174 du 23 septembre 2015 relative à la partie législative du livre Ier du Code de l'urbanisme, le règlement national d'urbanisme s'applique sur l'ensemble du territoire sauf exceptions.

Concernant ces exceptions, notons tout d'abord que seuls les articles L. 111-3 à L. 111-5 du Code de l'urbanisme ne sont pas applicables dans les territoires dotés d'un plan local d'urbanisme ou d'un document d'urbanisme en tenant lieu ou d'une carte communale.

En pratique, deux seuls articles méritent attention. L. 111-3 et L. 111-4 reprennent le principe de la constructibilité limité instauré pour inciter les communes à décentraliser l'urbanisme. Le premier dispose :« *En l'absence de plan local d'urbanisme, de tout document d'urbanisme en tenant lieu ou de carte communale, les constructions ne peuvent être autorisées que dans les parties urbanisées de la commune* ».
Cet article est complété par les exceptions à l'impossibilité de construire en dehors des zones urbanisées, répertoriées à l'article L. 111-4. Elles sont assez traditionnelles depuis les premiers textes de décentralisation de l'urbanisme et ont été enrichies avec les nécessités actuelles (notamment pour la production de biogaz, d'électricité et de chaleur par la méthanisation).

Ensuite, une autre exception est prévue par l'article L. 111-1. Elle concerne les dispositions de l'article L. 111-22 qui ne sont pas applicables dans les territoires où un plan local d'urbanisme ou un document d'urbanisme en tenant lieu est applicable. Lorsque la commune n'est pas assujettie à une telle planification, elle peut « *identifier et localiser un ou plusieurs éléments présentant un intérêt patrimonial, paysager ou écologique et définir, si nécessaire, les prescriptions de nature à assurer leur protection* ».

Le RNU permet de fixer des normes auxquelles il est difficile de déroger. Il permet de garantir des principes concernant les questions suivantes :

- Constructibilité interdite le long des grands axes routiers (Articles L. 111-6 à L. 111-10)

- Obligation de desserte (Articles L. 111-11 à L. 111-13)

NB : L. 111-11[52] s'oppose à la délivrance d'une autorisation s'il est impossible de savoir quand et par qui les travaux portant sur les réseaux publics de distribution d'eau, d'assainissement ou de distribution d'électricité seront réalisés alors qu'ils sont nécessaires pour assurer la desserte du projet (CE, 27

[52] Selon l'article L. 111-11, « Lorsque, compte tenu de la destination de la construction ou de l'aménagement projeté, des travaux portant sur les réseaux publics de distribution d'eau, d'assainissement ou de distribution d'électricité sont nécessaires pour assurer la desserte du projet, le permis de construire (...) ne peut être accordé si l'autorité compétente n'est pas en mesure d'indiquer dans quel délai et par quelle collectivité publique ou par quel concessionnaire de service public ces travaux doivent être exécutés (...) ».

juillet 2015, n° 374035 ; CE, 22 juillet 2020, n° 431419 ; CE, 4 novembre 2025, n° 499340).

- Densité et reconstruction des constructions (Articles L111-14 à L111-15)

Selon l'article L111-15 : Lorsqu'un bâtiment régulièrement édifié vient à être détruit ou démoli, sa reconstruction à l'identique est autorisée dans un délai de dix ans nonobstant toute disposition d'urbanisme contraire, sauf si la carte communale, le plan local d'urbanisme ou le plan de prévention des risques naturels prévisibles en dispose autrement.

La Cour de Cassation (Civ., 3e, 10 juin 2021) indique que : « *Le fait pour un vendeur de dissimuler à son acquéreur qu'une partie du bien a été édifiée sans permis de construire constitue un vice caché, puisqu'en cas de destruction accidentelle du bien, l'acheteur ne pourra pas le construire à l'identique* ». Pour que le vice caché soit sanctionné, il faut la réunion des trois conditions suivantes : un caractère occulte, antériorité à la vente, atteinte à l'usage du bien.

- Obligation de performances environnementales et énergétiques (Articles L. 111-16 à L. 111-18)

- Réalisation d'aires de stationnement (Articles L. 111-19 à L. 111-21), notamment pour les obligations pesant sur les parcs de stationnement extérieurs de plus de 500 mètres carrés

- Préservation des éléments présentant un intérêt architectural, patrimonial, paysager ou écologique (Articles L. 111-22 à L. 111-23)

Selon l'article L. 111-23 : *« La restauration d'un bâtiment dont il reste l'essentiel des murs porteurs peut être autorisée, sauf dispositions contraires des documents d'urbanisme et sous réserve des dispositions de l'article L. 111-11, lorsque son intérêt architectural ou patrimonial en justifie le maintien et sous réserve de respecter les principales caractéristiques de ce bâtiment* ».

- Mixité sociale et fonctionnelle (Article L. 111-24)

- Camping, aménagement des parcs résidentiels de loisirs, implantation des habitations légères de loisirs et installation des résidences mobiles de loisirs et des caravanes (Article L. 111-25)

- Friches (Article L. 111-26)

- Installations de production d'énergie photovoltaïque sur des terrains agricoles, naturels et forestiers (Articles L. 111-27 à L. 111-34)

- Réfection et surélévation des constructions (Article L. 111-35)

4/ Méconnaissance d'une protection édictée par la commune concernant les divisions foncières :

Cette règle découle de l'article L. 115-3 qui mérite d'être cité :

« *Dans les parties de commune nécessitant une protection particulière en raison de la qualité des sites, des milieux naturels et des paysages, le conseil municipal peut décider, par délibération motivée, de soumettre, à l'intérieur de zones qu'il délimite, à la déclaration préalable, les divisions volontaires, en propriété ou en jouissance, d'une propriété foncière, par ventes ou locations simultanées ou successives qui ne sont pas soumises à un permis d'aménager.*

L'autorité compétente peut s'opposer à la division si celle-ci, par son importance, le nombre de lots ou les travaux qu'elle implique, est de nature à compromettre gravement le caractère naturel des espaces, la qualité des paysages ou le maintien des équilibres biologiques.

Lorsqu'une vente ou une location a été effectuée en violation des dispositions du présent article, l'autorité compétente peut demander à l'autorité judiciaire de constater la nullité de l'acte. L'action en nullité se prescrit par cinq ans à compter de la publication de l'acte ayant effectué la division.

Un décret en Conseil d'État détermine les conditions d'application du présent article.

Il précise : - les divisions soumises à déclaration préalable (exclusion : opération d'aménagement autorisée, opération d'aménagement foncier rural, division dans le cadre d'un bail rural et - les conditions dans lesquelles la délimitation des zones mentionnées au premier alinéa est portée à la connaissance du public ».

5/ Méconnaissance de règles en matière de coupes et d'abattages d'arbres effectuées en infraction aux dispositions de l'article L. 421-4, (...) *sur les territoires des communes, parties de communes ou ensemble de communes où l'établissement d'un plan local d'urbanisme a été prescrit mais où ce plan n'a pas encore été rendu public ou concernant des espaces boisés identifiés ou classés*

6/ Exécution de travaux ou d'utilisation du sol en infraction aux dispositions des articles L. 113-11 et L. 113-12 relatives à la protection des espaces naturels sensibles des départements ;

7/ Exécution, dans une zone d'aménagement concerté (ZAC), de travaux dont la réalisation doit obligatoirement être précédée d'une étude de sécurité publique en application de l'article L. 114-1, avant la réception de cette étude par la commission compétente en matière de sécurité publique.

Une atténuation importante doit être signalée : depuis le 1er janvier 2019, l'article L. 610-1 modifié par la loi n° 2018-1021 du 23 novembre 2018 portant évolution du logement, de l'aménagement et du numérique dispose que : « *Sauf en cas de fraude, le présent article n'est pas applicable lorsque le bénéficiaire d'une autorisation définitive relative à l'occupation ou l'utilisation du sol, délivrée selon les règles du présent code, exécute des travaux conformément à cette autorisation ».*

C. La consistance des infractions au régime du permis ou de la déclaration préalable est variable

* La première hypothèse à envisager est la construction **sans permis**, comme la réalisation de travaux sans déclaration préalable, qui est pénalement sanctionnée. Les hypothèses peuvent être les suivantes :

- car aucune demande ou déclaration n'a été effectuée permettant une instruction par rapport aux normes qui s'imposent

NB : *Le dossier de permis de construire doit être déposé ou adressé par courrier recommandé avec accusé de réception en mairie. Il doit l'être en 4 exemplaires. Depuis le 1er janvier 2022, dépôt possible de la demande par voie dématérialisée.*

- car les travaux sont entrepris avant la délivrance du permis de construire ou avant l'expiration du délai d'opposition pour les travaux déclarés (par exemple pour un terrassement)

- car les travaux sont entrepris sur la base de lettres favorables du maire qui ne sauraient tenir lieu de permis de construire (le maire qui, par courrier, s'était déclaré favorable à un transfert de permis de construire puis qui, après visite du chantier, avait demandé quelques modifications architecturales, savait que ces courriers ne valaient pas permis de construire alors que le premier de ces courriers avait conduit les intéressés à entreprendre les travaux non autorisés ; il s'est donc rendu coupable de **complicité** de construction sans permis. Il a en effet, par son aide et son assistance, sciemment facilité la préparation et la consommation du délit (Crim. 15 oct. 2002, n° 01-87.640)

- les travaux sont entrepris après un refus de permis ou après une opposition à travaux déclarés

- les travaux sont entrepris malgré la caducité du permis de construire/ retrait/suspension

Le délit de construction sans permis de construire s'accomplit pendant toute la durée des travaux non autorisés.

* La seconde hypothèse concerne l'exécution de travaux non conformes au permis de construire ou à la déclaration ou à la déclaration.

La réalisation de travaux non conformes au permis de construire constitue une infraction (Crim.23 oct. 1990, n° 89-80.426). Il en va de même pour les travaux non conformes à une déclaration ayant fait l'objet d'une décision de non-opposition (Crim. 14 sept. 1999, n° 98- 87.802).

Le juge pénal doit donc contrôler si les travaux effectués sont ou non conformes à l'autorisation délivrée ou à la déclaration faite (Crim. 4 févr. 1992, n° 90-87.590 : « *en statuant comme elle a fait, sans constater la violation d'une prescription du permis de construire, la cour d'appel a privé sa décision de base légale* »

Il faut cependant rappeler l'alinéa 7 de l'article L. 610-1 selon lequel « *Sauf en cas de fraude, le présent article* (poursuite pour infraction) *n'est pas applicable lorsque le bénéficiaire d'une autorisation définitive relative à l'occupation ou l'utilisation du sol, délivrée selon les règles du présent code, exécute des travaux conformément à cette autorisation* ».

§. 2. Constatation des infractions

Constater une infraction relève en général du Code pénal : cela découle de l'article 40 du code de procédure pénale qui oblige « *toute autorité constituée, tout officier public ou fonctionnaire qui, dans l'exercice de ses fonctions, acquiert la connaissance d'un crime ou d'un délit, d'en aviser sans délai le procureur de la République* ». Plusieurs infractions aux règles d'urbanisme sont considérées comme des délits et sont condamnables pénalement telles que le fait de réaliser des travaux sans avoir obtenu d'autorisation d'urbanisme, de ne pas respecter les prescriptions de l'autorisation d'urbanisme obtenue, réaliser des travaux non conformes aux règles d'urbanisme, pour l'hypothèse des travaux exemptés de permis ou encore exécuter des travaux après la péremption de l'autorisation d'urbanisme. C'est donc au Procureur d'apprécier l'opportunité de mettre en œuvre ou non l'action publique pour déclencher d'éventuelles poursuites pénales.

Mais la question du constat des infractions est également traitée plus spécifiquement par l'article L. 480-1 du Code de l'urbanisme.

Selon le 1er alinéa :« *Les infractions aux dispositions des titres Ier, II, III, IV et VI du présent livre sont constatées par tous officiers ou agents de police judiciaire ainsi que par tous les fonctionnaires et agents de l'État et des collectivités publiques commissionnés à cet effet par le maire ou le ministre chargé de l'urbanisme suivant l'autorité dont ils relèvent et assermentés. Les procès-verbaux dressés par ces agents font foi jusqu'à preuve du contraire* ».

Le deuxième alinéa prévoit néanmoins que lorsque les infractions affectent des immeubles soumis aux dispositions législatives du code du patrimoine relatives aux monuments historiques, aux abords des monuments historiques ou aux sites patrimoniaux remarquables ou aux dispositions législatives du code de l'environnement relatives aux sites, elles peuvent être constatées par les agents commissionnés à cet effet par l'autorité administrative compétente et assermentés.

La connaissance d'une infraction oblige l'autorité compétente à établir un procès-verbal (P-V) comme en disposent les alinéas 3 et 4 de l'article L. 480-1 : « *Lorsque l'autorité administrative et, au cas où il est compétent pour délivrer les autorisations, le maire ou le président de l'établissement public de coopération intercommunale compétent ont connaissance d'une infraction de la nature de celles que prévoient les articles L. 480-4 et L. 610-1, ils sont tenus d'en faire dresser procès-verbal.*

Copie du procès-verbal constatant une infraction est transmise sans délai au ministère public ».

La recherche et le constat des infractions ne peuvent être entravés en quelque manière que ce soit. L'article L. 480-12 (version en vigueur depuis le 29 décembre 2019) dispose que : « *Le fait de faire obstacle aux fonctions exercées par les autorités, fonctionnaires et agents habilités à exercer les missions de contrôle administratif prévues au chapitre Ier du titre VI du présent livre ou de recherche et de constatation des infractions prévues par le présent code est puni de six mois d'emprisonnement et de 7 500 € d'amende* ».

Le nouvel article L. 480-17 (version en vigueur depuis le 29 décembre 2019), créé par la loi n°2018-1021 du 23 novembre 2018, évoque le cas de recherche et de constat d'infraction en devant respecter les droits des suspects :

« *I.-Les fonctionnaires et agents mentionnés à l'article L 480-1 recherchent et constatent les infractions prévues par le présent code en quelque lieu qu'elles soient commises.*

Toutefois, ils sont tenus d'informer le procureur de la République, qui peut s'y opposer, avant d'accéder aux établissements et locaux professionnels. Ils ne peuvent pénétrer dans ces lieux avant 6 heures et après 21 heures. En dehors de ces heures, ils y accèdent lorsque les locaux sont ouverts au public.

II.-Les domiciles et les locaux comportant des parties à usage d'habitation ne peuvent être visités qu'entre 6 heures et 21 heures, avec l'assentiment de l'occupant ou, à défaut, en présence d'un officier de police judiciaire agissant conformément aux dispositions du code de procédure pénale relatives aux visites domiciliaires, perquisitions et saisies de pièces à conviction. Cet assentiment doit faire l'objet d'une déclaration écrite de la main de l'intéressé. Si celui-ci ne sait pas écrire, il en est fait mention au procès-verbal, ainsi que de son assentiment ».

§. 3. Interruption des travaux en cas d'infraction

Lorsque le maire constate une illégalité, il va très souvent prendre un arrêté pour faire stopper les travaux. Il va aussi demander au contrevenant de se mettre en conformité.

A. Le droit applicable à l'interruption des travaux : L. 480-2

L'interruption des travaux est une mesure conservatoire qui peut être prise lorsqu'une infraction a été constatée. En tant que telle, elle ne préjuge en rien du résultat des éventuelles poursuites.

Cette mesure s'inscrit dans le déroulement de la procédure pénale, même lorsqu'elle est prise par le maire (qui agit ici en tant qu'agent de l'État).

La source juridique réside dans l'article L. 480-2 selon lequel « *l'interruption des* travaux peut être ordonnée :

- *soit sur réquisition du ministère public agissant à la requête du maire, du fonctionnaire compétent ou de l'une des associations visées à l'article L. 480-1* (une association agréée de protection de l'environnement peut exercer les droits reconnus à la partie civile en ce qui concerne les faits constituant une infraction et portant un préjudice direct ou indirect aux intérêts collectifs qu'elle a pour objet de défendre),

- *soit, même d'office, par le juge d'instruction saisi des poursuites ou par le tribunal correctionnel*

- *L'interruption des travaux peut être ordonnée, dans les mêmes conditions, sur saisine du préfet de région ou du ministre chargé de la culture, pour les infractions aux prescriptions établies en application des articles L. 522-1 à L. 522-4 du code du patrimoine.*

- *L'autorité judiciaire statue après avoir entendu le bénéficiaire des travaux ou l'avoir dûment convoqué à comparaître dans les quarante-huit heures. La décision judiciaire est exécutoire malgré tout recours.*

- *Dès qu'un procès-verbal relevant l'une des infractions prévues à l'article L. 480-4 du présent code a été dressé,* ***le maire peut également, si l'autorité judiciaire ne s'est pas encore prononcée, ordonner par arrêté motivé l'interruption des travaux****. Copie de cet arrêté est transmise sans délai au ministère public. (...)*

- *L'autorité judiciaire peut à tout moment, d'office ou à la demande, soit du maire ou du fonctionnaire compétent, soit du bénéficiaire des travaux, se prononcer sur la mainlevée ou le maintien des mesures prises pour assurer l'interruption des travaux. En tout état de cause, l'arrêté du maire cesse d'avoir effet en cas de décision de non-lieu ou de relaxe. Le maire est avisé de la décision judiciaire. Il en assure, le cas échéant, l'exécution.*

Lorsqu'aucune poursuite n'a été engagée, le procureur de la République en informe le maire qui, soit d'office, soit à la demande de l'intéressé, met fin aux mesures par lui prises.

Le maire peut prendre toutes mesures de coercition nécessaires pour assurer l'application immédiate de la décision judiciaire ou de son arrêté, en procédant notamment à la saisie des matériaux approvisionnés ou du matériel de chantier.

La saisie et, s'il y a lieu, l'apposition des scellés sont effectuées par l'un des agents visés à l'article L 480-1 (...) qui dresse le procès-verbal ».

- Carence : *Les pouvoirs qui appartiennent au maire (...) ne font pas obstacle au droit du représentant de l'État dans le département de prendre, dans tous les cas où il n'y aurait pas été pourvu par le maire et après une mise en demeure adressée à celui-ci et restée sans résultat à l'expiration d'un délai de 24 heures, toutes les mesures prévues ci-dessus*

- *Dans le cas de constructions sans permis de construire ou d'aménagement sans permis d'aménager, ou de constructions ou d'aménagement poursuivis malgré une décision de la juridiction administrative suspendant le permis de construire ou le permis d'aménager,* ***le maire prescrira par arrêté l'interruption des travaux ainsi que, le cas échéant, l'exécution, aux frais du constructeur, des mesures nécessaires à la sécurité des personnes ou des biens*** *; copie de l'arrêté du maire est transmise sans délai au ministère public. Dans tous les cas où il n'y serait pas pourvu par le maire et après une mise en demeure adressée à celui-ci et restée sans résultat à l'expiration d'un délai de vingt-quatre heures, le représentant de l'État dans le département prescrira ces mesures et l'interruption des travaux par un arrêté, avec copie sera transmise sans délai au ministère public.*

- L'article L. 480-4-2 prévoit que ; « *Les personnes morales peuvent être déclarées responsables dans les conditions prévues par l'article 121-2 du Code pénal des infractions définies aux articles L. 480-3, L. 480-4, L. 480-4-1, L. 480-12, L. 510-2 et L. 610-1 du présent code* ».

B. Éclairages du juge

- Un refus de dresser un PV peut être attaqué et ne commet pas d'erreur de droit la Cour qui enjoint au maire d'en dresser un alors que les travaux nécessitaient un permis : CE, 25 octobre 2006, ministre des Transports, de l'Équipement, du Tourisme et de la Mer c/ Mme X, n° 289515.

- Le Conseil d'État a précisé que la mise en demeure de régulariser des travaux contraires au droit de l'urbanisme n'est possible que s'ils ne sont pas couverts par la prescription de l'action publique. Elle ne peut donc intervenir que dans un délai de 6 ans suivant leur achèvement (ou suivant la commission de l'infraction s'il s'agit d'une occupation irrégulière sans travaux) : CE, avis 24 juillet 2025, n° 503768, Lebon

- Dans une décision du Conseil d'État récente, CE, 2 octobre 2025, n° 503737, le juge s'est prononcé sur le cas du refus de dresser un P-V par un maire (qui a voulu temporiser pour une régularisation) dont un tribunal administratif avait à juger de l'illégalité, alors qu'un permis de régularisation a été obtenu à la date où il a eu à prononcer. Selon le Conseil, l'infraction pénale ne disparaît pas du seul fait d'une régularisation et il y a une obligation de dresser un P-V, sauf prescription des faits. Le juge apprécie la légalité du refus **au jour de la décision de refus**, et non pas à la date à laquelle il statue.

« 1. Le juge de l'excès de pouvoir apprécie, en principe, la légalité d'un acte administratif à la date de son édiction. Si, par exception, il se place à la date à laquelle il statue, c'est afin de conférer un effet pleinement utile à son intervention, eu égard à la nature des droits en cause et à la nécessité de prendre en compte l'écoulement du temps et l'évolution des circonstances de droit et de fait.

[...] le maire est tenu de faire dresser un procès-verbal en application de l'article L. 480-1 du Code de l'urbanisme lorsqu'il a connaissance d'une infraction mentionnée à l'article L. 480-4, résultant soit de l'exécution de travaux sans les autorisations prescrites par le livre IV du code, soit de la méconnaissance des autorisations délivrées et d'en transmettre une copie au ministère public. Cette obligation, qui a notamment pour objet d'informer le ministère public auquel il appartient de décider de la poursuite de l'infraction, n'est pas susceptible de s'éteindre par l'effet de l'écoulement du temps. Si des travaux irrégulièrement exécutés peuvent être régularisés, notamment par la délivrance ultérieure d'une autorisation, un tel changement de circonstances ne fait pas disparaître l'infraction et ne saurait priver d'objet l'action publique.

Dans ces conditions, l'effet utile de l'annulation du refus du maire de faire dresser un procès-verbal d'infraction en application de l'article L. 480-1 du Code de l'urbanisme et de procéder à la transmission d'une copie au ministère public impose que le juge de l'excès de pouvoir, saisi d'une demande d'annulation de ce refus, en apprécie la légalité au regard de la situation de droit et de fait à la date à laquelle cette décision de refus est intervenue, et non au regard de la situation de droit et de fait existant à la date de sa propre décision.

Lorsque le juge administratif annule une telle décision de refus au motif qu'une infraction mentionnée à l'article L. 480-4 était caractérisée à la date de ce refus, il lui incombe en principe d'enjoindre au maire de faire dresser procès-verbal de cette infraction et d'en transmettre une copie au ministère public. Il en va cependant différemment lorsque l'action publique est prescrite à la date à laquelle le juge statue »[53].

- Concernant un constat de caducité par le maire, un tribunal administratif a saisi le Conseil d'Etat de la question suivante : la décision constatant la péremption d'un permis de construire doit-elle être motivée en application du 5° de l'article L. 211-2 du code des relations entre le public et l'administration et en cas de réponse positive à cette question, est-elle alors soumise à une procédure contradictoire en application de l'article L. 121-1 du même code ?

L'avis du Conseil est le suivant : « *Lorsque, pour constater la caducité de l'autorisation d'urbanisme, l'autorité administrative est conduite à porter une*

---

[53] Voir SAGNIER P. -Y., « Les infractions d'urbanisme : le temps administratif et le temps pénal », *AJDA*, 2025, 41, p. 2168.

appréciation sur les faits, notamment sur la nature et l'importance de travaux entrepris, les moyens tirés du défaut de motivation de sa décision et de ce qu'elle n'a pas été précédée du recueil des observations du pétitionnaire sont opérants. ***En revanche, lorsque cette décision procède du seul constat de l'expiration d'un délai****, l'autorité administrative se trouve en situation de compétence liée et les moyens tirés de ce que sa décision serait insuffisamment motivée ou procéderait d'une procédure irrégulière sont, dès lors, inopérants »,* CE 1er juillet 2025, n°502802 Société Les trois lynx (avis)[54].

- Fraude des pétitionnaires : exemples récents

- - Obligation de retrait de la décision non-opposition.
Le refus du maire de procéder au retrait d'une décision de non-opposition à déclaration préalable, obtenue par une manœuvre frauduleuse des pétitionnaires, pour la rénovation et l'extension d'une maison d'habitation sur un terrain supportant une construction à usage de garage, classé en zone naturelle, est entaché d'erreurs manifestes d'appréciation, CAA Nantes, 8 juillet 2025, n°23NT00220.

- - Dans une affaire soumise à un tribunal administratif, une société avait déposé une demande de permis sur plusieurs parcelles appartenant à des propriétaires différents, sans l'accord de l'un d'eux. En affirmant à tort remplir les conditions requises, elle a induit l'administration en erreur, ce qui rend le permis de construire frauduleux, Tribunal administratif de Rouen, n° 2401907, 20 mars 2025.

C. Le pouvoir de contraindre au respect des règles opposables

Les possibilités à envisager sont une amende, une mise en demeure, une astreinte.

L'article L 481-1 du Code de l'urbanisme modifié par la loi de simplification de l'urbanisme du 26 novembre 2025, muscle le pouvoir de contrainte de l'autorité compétente (c'est-à-dire soit celle compétente pour délivrer le permis de construire, d'aménager ou de démolir et pour se prononcer sur un projet faisant l'objet d'une déclaration préalable soit l'État pour certains projets énumérés à L. 422-2 soit, enfin celle compétente dans le périmètre de grande opération d'urbanisme [GOU]) après constat de l'infraction établie par PV et après avoir invité l'intéressé à présenter ses observations. Elle peut procéder ainsi :

-1. Mettre une amende administrative d'un montant maximal de 30 000 € dès le stade de la mise en demeure ou lorsque l'intéressé n'a pas satisfait aux obligations prescrites par la mise en demeure dans le délai imparti (L. 481-1, III quater nouveau) ;

---

54 Voir les Conclusions Dorothée PRADINES https://www.conseil-etat.fr/fr/arianeweb/CRP/conclusion/2025-07-01/502802?download_pdf

- 2. Mettre « *en demeure l'intéressé, dans un délai qu'elle détermine, soit de procéder aux opérations nécessaires à la mise en conformité de la construction, de l'aménagement, de l'installation ou des travaux aux dispositions dont la méconnaissance a été constatée, soit de déposer, selon le cas, une demande d'autorisation ou une déclaration préalable visant à leur régularisation* ».

- Assortir « *la mise en demeure d'une astreinte d'un montant maximal de 1 000 € par jour de retard.*

Son montant est modulé en tenant compte de l'ampleur des mesures et travaux prescrits et des conséquences de la non-exécution.

Le montant total des sommes résultant de l'astreinte ne peut excéder 100 000 € ».

Le recours devant le juge n'exonère pas le contrevenant de se soumettre :

« *L'opposition devant le juge administratif à l'état exécutoire pris en application de l'amende ou de l'astreinte ordonnée par l'autorité compétente n'a pas de caractère suspensif* »

En cas de carence du maire, le représentant de l'État peut agir :

- « *Le représentant de l'État dans le département peut, **après avoir invité** l'autorité compétente à exercer les pouvoirs mentionnés au présent article et aux articles L. 481-2 et L. 481-3 **et en l'absence de réponse** de sa part dans un délai d'un mois, **se substituer** à elle par arrêté motivé pour l'exercice desdits pouvoirs* ».

En cas d'inaction du contrevenant malgré mise en demeure, celui-ci peut encourir à une amende significative :

« *L'autorité compétente peut ordonner le paiement d'une amende au plus égale à 30 000 € lorsque l'intéressé n'a pas satisfait dans le délai imparti aux obligations prescrites par la mise en demeure prévue au présent article* ».

L'autorité peut procéder d'office à la réalisation des mesures prescrites, voire à la démolition aux frais de l'intéressé dans certaines hypothèses :

« *Indépendamment des poursuites pénales qui peuvent être exercées, lorsque les travaux entrepris et exécutés mentionnés au I du présent article ont produit des installations qui présentent un risque certain pour la sécurité ou pour la santé ou qui se situent hors zones urbaines et lorsque la mise en demeure est restée sans effet au terme du délai imparti* »

« *S'il n'existe aucun moyen technique permettant de régulariser les travaux entrepris ou exécutés, en conformité avec les règlements, les obligations ou les prescriptions mentionnées au I du présent article, l'autorité compétente peut procéder à la démolition complète des installations qui présentent un risque certain pour la sécurité ou pour la santé ou qui se situent hors zones urbaines, aux frais de l'intéressé, après y avoir été autorisée par un jugement du président du tribunal judiciaire statuant selon la procédure accélérée au fond* ».

II. Les Peines

À ce stade, il est intéressant de clarifier les choix possibles d'une collectivité face à une violation des règles d'urbanisme.

En substance, après avoir transmis le PV d'infraction au Procureur, celui-ci pourra saisir le juge pénal qui agira notamment sur le fondement de l'article L. 480-5 du Code de l'urbanisme. La commune pourra se porter partie civile dans le cadre de cette instance (dernier alinéa de l'article L 480-1[55]). Elle peut saisir le tribunal judiciaire en vue de faire ordonner la démolition ou la mise en conformité d'un ouvrage irrégulier en invoquant l'article L. 480-14 du Code de l'urbanisme ou par la voie du référé (article 835 du code de procédure civile). Enfin, selon les textes intervenus en la matière depuis 2019[56] et 2025, l'autorité administrative peut agir utilement dans le cadre d'une procédure administrative prévue à l'article L. 481-1 du Code de l'urbanisme. Le Conseil d'État a précisé que par l'article L. 481-1, le législateur a entendu doter cette autorité de moyens propres d'action en présence d'infractions commises en matière d'urbanisme, sans préjudice de l'engagement de poursuites pénales à l'encontre de leurs auteurs, sous réserve cependant du respect du délai de 6 ans de prescription de l'action publique[57]. Le maire par exemple a la faculté de mettre lui-même en demeure l'auteur de travaux illégaux d'avoir à se mettre en conformité ce qui peut inclure la démolition des constructions si elles ne sont pas susceptibles d'être régularisées (CE, 22 décembre 2022, Commune de Villeneuve-lès-Maguelone, n 463331, Lebon). Cette mise en demeure peut être assortie d'une astreinte (article L. 480-2 du Code de l'urbanisme). Si la mise en demeure est restée improductive, l'autorité administrative compétente peut obliger l'auteur de l'infraction à consigner entre les mains du comptable public une somme équivalente au montant des travaux de mise en conformité à réaliser (L. 481-3).

§. 1. Les différents cas

Il faut se référer ici au droit positif, en particulier, les articles L. 480-3 pour les travaux poursuivis malgré une interruption, L. 480-4 relatif aux travaux en méconnaissance des obligations réglementaires ou des décisions individuelles et L480-4-1 concernant les lotissements.

---

[55] « *La commune ainsi que l'établissement public de coopération intercommunale compétent en matière d'urbanisme peuvent exercer les droits reconnus à la partie civile, en ce qui concerne les faits commis sur leur territoire et constituant une infraction à l'alinéa premier du présent article* » (L 480-1)

[56] Loi n° 2019-1461 du 27 décembre 2019 relative à l'engagement dans la vie locale et à la proximité de l'action publique

[57] Avis n° 503768 du 24 juillet 2025 du Conseil d'État (section du contentieux)

- Article L.480-3 :

En cas de continuation des travaux malgré la décision judiciaire *ou l'arrêté en ordonnant l'interruption, les personnes encourent une amende de 75 000 € et une peine de trois mois d'emprisonnement.*

Ces peines sont également applicables en cas de continuation des travaux malgré la décision de la juridiction administrative prononçant la suspension ou le sursis à exécution de l'autorisation d'urbanisme.

- Article L. 480-4 :

Le fait d'exécuter des travaux en méconnaissance des obligations imposées (par les titres Ier à VII du Livre Ier : Réglementation de l'urbanisme) *ou en méconnaissance des prescriptions imposées par un permis de construire, de démolir ou d'aménager ou par la décision prise sur une déclaration préalable est puni :*

* *d'une amende comprise entre 1 200 euros et un montant qui ne peut excéder, soit, dans le cas de construction d'une surface de plancher, une somme égale à 6 000 euros par mètre carré de surface construite, démolie ou rendue inutilisable au sens de l'article L. 430-2, soit, dans les autres cas, un montant de 300 000 euros.*

* *Les peines peuvent être prononcées contre les utilisateurs du sol, les bénéficiaires des travaux, les architectes, les entrepreneurs ou autres personnes responsables de l'exécution desdits travaux* (on touche ici à la notion de constructeur du droit civil et des personnes assimilées selon les articles 1792 et suivants)

* *En cas de récidive, outre la peine d'amende ainsi définie un emprisonnement de six mois pourra être prononcé.*

* *Ces peines sont également applicables :*

1. En cas d'inexécution, dans les délais prescrits, de tous travaux d'aménagement ou de démolition imposés par les autorisations visées au premier alinéa ;

2. En cas d'inobservation, par les bénéficiaires d'autorisations accordées pour une durée limitée ou à titre précaire, des délais impartis pour le rétablissement des lieux dans leur état antérieur ou la réaffectation du sol à son ancien usage ;

3. En cas d'inexécution, dans les délais prescrits par la mise en demeure prévue à l'article L. 121-22-5, des travaux de démolition et de remise en état rendus nécessaires par le recul du trait de côte.

- Article L. 480-4-1 : lotissement

Est puni d'une amende de 15 000 euros le fait de vendre ou de louer des terrains bâtis ou non bâtis compris dans un lotissement :

* *sans avoir obtenu un permis d'aménager*

ou

* *sans avoir respecté les obligations imposées par l'article L. 442-3* (nécessité de déposer une déclaration préalable), *lorsque le lotissement est soumis à une déclaration préalable*

(NB : dès lors que la division impose la réalisation d'une voie commune à deux lots, elle sera soumise à permis d'aménager, même si le lotissement ne comportera pas plus de deux lots),

* *ou sans s'être conformé aux prescriptions imposées par le permis d'aménager ou par la décision prise sur la déclaration préalable.*

Lorsque les prescriptions imposées n'ont pas été respectées, le tribunal peut en outre impartir un délai au lotisseur pour mettre les travaux en conformité avec lesdites prescriptions, sous peine d'une astreinte prononcée.

Si, à l'expiration du délai fixé par le jugement, les travaux n'ont pas été mis en conformité, l'autorité compétente peut faire effectuer les travaux d'office, aux frais et risques financiers de l'aménageur.

- Concernant le pouvoir du juge pénal s'il est saisi : alternative entre mise en conformité et démolition

L'article L. 480-5 dispose : « *En cas de condamnation d'une personne physique ou morale pour une infraction prévue aux articles L. 480-4 et L. 610-1, le tribunal, au vu des observations écrites ou après audition du maire ou du fonctionnaire compétent, statue même en l'absence d'avis en ce sens de ces derniers, soit sur la mise en conformité des lieux ou celle des ouvrages avec les règlements, l'autorisation ou la déclaration en tenant lieu, soit sur la démolition des ouvrages ou la réaffectation du sol en vue du rétablissement des lieux dans leur état antérieur.*

Les mesures prévues au premier alinéa du présent article peuvent être ordonnées selon les mêmes modalités en cas de condamnation pour une infraction prévue aux mêmes articles L. 480-4 et L. 610-1 selon la procédure simplifiée de l'ordonnance pénale prévue aux articles 495 à 495-6 du code de procédure pénale ou selon la procédure de la comparution sur reconnaissance préalable de culpabilité prévue aux articles 495-7 à 495-16 du même code »

- Hypothèse de l'extinction de l'action publique résultant du décès du prévenu, de la dissolution de la personne morale mise en cause ou de l'amnistie : article L. 480-6

« *L'extinction de l'action publique résultant du décès du prévenu, de la dissolution de la personne morale mise en cause ou de l'amnistie ne fait pas obstacle à l'application des dispositions de l'article L. 480-5.*

Si le tribunal correctionnel n'est pas saisi lors de cette extinction, l'affaire est portée devant le tribunal judiciaire du lieu de la situation de l'immeuble, statuant comme en matière civile.

Le tribunal est saisi par le ministère public à la demande du maire ou du fonctionnaire compétent. Dans les deux cas, il statue au vu des observations écrites ou après audition de ces derniers, l'intéressé ou ses ayants droit ayant été mis en cause dans l'instance.

La demande précitée est recevable jusqu'au jour où l'action publique se serait trouvée prescrite ».

§. 2. Prescription

La réalisation de travaux non conformes à l'autorisation obtenue ou contrevenant au plan local d'urbanisme (PLU) constitue une infraction pouvant engager la responsabilité pénale sur une certaine période, passée de 3 à 6 ans depuis le 28 février 2017 (loi n° 2017-242 du 27 février 2017 portant réforme de la prescription en matière pénale).

L'article 8 du code de procédure pénale dispose en effet que : « *L'action publique des délits se prescrit par six années révolues à compter du jour où l'infraction a été commise* »

Le délai démarre à partir de l'achèvement des travaux comme le rappelle la Cour de cassation (Crim. 9 janvier 2024, n° 22-81. 032) sachant que cette date relève de l'appréciation souveraine du juge du fond (Crim., 10 mai 2022, n° 21-84. 389). En cas de travaux multiples et/ou réalisés de manière fractionnée, le juge retient la date d'achèvement de l'ensemble des travaux réalisés par une entreprise unique (Crim., 1er juin 20-86.073 ; Crim., 14 septembre 2021, n° 20-86.773).

Au-delà du délai de 6 ans, il n'y a plus de poursuites pénales.

Le Conseil d'État a précisé dans un avis de 2025 que ce délai s'impose à l'autorité administrative qui fait usage de l'article L. 481-1 du Code de l'urbanisme : *« le législateur, dont il résulte des travaux préparatoires qu'il a entendu doter cette autorité de moyens propres d'action en présence d'infractions commises en matière d'urbanisme, sans préjudice de l'engagement de poursuites pénales à l'encontre de leurs auteurs, doit être regardé comme ayant exclu que ces pouvoirs puissent être mis en œuvre pour remédier à une méconnaissance des règles relatives à l'utilisation des sols ou des prescriptions d'une autorisation d'urbanisme au-delà du délai de prescription de l'action publique* », Avis n° 503768 du 24 juillet 2025 du Conseil d'État (section du contentieux).

Par ailleurs, en cas de constructions irrégulières successives, l'avis précité indique que seuls les travaux récents et non prescrits peuvent faire l'objet d'une mise en demeure. Pour les régulariser, l'administration doit examiner l'ensemble de la construction, en tenant compte notamment du fait qu'au-delà de 10 ans, l'irrégularité initiale ne peut plus être invoquée (sauf absence totale de permis requis). Si la régularisation est impossible, seules les parties irrégulières concernées peuvent être mises en conformité ou démolies.

Toutefois, passé le délai de la prescription pénale de 6 ans, la commune peut engager la responsabilité civile, dans la limite de 10 ans, en saisissant le tribunal judiciaire pour ordonner la démolition ou la mise en conformité de votre construction.

- L'action civile est visée à l'article L. 480-14 : démolition ou mise en conformité avec prescription de 10 ans.

La commune ou l'établissement public de coopération intercommunale compétent en matière de plan local d'urbanisme peut saisir le tribunal judiciaire en vue de faire ordonner la démolition ou la mise en conformité d'un ouvrage édifié ou installé sans l'autorisation exigée par le présent livre, en méconnaissance de cette autorisation ou, pour les aménagements, installations et travaux dispensés de toute formalité au titre du présent code, en violation de l'article L. 421-8.

*L'**action civile** se prescrit en pareil cas par dix ans à compter de l'achèvement des travaux.*

- Article L. 480-16

L'action en justice née de la violation de la réglementation applicable aux lotissements se prescrit par dix ans à compter de la publication des actes portant transfert de propriété à la publicité foncière.

Passé ce délai, la non-observation de la réglementation applicable aux lotissements ne peut plus être opposée

- Le Conseil constitutionnel a été saisi d'une QPC relative à l'article L. 480-14, interrogé sur la constitutionnalité d'une possible mesure de démolition sur ce fondement. Il y répond avec une réserve d'interprétation par la négative (Décision n° 2020-853 QPC du 31 juillet 2020) estimant que celle-ci n'a pas à s'imposer si une régularisation est possible et acceptée.

« *Le requérant soutient que ces dispositions porteraient une atteinte disproportionnée au droit de propriété consacré par les articles 2 et 17 de la Déclaration des droits de l'homme et du citoyen de 1789. En effet, il fait valoir qu'elles permettraient, pendant un délai de dix ans, la démolition de toute construction au seul motif qu'elle méconnaît une règle d'urbanisme, sans qu'il soit tenu compte de la bonne foi du propriétaire ou de la possibilité d'une régularisation. Selon le requérant, ces dispositions porteraient, pour les mêmes motifs et parce qu'elles peuvent conduire à la destruction d'un ouvrage constituant un domicile, une atteinte disproportionnée au droit au respect de la vie privée.*

3. Par conséquent, la question prioritaire de constitutionnalité porte sur les mots : « la démolition » figurant à la première phrase de l'article L. 480-14 du Code de l'urbanisme. (...).

7. En premier lieu, l'action en démolition prévue par les dispositions contestées ne constitue qu'une conséquence des restrictions apportées aux conditions d'exercice du droit de propriété par les règles d'urbanisme. Elle n'a pour objet que de rétablir les lieux dans leur situation antérieure à l'édification irrégulière de la construction concernée. Il en résulte que, si la démolition d'un tel ouvrage a pour effet de priver son propriétaire de la propriété de ce bien irrégulièrement bâti, elle n'entre pas dans le champ d'application de l'article 17 de la Déclaration de 1789.

8. En second lieu, d'une part, l'action en démolition est justifiée par l'intérêt général qui s'attache au respect des règles d'urbanisme, lesquelles permettent la maîtrise, par les collectivités publiques, de l'occupation des sols et du développement urbain.

9. D'autre part, cette action en démolition ne peut être introduite que par les autorités compétentes en matière de plan local d'urbanisme et dans un délai de dix ans qui commence à courir dès l'achèvement des travaux. Par ailleurs, la démolition ne peut être prononcée que par le juge judiciaire et à l'encontre d'un ouvrage édifié ou installé sans permis de construire ou d'aménager, ou sans déclaration préalable, en méconnaissance de ce permis ou en violation des règles de fond dont le respect s'impose sur le fondement de l'article L. 421-8 du Code de l'urbanisme. Toutefois, les dispositions contestées ne sauraient, sans porter une atteinte excessive au droit de propriété, être interprétées comme autorisant la démolition d'un tel ouvrage lorsque le juge peut, en application de l'article L. 480-14, ordonner à la place sa mise en conformité et que celle-ci est acceptée par le propriétaire.

10. Il résulte de ce qui précède que les limitations apportées par les dispositions contestées à l'exercice du droit de propriété résultant de l'article 2 de la Déclaration de 1789 sont justifiées par un motif d'intérêt général et, sous la réserve énoncée au paragraphe précédent, proportionnées à cet objectif. Le grief tiré de la méconnaissance de cet article doit donc, sous cette réserve, être écarté ». Voir également Conseil d'État, 13 décembre 2023, n° 488749.

- Avant même la décision du Conseil constitutionnel, on note que la Cour de cassation procédait déjà à un contrôle de la proportionnalité de cette demande, soucieuse du respect de l'article 8 de la Convention européenne des droits de l'homme (CEDH) relatif au droit au respect de la vie privée et familiale et à la protection du domicile. Une cour doit mesurer la portée de l'atteinte à une famille dont le domicile est menacé de destruction et les enjeux que présente le respect de la règle méconnue tels que la sécurité publique, protection de l'environnement. La Cour de cassation est attentive à cet examen de proportionnalité : « *qu'il appartient au juge, en matière de violation d'une règle d'urbanisme lors de l'édification d'une construction, d'apprécier concrètement si une mesure de remise en état, impliquant l'expulsion d'une famille et la destruction de son logement, porterait une atteinte disproportionnée au droit de ses membres au respect de leur vie privée et familiale et de leur domicile ; qu'en se bornant à prendre en considération l'importance purement théorique de l'irrégularité affectant les constructions des consorts G... et S... par rapport aux dispositions d'urbanisme, et à affirmer péremptoirement que le droit au respect de la vie privée et familiale et du domicile ne fait pas obstacle à la protection de l'environnement assurée par des dispositions d'urbanisme impératives destinées à préserver l'intérêt public de la commune et de ses habitants, sans rechercher concrètement, comme elle y était expressément invitée (conclusions, pp. 36 à 44), si les mesures d'expulsion et de destruction des constructions litigieuses qu'elle envisageait de prononcer étaient de nature à porter une atteinte disproportionnée à leur droit au respect de leur vie privée et familiale et de leur domicile, dès lors que le couple habitait avec ses trois enfants mineurs sur ce terrain depuis l'acquisition du bien en 2004, que Monsieur S... était inscrit comme artisan au registre des métiers à cette adresse, que leur fille, Mademoiselle P... S..., était scolarisée à l'école de [...], et que l'environnement immédiat de leur parcelle était par ailleurs très urbanisé, avec de nombreuses constructions pavillonnaires de l'autre côté de la rue, et se situait au croisement de deux voies de circulation équipées en eau, électricité et réseaux d'assainissement, la cour d'appel a privé sa décision de base légale au regard de l'article 8 de la Convention européenne de sauvegarde des droits de l'homme et des libertés fondamentales, ensemble l'article 809 du code de procédure civile »* (Cass. 3e civ., 16 janvier 2020, n° 19-10.375).

- Combinaison de l'article L. 480-14 et l'article 835 du code de procédure civile (possibilité de prescrire en référé les mesures conservatoires ou de remise en état qui s'imposent, soit pour prévenir un dommage imminent, soit pour faire cesser un trouble manifestement illicite).

La Cour de cassation dans un arrêt récent (Cass. 3e civ, 20 mars 2025, n° 23-11.527, publié au bulletin) rejette l'argument selon lequel le texte spécial (L. 480-14) n'autoriserait pas la commune à saisir le juge des référés sur le fondement des dispositions de droit commun de l'article 835 alinéa 1 du code de procédure civile. : « *L'article L. 480-14 du Code de l'urbanisme, qui autorise la commune ou l'établissement public de coopération intercommunale compétent en matière de plan local d'urbanisme à saisir le tribunal judiciaire en vue de faire ordonner la démolition ou la mise en conformité d'un ouvrage édifié ou installé sans autorisation, en méconnaissance de cette autorisation ou en violation de l'article L. 421-8, n'a ni pour objet ni pour effet de priver ces autorités de la faculté de saisir le juge des référés, sur le fondement de l'article 835 du code de procédure civile, pour faire cesser le trouble manifestement illicite ou le dommage imminent résultant de la violation d'une règle d'urbanisme et prescrire les mesures conservatoires ou de remise en état qui s'imposent* ».

- La commune peut mettre en œuvre assez facilement l'article L 480-14. La Cour de cassation a précisé que : « *L'article L. 480-14 du Code de l'urbanisme attribue à la commune une action autonome ne nécessitant pas la démonstration d'un préjudice personnel et direct causé par les constructions irrégulières* », Cass. 3e civ, 16 mai 2019, 17-31.757, publié au bulletin.

Cette position avait déjà été arrêtée en 2002 au sujet du dernier alinéa de l'article L. 480-1 qui dispose que *« La commune ainsi que l'établissement public de coopération intercommunale compétent en matière d'urbanisme peuvent exercer les droits reconnus à la partie civile, en ce qui concerne les faits commis sur leur territoire et constituant une infraction à l'alinéa premier du présent article* ». La Cour de cassation, chambre criminelle, a jugé que lorsqu'une commune demande la démolition d'un ouvrage construit en violation du plan d'occupation des sols, elle n'a pas à établir pas l'existence d'un préjudice personnel et direct ouvrant droit à réparation au titre de l'action civile : « *L'article L. 480-1, dernier alinéa, du Code de l'urbanisme, qui permet à la commune d'exercer les droits reconnus à la partie civile, en ce qui concerne les faits commis sur son territoire et constituant une infraction à l'alinéa 1er, n'exige pas que le préjudice qu'elle invoque soit personnel et direct* », Cass. Crim., 9 avril 2002, 01-82.687, Bull. crim. 2002, n° 81 (voir aussi Cass. 3e civ, 25 mars 1998, n° 96-12.410, Bull. 1998, III, n° 75).

- La commune a, concurremment avec l'établissement public de coopération intercommunale compétent en matière de plan local d'urbanisme, qualité pour agir en démolition ou en mise en conformité d'un ouvrage sur le fondement de l'article L. 480-14 du Code de l'urbanisme, Cass. 3e civ, 21 janvier 2021, 20-10.602, publié au bulletin. La Cour précise clairement au sujet de l'action fondée sur l'article L 480-14 que « *ce texte ne prévoit aucunement que l'existence d'un établissement public de coopération intercommunale compétent en matière de plan local d'urbanisme priverait la commune de sa qualité à agir afin de voir ainsi cesser la situation illicite consommée sur son territoire ; qu'en estimant que la commune n'était plus recevable à agir en démolition des ouvrages litigieux à compter du 1er janvier 2013, date à laquelle elle avait transféré à la communauté de communes Grand Saint-Emilionnais sa compétence en matière de plan local d'urbanisme, la Cour a violé l'article L. 480-14 du Code de l'urbanisme par refus d'application* ».

THÈME 4.
DÉMOLITION DES CONSTRUCTIONS

Pour traiter la question de la démolition des constructions, il est indispensable tout d'abord d'identifier les bases juridiques qui s'y appliquent de manière générale, puis il sera possible d'aborder le thème plus spécifique de la démolition dans un lotissement, enfin celui de la démolition ordonnée par le juge administratif.

I. Bases juridiques

Trois questions seront abordées, d'une part le cas des constructions édifiées conformément à un permis de construire (PC) selon l'article L. 480-13, puis celui des constructions réalisées non conformément au PC et enfin l'exécution de la décision.

§. 1. L. 480-13 : constructions édifiées conformément à un PC

L'article L. 480-13 fixe une liste de zones dans lesquelles, sauf exception, le juge judiciaire peut exiger une démolition : 14 cas sont énumérés. Le permis devra au préalable être annulé par le juge administratif.

- Lorsqu'une construction a été édifiée conformément à un permis de construire : l'action pénale et l'action civile peuvent être enclenchées en vue de la démolition au regard des conditions suivantes du droit positif :

* « *Lorsqu'une construction a été édifiée conformément à un permis de construire :*

1° Le propriétaire ne peut être condamné par un tribunal de l'ordre judiciaire à la démolir du fait de la méconnaissance des règles d'urbanisme ou des servitudes d'utilité publique que si, préalablement, le permis a été annulé pour excès de pouvoir par la juridiction administrative et, sauf si le tribunal est saisi par le représentant de l'État dans le département sur le fondement du second alinéa de l'article L. 600-6, si la construction est située dans l'une des zones suivantes :

a) Les espaces, paysages et milieux caractéristiques du patrimoine naturel et culturel montagnard mentionnés à l'article L. 122-9 et au 2° de l'article L. 122-26, lorsqu'ils ont été identifiés et délimités par des documents réglementaires relatifs à l'occupation et à l'utilisation des sols ;

b) Les espaces terrestres et marins, sites et paysages remarquables ou caractéristiques du patrimoine naturel et culturel du littoral et les milieux nécessaires au maintien des équilibres biologiques mentionnés à l'article L.

146-6, lorsqu'ils ont été identifiés et délimités par des documents réglementaires relatifs à l'occupation et à l'utilisation des sols, sauf s'il s'agit d'une construction en bois antérieure au 1er janvier 2010, d'une superficie inférieure à mille mètres carrés, destinée à une exploitation d'agriculture biologique satisfaisant aux exigences ou conditions mentionnées à l'article L. 641-13 du code rural et de la pêche maritime et bénéficiant d'une appellation d'origine protégée définie à l'article L. 641-10 du même code ;

c) La bande de trois cents mètres des parties naturelles des rives des plans d'eau naturels ou artificiels d'une superficie inférieure à mille hectares mentionnée à l'article L. 122-12 du présent code ;

d) La bande littorale de cent mètres mentionnée aux articles L. 121-16, L. 121-17 et L. 121-19 ;

e) Les cœurs des parcs nationaux délimités en application de l'article L. 331-2 du code de l'environnement ;

f) Les réserves naturelles et les périmètres de protection autour de ces réserves institués en application, respectivement, de l'article L. 332-1 et des articles L. 332-16 à L. 332-18 du même code ;

g) Les sites inscrits ou classés en application des articles L. 341-1 et L. 341-2 dudit code ;

h) Les sites désignés Natura 2000 en application de l'article L. 414-1 du même code ;

i) Les zones qui figurent dans les plans de prévention des risques technologiques mentionnées au 1° de l'article L. 515-16 dudit code, celles qui figurent dans les plans de prévention des risques naturels prévisibles mentionnés aux 1° et 2° du II de l'article L. 562-1 du même code ainsi que celles qui figurent dans les plans de prévention des risques miniers prévus à l'article L. 174-5 du code minier, lorsque le droit de réaliser des aménagements, des ouvrages ou des constructions nouvelles et d'étendre les constructions existantes y est limité ou supprimé ;

j) Les périmètres des servitudes relatives aux installations classées pour la protection de l'environnement instituées en application de l'article L. 515-8 du code de l'environnement, lorsque les servitudes instituées dans ces périmètres comportent une limitation ou une suppression du droit d'implanter des constructions ou des ouvrages ;

k) Les périmètres des servitudes sur des terrains pollués, sur l'emprise des sites de stockage de déchets, sur l'emprise d'anciennes carrières ou dans le voisinage d'un site de stockage géologique de dioxyde de carbone instituées en application de l'article L. 515-12 du même code, lorsque les servitudes instituées dans ces périmètres comportent une limitation ou une suppression du droit d'implanter des constructions ou des ouvrages ;

l) Les sites patrimoniaux remarquables créés en application des articles L. 631-1 et L. 631-2 du code du patrimoine ;

m) Les abords des monuments historiques prévus aux articles L. 621-30 et L. 621-31 du même code ;

n) Les secteurs délimités par le plan local d'urbanisme en application des articles L. 151-19 et L. 151-23 du présent code.

L'action en démolition doit être engagée dans le délai de deux ans qui suit la décision devenue définitive de la juridiction administrative ;

2° Le constructeur ne peut être condamné par un tribunal de l'ordre judiciaire à des dommages et intérêts que si, préalablement, le permis a été annulé pour excès de pouvoir ou si son illégalité a été constatée par la juridiction administrative. L'action en responsabilité civile doit être engagée au plus tard deux ans après l'achèvement des travaux.

Lorsque l'achèvement des travaux est intervenu avant la publication de la loi n° 2006-872 du 13 juillet 2006 portant engagement national pour le logement, la prescription antérieure continue à courir selon son régime ».

- L'article L. 600 - 6 du Code de l'urbanisme permet au préfet d'engager une action sur le fondement de l'article L. 480-13, mais aussi de déroger aux limitations précitées :

« *Lorsque la juridiction administrative, saisie d'un déféré préfectoral, a annulé par une décision devenue définitive un permis de construire pour un motif non susceptible de régularisation, le représentant de l'État dans le département peut engager une action civile en vue de la démolition de la construction dans les conditions et délais définis par le 1° de l'article L. 480-13.*

Le représentant de l'État dans le département peut également engager cette action lorsque la construction n'est pas située dans les zones mentionnées aux a à n du même 1°. »

- La Cour de cassation estime que le juge est tenu par la liste de l'article L. 480-13 pour engager une démolition sur son fondement :

« Lorsqu'une construction a été édifiée conformément à un permis de construire, le propriétaire ne peut être condamné par un tribunal de l'ordre judiciaire à la démolir du fait de la méconnaissance des règles d'urbanisme ou des servitudes d'utilité publique que si, préalablement, le permis a été annulé pour excès de pouvoir par la juridiction administrative et si la construction est située dans l'une des zones à protéger, énumérées par l'article L. 480-13 du Code de l'urbanisme ». (....) « Dès lors, doit être cassé l'arrêt qui accueille une telle demande de démolition, après avoir constaté que la construction n'était pas située dans l'un des périmètres spécialement protégés

énumérés au 1° de ce texte », Cass. civ. 3e, 21 mars 2019, 18-13.288, publié au bulletin

- Le Conseil constitutionnel a été saisi de la constitutionnalité de l'article L. 480-13. « *Des associations requérantes reprochent à ces dispositions d'interdire sur la majeure partie du territoire national l'action en démolition d'une construction édifiée en méconnaissance d'une règle d'urbanisme, sur le fondement d'un permis de construire annulé par le juge administratif.* Dans cette décision n° 2017-672 QPC du 10 novembre 2017 Association Entre Seine et Brotonne et autre [Action en démolition d'un ouvrage édifié conformément à un permis de construire], le Conseil va conclure à la conformité des dispositions contestées de cet article du code.

On notera la philosophie poursuivie par le législateur qui irrigue largement le droit de l'urbanisme et exposée par le Conseil constitutionnel : « *en interdisant l'action en démolition prévue au 1 ° de l'article L. 480-13 en dehors des zones qu'il a limitativement retenues, le législateur a entendu réduire l'incertitude juridique pesant sur les projets de construction et prévenir les recours abusifs susceptibles de décourager les investissements. Il ainsi poursuivi un objectif d'intérêt général* ».

Le juge estime de plus que les dispositions contestées ne portent pas d'atteinte disproportionnée aux droits des victimes d'obtenir réparation de leur préjudice, ni d'atteinte au droit à un recours juridictionnel effectif. « *Dans les cas pour lesquels l'action en démolition est exclue par les dispositions contestées, une personne ayant subi un préjudice causé par une construction* ***peut en obtenir la réparation sous forme indemnitaire****, notamment en engageant la responsabilité du constructeur en vertu du 2 ° de l'article L. 480-13 du Code de l'urbanisme. La personne lésée peut par ailleurs obtenir du juge administratif* ***une indemnisation par la personne publique*** *du préjudice causé par la délivrance fautive du permis de construire irrégulier.*

En second lieu, la décision d'annulation, par le juge administratif, d'un permis de construire pour excès de pouvoir ***ayant pour seul effet juridique de faire disparaître rétroactivement cette autorisation administrative****, la démolition de la construction édifiée sur le fondement du permis annulé, qui constitue une* ***mesure distincte****, relevant d'une action spécifique devant le juge judiciaire, ne découle pas nécessairement d'une telle annulation. Les dispositions contestées ne portent donc aucune atteinte au droit d'obtenir l'exécution d'une décision de justice ».*

- La Cour de cassation affirme pour sa part que l'article L. 480-13 du Code de l'urbanisme ne méconnaît pas le principe de sécurité juridique et ne porte pas une atteinte excessive au droit de propriété de l'exploitant, Cass. civ. 3e du 25 avril 2024, n°24-10.256.

Dans cette décision où la Cour était saisie d'une demande de QPC (non transmise pour absence de nouveauté de la question), elle ajoute des informations qui relativisent la portée de l'article L. 480-13 pour réduire encore les chances de destructions. Elle précise ainsi que la seule annulation du permis de construire ne suffit pas, ici concernant 7 aérogénérateurs qui ont été construits et avaient obtenu un certificat de conformité. La Cour indique en effet : « *la condamnation à démolir susceptible d'être prononcée par le juge judiciaire sur le fondement de l'article L. 480-13 du Code de l'urbanisme* ***n'est pas subordonnée à la seule condition que le permis de construire délivré ait été annulé****, mais exige du demandeur à l'action qu'il démontre avoir subi un* ***préjudice personnel*** *en lien de causalité directe,* ***non pas avec la seule présence des constructions environnantes*** *ne respectant pas les règles d'urbanisme ou les servitudes d'utilité publique****, mais avec la violation de la règle d'urbanisme méconnue*** *(3e Civ., 23 novembre 1982, pourvoi n° 81-14.817, publié ; 3e Civ., 11 janvier 2023, pourvoi n° 21-19.778, publié).*

(...) enfin, il relève de l'office du juge judiciaire, saisi d'une demande de démolition sur le fondement de ce texte, de vérifier si, à la date à laquelle il statue, la règle d'urbanisme dont la méconnaissance a justifié l'annulation du permis de construire est toujours opposable au pétitionnaire, et, le cas échéant, si celui-ci n'a pas régularisé la situation au regard de celles qui lui sont désormais applicables ».

§. 2. Construction réalisée non conformément au PC

A. Faculté offerte au propriétaire de la construction

Lorsque la délivrance d'un permis modificatif n'est plus possible une fois l'édifice achevé, le porteur de projet peut toujours déposer une nouvelle demande de permis de construire portant sur l'ensemble des éléments de la construction, Conseil d'État du 25 novembre 2020, n° 429623. Par cette décision, le juge indique « *Si la construction achevée n'est pas conforme au projet autorisé, le titulaire du permis de construire conserve la faculté, notamment si une action civile tendant à la démolition ou à la mise en conformité de la construction a été engagée, de solliciter la délivrance d'un nouveau permis de construire destiné à la régulariser, qui doit porter sur l'ensemble des éléments de la construction qui ont eu pour effet de modifier le bâtiment tel qu'il avait été initialement approuvé et respecter les règles d'urbanisme en vigueur à la date de son octroi* ».

B. Faculté offerte à l'administration

a. Action sur la base de l'article L. 481-1 du Code de l'urbanisme

L'autorité publique peut agir en se basant d'une part sur l'article L. 481-1 du Code de l'urbanisme.

Le législateur a voulu doter l'autorité compétente pour délivrer une autorisation d'urbanisme de moyens propres d'action en présence d'infractions commises en la matière, sans préjudice de l'engagement de poursuites pénales à l'encontre de leurs auteurs.

Dans une décision récente, le Conseil d'État a précisé l'étendue des pouvoirs qui comprend si besoin la démolition pour régulariser les travaux :

*« Il résulte de ces dispositions que, dans le but de renforcer le respect des règles d'utilisation des sols et des autorisations d'urbanisme, le législateur a entendu que, lorsqu'a été dressé un procès-verbal constatant que des travaux soumis à permis de construire, permis d'aménager, permis de démolir ou déclaration préalable ou dispensés, à titre dérogatoire, d'une telle formalité ont été entrepris ou exécutés irrégulièrement, **l'autorité compétente** pour délivrer l'autorisation d'urbanisme **puisse**, dans le cadre de ses pouvoirs de police spéciale et indépendamment des poursuites pénales qui peuvent être exercées pour réprimer l'infraction constatée, **mettre en demeure l'intéressé**, après avoir recueilli ses observations, selon la nature de l'irrégularité constatée et les moyens permettant d'y remédier, **soit de solliciter l'autorisation** ou la déclaration nécessaire, **soit de mettre la construction**, l'aménagement, l'installation ou les travaux en cause **en conformité** avec les dispositions dont la méconnaissance a été constatée, **y compris, si la mise en conformité l'impose, en procédant aux démolitions nécessaires**. Cette mise en demeure peut être assortie d'une **astreinte**, prononcée dès l'origine ou à tout moment après l'expiration du délai imparti par la mise en demeure, s'il n'y a pas été satisfait, en ce cas après que l'intéressé a de nouveau été invité à présenter ses observations »*, Avis n° 503768 du 24 juillet 2025 du Conseil d'État (section du contentieux).

L'exercice de ces pouvoirs par l'autorité administrative compétente impose le constat préalable d'une infraction pénale par un procès-verbal dressé en application de l'article L. 480-1 du même code. De plus, faut-il que la prescription de 6 ans ne soit pas achevée.

On apprend toujours du même avis du Conseil d'État que lorsque des travaux ont été faits illégalement à différents moments, seules les parties récentes (non prescrites) peuvent être concernées par une mise en demeure.

Pour voir si ces travaux peuvent être régularisés, l'administration examine toute la construction dans son ensemble.

Si le bâtiment a plus de 10 ans, on ne peut en principe pas refuser une autorisation uniquement à cause d'irrégularités anciennes, sauf si la construction a été faite sans permis alors qu'il en fallait un.

Si enfin la régularisation est impossible, les travaux pour remettre en conformité (y compris une démolition) ne concernent que les parties irrégulières récentes.

b. Action sur la base de l'article L. 480-14 du Code de l'urbanisme

L'autorité publique agit en saisissant le juge judiciaire qui peut éventuellement ordonner la démolition. L'action civile fondée sur l'article L. 480-14 est ainsi rédigée dans le code :

« *La commune ou l'établissement public de coopération intercommunale compétent en matière de plan local d'urbanisme peut saisir le* ***tribunal judiciaire*** *en vue de faire ordonner la démolition ou la mise en conformité d'un ouvrage édifié ou installé sans l'autorisation exigée par le présent livre, en méconnaissance de cette autorisation ou, pour les aménagements, installations et travaux dispensés de toute formalité au titre du présent code, en violation de l'article L. 421-8. L'action civile se prescrit en pareil cas par dix ans à compter de l'achèvement des travaux* ».

c. Une action de la personne publique soumise au pouvoir d'appréciation du juge judiciaire

Un arrêt de la Cour d'appel de Marseille du 12 octobre 2020, n° 20201260 nous semble une illustration particulièrement révélatrice. Bien que les constructions violent manifestement le droit applicable, la cour refuse la démolition, arguant du moindre impact à laisser celles-ci en l'état.

On rappellera les faits de l'affaire.

Une SCI a été poursuivie pour avoir réalisé des travaux de construction sans permis de construire valide sur des parcelles situées en zone NR du Plan Local d'Urbanisme (PLU) de la commune de Bonifacio, en Corse-du-Sud plus particulièrement dans l'extraordinaire baie de « Rondinara ». Cette zone est protégée par la loi Littoral de 1986, qui limite les constructions dans les espaces naturels remarquables. Les travaux réalisés entre 2010 et 2013 comprenaient la construction de deux villas et une piscine, avec une surface de plancher de 670 m², en violation des règles d'urbanisme et du permis de construire initialement accordé en 1997. Les constructions étaient déplacées par rapport aux plans initiaux et ne respectaient pas les conditions du PLU.

Le tribunal correctionnel d'Ajaccio a condamné la SCI à une amende de 1 million d'euros et à des dommages et intérêts de 3000 euros pour chacune des associations parties civiles (U Levante et ABCDE). La demande de démolition des constructions illégales a été rejetée. La Cour d'appel de Bastia a confirmé ce jugement, mais l'association U Levante a formé un pourvoi en cassation. La Cour de cassation a annulé l'arrêt de la Cour d'appel de Bastia en toutes ses dispositions civiles et a renvoyé l'affaire devant la Cour d'appel d'Aix-en-Provence.

En définitive, la Cour d'appel d'Aix-en-Provence a confirmé le jugement initial, rejetant la demande de démolition des constructions illégales. Elle a estimé que le préjudice environnemental causé par les travaux avait été réparé grâce à des aménagements paysagers et à la végétation qui avait repris ses droits. La cour a également pris en compte le fait que le projet réalisé était moins ambitieux et mieux intégré dans le paysage que le projet initialement autorisé.

La cour a jugé que la remise en état des lieux, demandée par l'association U Levante, entraînerait des atteintes supplémentaires à l'environnement et serait disproportionnée par rapport au préjudice actuel. Elle a confirmé l'allocation de 3000 euros de dommages et intérêts à l'association U Levante pour le préjudice moral, mais a rejeté les demandes de l'association ABCDE, jugées irrecevables. Ainsi, la cour a statué que la réparation du préjudice environnemental était suffisante et qu'il n'était pas nécessaire d'ordonner la démolition des constructions.

§. 3. L'exécution de la décision

Deux dispositions sont à mentionner et ont donné lieu à des décisions intéressantes :

- Article L480-7 :

« *Le tribunal impartit au bénéficiaire des travaux irréguliers ou de l'utilisation irrégulière du sol un* ***délai pour l'exécution de l'ordre de démolition****, de mise en conformité ou de réaffectation ; il peut assortir son injonction d'une astreinte de 500 € au plus par jour de retard. L'exécution provisoire de l'injonction peut être ordonnée par le tribunal.*

Au cas où le délai n'est pas observé, l'astreinte prononcée, qui ne peut être révisée que dans le cas prévu au troisième alinéa du présent article, court à partir de l'expiration dudit délai jusqu'au jour où l'ordre a été complètement exécuté.

Si l'exécution n'est pas intervenue dans l'année de l'expiration du délai, le tribunal peut, sur réquisition du ministère public, relever à une ou plusieurs reprises, le montant de l'astreinte, même au-delà du maximum prévu ci-dessus.

Le tribunal peut autoriser le reversement ou dispenser du paiement d'une partie des astreintes pour tenir compte du comportement de celui à qui l'injonction a été adressée et des difficultés qu'il a rencontrées pour l'exécuter ».

Le Conseil constitutionnel a été saisi d'une QPC sur la dernière phrase de l'alinéa 1er de cet article comme portant atteinte aux droits garantis et au droit de recours. Il valide la constitutionnalité de la disposition contestée, estimant que ce texte prévoit un débat contradictoire et en faisant référence à la jurisprudence du juge quant au caractère proportionné de l'atteinte au droit au respect de la vie privée et familiale de la personne :

« En application du premier alinéa de l'article L. 480-5 du Code de l'urbanisme, en cas de condamnation d'une personne pour certaines infractions prévues par ce code, le tribunal peut ordonner une mesure de restitution consistant en un ordre de démolition, de mise en conformité des lieux ou des ouvrages, ou de réaffectation des sols. Le premier alinéa de l'article L. 480-7 du même code prévoit que, dans ce cas, le tribunal impartit au bénéficiaire des travaux irréguliers ou de l'utilisation irrégulière du sol un délai pour l'exécution de cette mesure de restitution et qu'il peut assortir son injonction d'une astreinte. Selon les dispositions contestées, le tribunal peut également ordonner l'exécution provisoire de cette injonction. D'une part, l'exécution provisoire d'une mesure de restitution ne peut être ordonnée par le juge pénal ***qu'à la suite d'un débat contradictoire*** *au cours duquel la personne prévenue peut présenter ses moyens de défense et faire valoir sa situation. D'autre part, il résulte de la* ***jurisprudence constante de la Cour de cassation que le juge est tenu d'apprécier le caractère proportionné de l'atteinte que cette mesure est susceptible de porter*** *au droit au respect de la vie privée et familiale de la personne prévenue, lorsqu'une telle garantie est invoquée. Dès lors, au regard des conditions dans lesquelles l'exécution provisoire peut être ordonnée par le juge, le grief tiré de la méconnaissance du droit à un recours juridictionnel effectif doit être écarté »*, DC 2024-1099 QPC, 10 juillet 2024, *JORF* n°0164 du 11 juillet 2024.

- Article L. 480-9 :

« Si, à l'expiration du délai fixé par le jugement, la démolition, la mise en conformité ou la remise en état ordonnée ***n'est pas complètement achevée****, le maire ou le fonctionnaire compétent peut faire* ***procéder d'office*** *à tous travaux nécessaires à l'exécution de la décision de justice aux frais et risques du bénéficiaire des travaux irréguliers ou de l'utilisation irrégulière du sol.*

Au cas où les travaux porteraient atteinte à des droits acquis par des tiers sur les lieux ou ouvrages visés, le maire ou le fonctionnaire compétent ne pourra faire procéder aux travaux mentionnés à l'alinéa précédent ***qu'après décision du tribunal judiciaire*** *qui ordonnera, le cas échéant, l'expulsion de tous occupants ».*

- Le Conseil d'État a jugé que l'administration ne dispose pas d'un simple pouvoir discrétionnaire : elle a une véritable obligation d'exécuter les décisions pénales d'urbanisme, et son inertie peut engager sa responsabilité, C, E, 5 avril 2022, Ministre de la transition écologique, n° 447631.

Dans un considérant de principe, le Conseil indique : *« Il résulte des articles L. 480-5, L. 480-7 et L. 480-9 du Code de l'urbanisme que,* ***au terme du délai fixé par la décision du juge pénal*** *prise en application de l'article L. 480-5,* ***il appartient au maire*** *ou au fonctionnaire compétent, de sa propre initiative ou sur la demande d'un tiers, sous la réserve mentionnée au deuxième alinéa de l'article L. 480-9,* ***de faire procéder d'office à tous travaux nécessaires à***

l'exécution *de cette décision de justice, sauf si des motifs tenant à la sauvegarde de l'ordre ou de la sécurité publics justifient un refus... L'obligation à laquelle est tenue l'autorité compétente de faire procéder aux travaux nécessaires à l'exécution de la décision de justice prend effet à l'expiration du délai fixé par le juge pénal, indépendamment du prononcé éventuel d'une astreinte par le juge ou de sa liquidation par l'État* ».

Pour mieux comprendre cette décision et ses implications, un bref rappel des faits est utile. Une société et deux personnes physiques ont été condamnées pénalement (jugement confirmé en appel en 2013) pour des travaux irréguliers d'exhaussement et de coupe d'arbres sur des parcelles à Vallauris, avec obligation de remise en état sous astreinte. Une SCI Familiale, propriétaire d'une des parcelles concernées, a ensuite demandé réparation à l'État et à la commune pour inaction dans l'exécution de cette décision pénale. Le tribunal administratif condamne l'État pour carence fautive (7 000 €), mais rejette la demande contre la commune. La Cour administrative d'appel confirme. L'État se pourvoit en cassation devant le Conseil d'État.

Le Conseil d'État décide de rejeter le pourvoi de l'État et confirme sa responsabilité.

Cette décision précise de manière importante le régime de l'exécution des décisions pénales en matière d'urbanisme.

Tout d'abord, l'obligation d'exécution d'office par l'administration :
à l'expiration du délai fixé par le juge pénal, l'autorité administrative (maire ou État) doit faire exécuter les travaux (démolition, remise en état, etc.), sauf motif lié à l'ordre ou à la sécurité publics. Cette obligation est indépendante du prononcé éventuel d'une astreinte par le juge ou de sa liquidation par l'État.

Ensuite, sur la responsabilité de l'État en cas de carence, le Conseil d'État précise :

Si l'administration s'abstient sans motif légal, cela constitue une faute engageant sa responsabilité. Un simple argument de coût financier n'est pas un motif légal. En l'espèce, la ministre n'avait invoqué que le coût d'une remise en état des lieux pour justifier de son abstention à y faire procéder, sans faire valoir de motif tenant à la sauvegarde de l'ordre ou de la sécurité publics. « *En estimant qu'un tel motif n'était pas de nature à justifier légalement le refus des services de l'État et en en déduisant que leur carence avait constitué une faute de nature à engager la responsabilité de l'État, elle (la Cour) n'a pas non plus commis d'erreur de droit* ».

Concernant la responsabilité sans faute, le Conseil rappelle que même en cas de refus légal d'agir, un tiers peut engager la responsabilité de l'État sur le fondement de l'égalité devant les charges publiques, si le préjudice est grave et spécial. En effet, le Conseil indique que *« lorsqu'elle est saisie d'une demande d'autorisation d'urbanisme visant à régulariser les travaux dont la démolition, la mise en conformité ou la remise en état a été ordonnée par le juge pénal, l'autorité compétente n'est pas tenue de la rejeter et il* ***lui appartient d'apprécier l'opportunité de délivrer une telle autorisation de régularisation, compte tenu de la nature et de la gravité de l'infraction relevée par le juge pénal, des caractéristiques du projet soumis à son examen et des règles d'urbanisme applicables****. Dans le cas où, sans motif légal, l'administration refuse de faire procéder d'office aux travaux nécessaires à l'exécution de la décision du juge pénal, sa responsabilité pour faute peut être poursuivie ».*

II. Démolition et lotissement

Il se peut qu'une construction soit réalisée en méconnaissance du cahier des charges d'un lotissement. Or, le cahier des charges d'un lotissement reste une règle forte et durable entre voisins, pouvant aller jusqu'à imposer la démolition d'une construction, même conforme au permis de construire — sauf si cela apparaît disproportionné ou prescrit.

Son non-respect peut conduire à la démolition car le cahier des charges est un contrat de droit privé qui s'applique entre colotis, qu'il soit approuvé ou non et qui continue de produire des effets sans limitation de durée sur les relations de voisinage.

§. 1. Démolition pour non-respect du cahier des charges

Il est pertinent de s'appuyer sur les enseignements et illustrations de la jurisprudence.

- En particulier, un arrêt de la Cour de cassation rendu en 2016 peut éclairer utilement la question (Cass. civ. 3e, 21 janvier 2016, n° 15-10566)

Les faits étaient les suivants : dans un lotissement disposant d'un cahier des charges en date du 19 août 1926, dont on ignore s'il a été approuvé ou non, une société a obtenu un permis de construire le 7 décembre 2010 aux fins de réalisation de l'extension d'un bâtiment préexistant ayant une superficie de 736 mètres carrés.

Or, l'article 15 du cahier des charges du lotissement stipulait que la surface totale occupée par la construction principale ne peut en aucun cas dépasser une superficie de 250 mètres carrés. Cette société a donc été assignée en référé par acte du 20 juin 2013 par un coloti puis condamnée sous astreinte par ordonnance du 28 octobre 2013 à procéder à la démolition de l'extension édifiée en méconnaissance de cette stipulation. La cour d'appel a confirmé, d'où la saisine Cour de cassation.

La Cour d'appel avait jugé que la clause du cahier des charges réglementant la surface des constructions autorisées dans le lotissement n'était qu'une convention de droit privé et n'instituait pas une règle d'urbanisme. Elle échappait ainsi à la caducité des règles d'urbanisme. Elle a donc refusé de renvoyer à la juridiction administrative la question de savoir s'il s'agissait d'une règle d'urbanisme ou d'une clause de nature réglementaire.

La Cour de cassation a validé cet arrêt estimant que la cour d'appel a exactement retenu que le cahier des charges, quelle que soit sa date, constitue un document contractuel dont les clauses engagent les colotis entre eux pour toutes les stipulations qui y sont contenues. Elle a décidé à bon droit qu'il n'y avait pas lieu à question préjudicielle devant la juridiction administrative et que ces dispositions continuaient à s'appliquer entre colotis.

Au regard de l'article L. 442-9 dans sa rédaction résultant de la loi ALUR, la Cour de cassation a **fait prévaloir le troisième alinéa sur les deux premiers.** En l'occurrence, l'alinéa 1 prévoit que s'il y a un plan local d'urbanisme (PLU), alors en découle la caducité des règles d'urbanisme du lotissement au bout de 10 ans quel que soit leur support formel :

« *Les règles d'urbanisme contenues dans les documents du lotissement, notamment le règlement, le cahier des charges s'il a été approuvé ou les clauses de nature réglementaire du cahier des charges s'il n'a pas été approuvé, deviennent caduques au terme de dix années à compter de la délivrance de l'autorisation de lotir si, à cette date, le lotissement est couvert par un plan local d'urbanisme ou un document d'urbanisme en tenant lieu* ».

Selon l'alinéa 2, s'il y a un PLU et dès l'entrée de la loi ALUR, les règles dérogatoires du lotissement maintenues par la volonté d'une majorité de colotis cessent

« *De même, lorsqu'une majorité de colotis a demandé le maintien de ces règles, elles cessent de s'appliquer immédiatement si le lotissement est couvert par un plan local d'urbanisme ou un document d'urbanisme en tenant lieu, dès l'entrée en vigueur de la loi n° 2014-366 du 24 mars 2014 pour l'accès au logement et un urbanisme rénové* ».

Mais, l'alinéa 3 ouvre une perspective dont la cour a su se servir pour conserver les règles voulues entre colotis : « *Les dispositions du présent article ne remettent pas en cause les droits et obligations régissant les rapports entre colotis définis dans le cahier des charges du lotissement, ni le mode de gestion des parties communes* ».

En conséquence, la décision de démolition est maintenue par la Cour de cassation malgré l'argument d'une sanction disproportionnée par la société. Un des moyens avancés arguait en effet que la démolition imposait au propriétaire constructeur une atteinte à ses biens disproportionnée aux exigences de l'intérêt commun des colotis et méconnaissait l'article 1143 du Code civil.

La Cour de cassation le rejette en jugeant que : « *la réalisation de l'extension contrevenant aux dispositions de l'article 15 du cahier des charges constituait pour [le colotis à l'origine du contentieux] un trouble manifestement illicite et que la démolition de la totalité de l'extension devait être ordonnée pour faire cesser le trouble subi, une telle mesure poursuivant le* ***but légitime d'assurer le respect du cahier des charges régissant les droits des colotis*** *et n'apparaissant pas disproportionnée eu égard à la gravité de l'atteinte causée par l'extension litigieuse* ».

La Cour de cassation se prononce ici au regard de l'article 1143 du Code civil tel qu'il est interprété par sa jurisprudence, laquelle paraît retenir un principe de proportionnalité de la sanction.

- La question de la proportionnalité de la sanction peut être abordée en s'appuyant sur un arrêt de 2015 rendu par la Cour de cassation.

En effet, dans cette jurisprudence de la Cour (Cass. Civ. 3e, 15 octobre 2015, pourvoi n°14-23612), elle juge qu'une cour d'appel qui prononce l'annulation d'un contrat de construction de maison individuelle avec fourniture de plans doit rechercher, lorsque le constructeur s'y oppose, si la démolition de l'ouvrage constitue une sanction proportionnée à la gravité des désordres et des non-conformités qui l'affectent.

De plus, le nouvel article 1221 du Code civil dispose que : *« Le créancier d'une obligation peut, après mise en demeure, en poursuivre l'exécution en nature sauf si cette exécution est impossible ou s'il existe une disproportion manifeste entre son coût pour le débiteur et son intérêt pour le créancier »* (ordonnance n° 2016-131 du 10 février 2016 portant réforme du droit des contrats, du régime général et de la preuve des obligations).

On note la même démarche de la Cour d'appel de Rennes (CA Rennes, 17 mars 2020, RG n° 18/02063) à l'occasion d'un litige pour non-respect des marges de recul imposées par le cahier des charges : (…) « *l'action des époux R, en démolition de la construction réalisée en violation des dispositions contractuelles entre colotis a vocation à prospérer, même si le permis de construire, aujourd'hui définitif, n'a pas été annulé préalablement pour excès de pouvoir par la juridiction administrative* ». La Cour d'appel reprend dans son arrêt la formule déjà employée par la Cour de cassation : « *le cahier des charges du lotissement, convention de droit privé, constitue un document contractuel qui engage les colotis entre eux pour toutes les stipulations qui y sont contenues, et ceci, qu'il soit approuvé ou non* ». L'action des époux en démolition de la construction réalisée en violation des dispositions contractuelles entre colotis va porter ses fruits.

- Cependant selon l'affaire, la démolition n'est pas nécessairement accordée. Elle n'est pas de droit. Certes, les constructions édifiées peuvent ne pas respecter la distance minimale avec les limites séparatives et ne pas être conformes aux indications du plan de masse. Pour autant, la réponse judiciaire a pour objet de réparer un préjudice ou de mettre fin à un trouble de voisinage et la démolition n'est pas systématique au nom du principe de proportionnalité.

Ainsi, la démolition de l'extension, objet d'un permis de construire obtenu en 1991, et de la fermeture des terrasses édifiée en 1997, est apparue disproportionnée au regard de l'intérêt poursuivi par les époux B et C Y qui ne font état d'aucun préjudice causé par ces constructions anciennes dont nul ne s'était plaint jusque-là, Cour d'appel de Pau, 18 février 2020, RG n° 17/03433.

- La destination de la construction, notamment son intérêt public concernant un établissement hospitalier pour personnes âgées dépendantes (EHPAD) est indifférent : Cass. Civ. 3e, 15 mars 2018, V 17-13.495.

Tout colotis, quelle que soit sa qualité dans un lotissement, est tenu de respecter le cahier des charges et peut être condamné à démolir ce qui ne serait pas conforme. Le cahier des charges d'un lotissement, rappelle la Cour de cassation, est un document interne, un contrat qui réglemente sans limitation de durée les rapports de voisinage et les règles intérieures du lotissement.

En l'espèce, la justice a ordonné la démolition de l'établissement hospitalier parce que la construction excédait le maximum de surface bâtie par lot autorisé par le cahier des charges.

La construction, trop grande, crée un « *trouble manifestement illicite* », selon la Cour, et la démolition peut être ordonnée par le juge des référés, juge de l'urgence et de l'évidence, au besoin avec application d'une astreinte, la démolition ayant été ordonnée à la demande des voisins dans ce lotissement.

§. 2. Prescription : article L. 480-16

« *L'action en justice née de la violation de la réglementation applicable aux lotissements se prescrit par dix ans à compter de la publication des actes portant transfert de propriété à la publicité foncière. Passé ce délai, la non-observation de la réglementation applicable aux lotissements ne peut plus être opposée* ».

Ainsi, une cour relevant un délai de prescription écoulé ne peut que constater que la méconnaissance de la réglementation relative aux lotissements est devenue inopposable, Cour administrative d'appel de Lyon, 25 juin 2013, n° 12LY01921

III. Démolition ordonnée par le juge administratif

§. 1. Démolition des ouvrages publics

A. Évolution du principe

Le principe d'intangibilité des ouvrages publics (Conseil d'État du 7 juillet 1853, Robin de la Grimaudière) est relatif. Lorsqu'un ouvrage public est mal ou irrégulièrement implanté, il peut arriver que le juge administratif condamne l'administration à démolir l'immeuble qu'elle a construit.

- Le Conseil d'État a reconnu la faculté au juge administratif de disposer d'un pouvoir d'injonction envers l'administration afin de procéder à la destruction de l'ouvrage litigieux sauf si cette destruction entraîne une atteinte excessive à l'intérêt général et ce, après avoir recherché si une régularisation était néanmoins possible (CE, 29 janvier 2003, SDEG des Alpes maritimes et Commune de Clans, n°245239).

- Puis, le Conseil d'État a estimé que le juge administratif, saisi de conclusions en ce sens, doit se placer au jour où il statue pour estimer si une régularisation de l'ouvrage est possible et si la démolition ne porte pas une atteinte excessive à l'intérêt général (CE, 13 février 2009, n°295885, Communauté de commune du canton de Saint-Malo-de-la-lande).

B. Précisions jurisprudentielles

De nouvelles précisions s'agissant de ce contentieux spécifique ont été apportées.

a. CE, 29 novembre 2019 n°410689, Lebon

La décision du 29 novembre 2019 (n°410689) du Conseil d'État mérite d'être explorée.

Les faits étaient les suivants : entre le palais des études et le jardin de l'hôtel de Chimay de l'École nationale supérieure des Beaux-Arts, classée au titre des monuments historiques, deux bâtiments temporaires d'une surface hors œuvre nette de 1036 m^2 ont été autorisés par un arrêté de 2001 pour une durée de quatre ans et devaient être démontés au terme de cette durée. Ces ouvrages ayant été maintenus sans autorisation au-delà de ce délai, ils sont donc irrégulièrement implantés. Or, ces ouvrages litigieux sont visibles depuis le fonds du requérant et créent des vues sur ce fonds, de sorte que leur maintien affecte les conditions de jouissance par le requérant de son bien. Celui-ci a un intérêt pour agir, ses intérêts étant lésés de façon suffisamment grave et certaine.

Cette décision apporte des éléments intéressants au niveau contentieux.

En premier lieu, le contentieux ne relève plus de la compétence du juge de l'excès de pouvoir mais du juge du plein contentieux.

En second lieu, le Conseil d'État reprécise le cadre juridique applicable à ce type de contentieux :

« *Lorsqu'il est saisi d'une demande tendant à ce que soit ordonnée la démolition d'un ouvrage public dont il est allégué qu'il est irrégulièrement implanté par un requérant qui estime subir un préjudice du fait de l'implantation de cet ouvrage et qui en a demandé sans succès la démolition à l'administration, il appartient au juge administratif, juge de plein contentieux, de déterminer, en fonction de la situation de droit et de fait existant à la date à laquelle il statue,*

* *si l'ouvrage est irrégulièrement implanté* (ici, c'est le cas puisque le permis a été délivré pour 4 ans uniquement)

* *puis, si tel est le cas, de rechercher,*

** ***d'abord****, si eu égard notamment à la nature de l'irrégularité, une régularisation appropriée est possible* (non en l'espèce, eu égard à l'atteinte qu'ils portent au caractère et à l'intérêt des monuments historiques et du site dans lequel ils sont implantés : un permis de construire ne saurait être délivré en vue de l'édification de tels bâtiments sans méconnaître les dispositions du règlement du plan local d'urbanisme de la ville de Paris).

** ***puis****, dans la négative, de prendre en considération,*

*** *d'une part les inconvénients que la présence de l'ouvrage entraîne pour les divers intérêts publics ou privés en présence, notamment, le cas échéant, pour le propriétaire du terrain d'assiette de l'ouvrage* (ici, le maintien de ces bâtiments préfabriqués en acier et en verre installés entre le palais des études et le jardin de l'hôtel de Chimay de l'École nationale supérieure des Beaux-Arts, classée au titre des monuments historiques, porte une atteinte substantielle à l'intérêt et au caractère de leur site d'implantation et de leur environnement proche et présente ainsi un inconvénient majeur pour l'intérêt public qui s'attache à la préservation du patrimoine).

De plus, le juge indique qu'il « *ne résulte pas de l'instruction que la continuité du service public de l'enseignement supérieur rendrait indispensable le maintien de ces ouvrages, ni que l'intérêt qui s'attache à la proximité géographique entre les locaux d'enseignement de l'École nationale supérieure des Beaux-Arts et l'École nationale supérieure d'architecture Paris-Malaquais ne puisse être satisfait autrement que par l'usage continu de tels bâtiments, qui n'ont pas été conçus pour une implantation pérenne et une utilisation permanente comme locaux d'enseignement, et ne peuvent, dès lors, être regardés comme permettant d'assurer les missions d'enseignement supérieur et de recherche dans des conditions satisfaisantes* ».

**** d'autre part, les conséquences de la démolition pour l'intérêt général, et d'apprécier, en rapprochant ces éléments, si la démolition n'entraîne pas une atteinte excessive à l'intérêt général*

Par suite, compte tenu de l'ensemble de ces éléments, la démolition des ouvrages litigieux ne saurait être regardée comme entraînant une atteinte excessive à l'intérêt général.

En l'espèce, le Conseil d'État estime que la destruction de bâtiments n'entraîne pas une atteinte manifestement excessive à l'intérêt général et fait injonction à l'administration de procéder à la destruction desdits bâtiments. En l'espèce, celle des bâtiments préfabriqués dans les jardins de l'École nationale supérieure des Beaux-arts à Paris en bordure de la propriété du requérant.

Le juge ne pourra donc ordonner la démolition de l'ouvrage public que si plusieurs conditions se trouvent réunies :

- impossibilité de régulariser

- bilan coût/avantage en faveur de la démolition (à apprécier par le juge au cas par cas inconvénients pour les divers intérêts publics et privés) ;

- la démolition ne doit pas être de nature à « *entraîner une atteinte excessive à l'intérêt général* ».

b. Conseil d'État, 28 février 2020, n°425743

La décision rendue en 2020 a permis au Conseil d'État de fixer la démarche à suivre par le juge notamment en ce qui concerne l'appréciation de la régularisation :

Les faits de l'espèce se résument ainsi : un couple achète un terrain pour construire une maison. Un transformateur électrique exploité par la société ENEDIS est implanté sur leur parcelle. Estimant cette implantation irrégulière, ils demandent son déplacement. Le tribunal administratif reconnaît une emprise irrégulière, ordonne le déplacement du transformateur (sauf régularisation) et accorde une indemnisation. La Cour administrative d'appel annule l'injonction de déplacement, estimant qu'une régularisation est possible (par expropriation justifiée par l'intérêt général). Les propriétaires se pourvoient en cassation. Le Conseil d'État annule l'arrêt de la Cour administrative d'appel pour erreur de droit.

Cette décision rappelle le raisonnement que doit suivre le juge administratif face à un ouvrage public irrégulièrement implanté, à savoir comme déjà indiqué rechercher si une régularisation est possible (par exemple par convention, autorisation, expropriation), sinon, mettre en balance les atteintes aux intérêts privés (notamment le droit de propriété), et les conséquences de la suppression pour l'intérêt général, afin de décider si la démolition ou le déplacement doit être ordonné

Mais l'intérêt de cette décision est de poser une exigence concrète concernant la régularisation.

Le Conseil d'État précise que la simple invocation de l'intérêt général ne suffit pas. Le juge doit vérifier concrètement :

* si une procédure de régularisation (ici, l'expropriation) est réellement envisagée,

* et si elle a des chances d'aboutir.

Le juge ne peut donc pas se contenter d'une possibilité théorique : il doit exercer un contrôle effectif et concret des perspectives de régularisation.

c. TA Montpellier, 22 janvier 2026, n° 2405458, préfet de l'Hérault

L'actualité montre que la question des démolitions d'ouvrages est une question récurrente.

En l'espèce un jugement du tribunal administratif de Montpellier va ordonner plusieurs démolitions d'ouvrages réalisés dans la bande des 100 mètres hors espace urbanisé.

Les faits permettent de saisir l'ampleur de la décision juridictionnelle.

La commune de Vias a construit en 2019 un promenoir de 200 mètres et une aire de stationnement de 0,80 hectare sur une parcelle, située dans la bande des 100 mètres du littoral. Ces constructions ont été réalisées sans permis de construire, en méconnaissance de la loi Littoral, du règlement national d'urbanisme et du plan de prévention des risques naturels. Par un jugement du 7 mai 2024, le tribunal correctionnel de Montpellier a reconnu la culpabilité de la commune et de son maire pour ces infractions. Le préfet de l'Hérault a demandé la démolition des ouvrages, mais le conseil municipal de Vias a refusé cette demande par une délibération du 18 juillet 2024. Le préfet a alors saisi le tribunal administratif pour obtenir l'annulation de cette délibération et la démolition des ouvrages.

Le tribunal administratif de Montpellier a jugé que les ouvrages en litige (promenoir et aire de stationnement) sont irrégulièrement implantés, car ils contreviennent aux articles L. 121-16 et L. 121-17 du Code de l'urbanisme ainsi qu'au règlement du plan de prévention des risques d'inondation. Ces constructions ne sont pas situées dans un espace urbanisé et ne sont pas nécessaires à des services publics ou activités économiques exigeant la proximité immédiate de l'eau. De plus, elles ne respectent pas les prescriptions du plan de prévention des risques d'inondation.

Le tribunal a ordonné la démolition du promenoir et de l'aire de stationnement dans un délai de six mois, mais a rejeté la demande de démolition de l'esplanade reliant une avenue à la promenade, estimant que sa démolition causerait une atteinte excessive à l'intérêt général.

d. CAA de Lyon 11 février 2021, 20LY00724

Un ouvrage public est tenu de respecter les normes techniques imposées par un décret qui fait lui-même référence à une normalisation AFNOR. S'il ne respecte pas les caractéristiques techniques contraignantes, il est intrinsèquement irrégulier et ne peut être régularisé. La commune qui a fait poser un ralentisseur trop haut (10 cm) ne peut que l'enlever et en faire installer un autre qui respecte les hauteurs maximales (5cm). Une simple réduction de la hauteur est insuffisante si la diminution ne permet pas de respecter la hauteur admise qui dépend du seuil de fréquentation d'une route par des automobiles.

En l'espèce, un particulier a été victime d'un accident en voiture en franchissant un ralentisseur de type trapézoïdal implanté sur une route départementale située en agglomération sur le territoire d'une commune. Il estime que cet accident est dû à une mauvaise implantation du ralentisseur, contraire aux règles du décret du 27 mai 1994. Sur sa demande, le tribunal administratif ordonne la suppression du ralentisseur litigieux mais la commune fait appel contre l'injonction de suppression. La Cour administrative d'appel rejette l'appel de la commune et confirme l'injonction de suppression du ralentisseur. Elle rappelle tout d'abord le fil conducteur que doit suivre le juge selon lequel : « *il appartient au juge administratif, juge de plein contentieux, de déterminer, en fonction de la situation de droit et de fait existant à la date à laquelle il statue, si l'ouvrage est irrégulièrement implanté, puis, si tel est le cas, de rechercher, d'abord, si eu égard notamment à la nature de l'irrégularité, une régularisation appropriée est possible, puis, dans la négative, de prendre en considération, d'une part les inconvénients que la présence de l'ouvrage entraîne pour les divers intérêts publics ou privés en présence, notamment, le cas échéant, pour le propriétaire du terrain d'assiette de l'ouvrage, d'autre part, les conséquences de la démolition pour l'intérêt général, et d'apprécier, en rapprochant ces éléments, si la démolition n'entraîne pas une atteinte excessive à l'intérêt général* ».

Puis elle raisonne en trois temps :

- Sur l'illégalité de l'ouvrage : Le ralentisseur est de type trapézoïdal, or ce type est interdit sur les voies supportant un trafic supérieur à 3000 véhicules/jour. Ici, le trafic est d'environ 7 000 véhicules/jour. L'implantation est irrégulière.

- Sur l'absence de régularisation possible : même si la commune a modifié la hauteur du ralentisseur, cela ne régularise pas la situation, car c'est son implantation même qui est interdite.

- Sur l'appréciation de l'intérêt général : la suppression ne porte pas une atteinte excessive à l'intérêt général, d'autant que d'autres dispositifs conformes (ex : plateau surélevé) peuvent être installés. Le ralentisseur doit être supprimé ou transformé en dispositif conforme.

La responsabilité échoit à la commune car comme le précise l'arrêt de la Cour, si le département est compétent pour les travaux d'aménagement et d'entretien des routes départementales, le maire est également compétent, au titre de la police de la circulation, pour décider de l'installation de dispositifs de ralentissement en agglomération, tant qu'ils ne modifient pas la structure de la route. En cas de dommage lié à ces décisions (ou à leur absence), la responsabilité incombe alors à la commune.

e. L'affaire des ponts de contournement de Beynac-et-Cazenac

CAA Bordeaux, 16 avril 2024, 21BX02843, 21BX02844, 21BX02845, 23BX01074

Cette affaire est une saga devant le juge administratif depuis 2019 qui illustre tout le pouvoir de contrainte du juge lorsqu'une personne publique ne veut pas se plier à l'injonction de démolition.

Les faits étaient les suivants : le département de la Dordogne a obtenu une autorisation pour construire une route de contournement à Beynac-et-Cazenac. Cette autorisation a été annulée par le juge administratif en 2019 à la demande d'associations et de riverains (jugements n° 1800744, 1800970 et 1801193 du 9 avril 2019).

La Cour administrative d'appel saisie a alors ordonné d'une part la démolition des ouvrages déjà construits car ne respectant pas les règles dérogatoires au régime des espèces protégées (article L 411-2 du code de l'environnement) et d'autre part la remise en état du site dans des délais précis (arrêt n° 19BX02327, 19BX02367, 19BX02369, 19BX02378, 19BX02421, 19BX02422, 19BX02423, 19BX02424 du 10 décembre 2019).

Cependant, le département a tardé à exécuter cette décision : il n'a pas engagé les travaux dans les délais, puis les a commencés tardivement et n'a toujours pas achevé la démolition complète au moment où la Cour statue en avril 2024. Face à ces retards, la cour a prononcé puis liquidé des astreintes financières importantes, aboutissant à une condamnation totale de 1 433 000 euros.

Cette affaire illustre que :

1. Le juge administratif peut ordonner la démolition d'un ouvrage public irrégulier malgré son coût et l'avancement des travaux. Ici, l'autorisation étant illégale au regard du droit de l'environnement, les travaux doivent être supprimés et le site remis en état. Cette solution a été considérée comme la plus bénéfique à terme pour l'environnement malgré les impacts préjudiciables à la nature causés par les travaux de démolition

2. La démolition est effectivement contraignante : le juge impose des délais précis et contrôle l'exécution.

3. Le refus ou le retard d'exécution entraîne des sanctions financières lourdes : les astreintes (par jour de retard) sont utilisées pour contraindre l'administration à agir et surmonter son mauvais vouloir.

4. Le juge adapte les sanctions : il peut moduler le montant (à la baisse ou à la hausse) selon les efforts réalisés ou les retards persistants. Le département ne peut pas justifier son retard par un nouveau projet, le coût élevé des travaux de remise en état, ou des difficultés administratives.

Cette décision confirme le renforcement du pouvoir du juge administratif en matière d'exécution de ses décisions. Elle montre que la démolition d'un ouvrage public illégal est une solution réelle et effective, même coûteuse et techniquement complexe. Elle souligne enfin que l'administration ne peut pas se soustraire à ses obligations : à défaut, elle s'expose à des astreintes très élevées. Au total les sommes déboursées par le département sont colossales depuis qu'il a souhaité réaliser cet ouvrage autorisé par arrêté préfectoral (autorisation unique délivrée le 29 janvier 2018 pour la réalisation des travaux de contournement du bourg et la déclaration d'intérêt général du projet).

§. 2. Démolition des immeubles insalubres et insécures

L'ordonnance n°2020-1144 du 16 septembre 2020 relative à l'harmonisation et à la simplification des polices des immeubles, locaux et installations a créé une nouvelle police de la sécurité et de la salubrité des immeubles bâtis, locaux et installations, par regroupement des procédures éparpillées dans le code de la santé publique (CSP) et de procédures du code de la construction et de l'habitation (CCH)

La réforme repose sur les nouveaux articles du Code de la construction et de l'habitation (CCH), notamment :

Art. L.511-1 et s. CCH : création de la police unique

Art. L.511-2 CCH : définition des situations visées (danger pour la sécurité ou la santé)

A. Une nouvelle police depuis 2020

Les buts poursuivis sont clairement énoncés à l'article L 511-2 du CCH. Cette police vise à remédier aux situations suivantes :

« 1° Les risques présentés par les murs, bâtiments ou édifices quelconques qui n'offrent pas les garanties de solidité nécessaires au maintien de la sécurité des occupants et des tiers ;

« 2° Le fonctionnement défectueux ou le défaut d'entretien des équipements communs d'un immeuble collectif à usage principal d'habitation, lorsqu'il est de nature à créer des risques sérieux pour la sécurité des occupants ou des tiers ou à compromettre gravement leurs conditions d'habitation ou d'utilisation ;

« 3° L'entreposage, dans un local attenant ou compris dans un immeuble collectif à usage principal d'habitation, de matières explosives ou inflammables, lorsqu'il est en infraction avec les règles de sécurité applicables ou de nature à créer des risques sérieux pour la sécurité des occupants ou des tiers ;

« 4° L'insalubrité, telle qu'elle est définie aux articles L. 1331-22 et L. 1331-23 du code de la santé publique ».

La réforme introduit de nouveaux articles du Code de la construction et de l'habitation (CCH), notamment :

Art. L.511-11 CCH : pouvoirs de prescription (travaux, interdiction, démolition)

Art. L.511-16 et s. CCH : exécution d'office

Art. L.511-19 CCH : procédure d'urgence (danger imminent)

B. Les autorités compétentes

Globalement, l'autorité compétente pour exercer les pouvoirs de police est :

« 1° Le maire dans les cas mentionnés aux 1° à 3° de l'article L. 511-2, sous réserve s'agissant du 3° de la compétence du représentant de l'État en matière d'installations classées pour la protection de l'environnement prévue à l'article L. 512-20 du code de l'environnement ;

« 2° Le représentant de l'État dans le département dans le cas mentionné au 4° du même article ».

Le maire est compétent pour la sécurité des immeubles pour des cas tels que risque d'effondrement, défaut de solidité, danger structurel. Il intervient au titre de la police spéciale de sécurité.

Il peut transférer cette compétence au président d'EPCI. L'article 15 de l'Ordonnance a modifié le régime des transferts de pouvoirs de police entre les maires et présidents d'EPCI (article L. 5211-9-2 du CGCT) et le transfert peut désormais avoir lieu même en cours de mandat. Il limite la possibilité pour un président d'EPCI de refuser d'exercer les pouvoirs de police transférés par les maires des communes membres (refus seulement s'il est exprimé par au moins la moitié des maires ou des maires qui totalisent au moins 50 % de la population de l'EPCI).

Le préfet est compétent pour la salubrité et la santé publique et cela couvre des hypothèses d'insalubrité, de conditions sanitaires dégradées, de risques pour la santé. Il peut faire une délégation à l'EPCI plus aisément qu'avant la réforme de 2020 (article L. 301-5-1-1 du CCH). Il agit au titre de la police sanitaire.

L'intervention des autorités passe par un encadrement du droit de visite en prévoyant une plage horaire et le recours au juge des libertés et de la détention notamment en cas d'obstruction ou d'impossibilité d'accéder aux lieux. Le texte prévoit une procédure, de la préparation de l'arrêté jusqu'à son exécution, notamment concernant la possibilité de saisir le tribunal administratif pour nomination d'un expert, le déroulement de la phase contradictoire préalable, l'application du régime du droit des occupants, pour *in fine* prendre les mesures ordonnées par arrêté. Les pouvoirs de police de l'autorité compétente (maire ou préfet) permettent de prendre un arrêté de mise en sécurité ou de traitement de l'insalubrité.

C. Un échantillonnage de pouvoirs

Les mesures possibles sont prévues à l'article L.511-11 CCH :

-> Travaux de réparation
-> Interdiction d'habiter
-> Cessation d'usage
-> Démolition partielle ou totale

- La démolition est soumise à des conditions à savoir tout d'abord qu'elle doit être une mesure exceptionnelle : elle n'est possible que si aucun moyen technique ne permet de remédier à la situation ou si le coût des travaux est supérieur à la reconstruction. L'autorité doit être guidée par un principe de proportionnalité.

Sur le plan procédural, l'article L. 511-16 indique : « *Lorsque les prescriptions de l'arrêté de mise en sécurité ou de traitement de l'insalubrité n'ont pas été mises en œuvre dans le délai fixé, l'autorité compétente peut, par décision motivée, faire procéder d'office à leur exécution, aux frais du propriétaire. Elle peut prendre toute mesure nécessaire à celle-ci. Elle peut également faire procéder à la démolition prescrite sur jugement du président du tribunal judiciaire statuant selon la procédure accélérée au fond, rendu à sa demande* ».

- En cas d'urgence (danger imminent), l'autorité peut agir sans procédure contradictoire préalable et aller jusqu'à la démolition complète si nécessaire, toujours avec contrôle du juge.

Les moyens d'action de l'administration ont été renforcés fortement par l'ordonnance qui permet de surmonter l'inertie des propriétaires. Elle permet de :

* fixer des astreintes

* décider de l'exécution d'office des travaux réalisés par l'administration aux frais du propriétaire

* envisager une substitution qui est possible face à une copropriété défaillante

En cas d'urgence, l'action est facilitée par l'absence de procédure contradictoire et la possibilité d'intervenir dans la journée. La possibilité d'utiliser cette nouvelle police pour traiter les situations qui nécessitent une intervention rapide est importante pour le maire car il se fonde alors sur les dispositions du code de la construction et de l'habitation (CCH) en lieu et place de ses pouvoirs de police générale relevant du Code général des collectivités territoriales (CGCT), c'est-à-dire ceux tirés des articles L. 2212-2 et L. 2212-4 du CGCT, lesquels ne lui permettent pas de recouvrer les frais engagés par la commune.

Une illustration de cette difficulté a été jugée par le Conseil d'État en l'état du droit antérieur à l'ordonnance n° 2020-1144 du 16 septembre 2020 : « *Si le maire peut ordonner la démolition d'un immeuble menaçant ruine en application de l'article L. 511-2 du code de la construction et de l'habitation (CCH) dans sa version antérieure à l'ordonnance n° 2020-1144 du 16 septembre 2020, après accomplissement des formalités qu'il prévoit et que, à défaut d'exécution, il peut, sur ordonnance du juge statuant en la forme des référés rendue à sa demande, faire procéder à cette démolition par la commune aux frais du propriétaire, b) en revanche il doit, lorsqu'il agit sur le fondement de l'article L. 511-3 du CCH afin de faire cesser un péril imminent, se borner à prescrire les mesures provisoires nécessaires pour garantir la sécurité, également aux frais du propriétaire....2) a) En présence d'une situation d'extrême urgence créant un péril particulièrement grave et imminent qui exige la mise en œuvre immédiate d'une mesure de démolition, le maire ne peut l'ordonner que sur le fondement des pouvoirs de police générale qu'il tient des articles L. 2212-2 et L. 2212-4 du Code général des collectivités territoriales (CGCT), en faisant réaliser ces travaux aux frais de la commune. ...b) Lorsque la personne publique entend toutefois obtenir le remboursement auprès d'un propriétaire privé des frais qu'elle a exposés à l'occasion de travaux de démolition engagés sur ce fondement en invoquant la responsabilité civile de ce propriétaire, au titre soit d'une faute soit de son enrichissement sans cause, la contestation de la créance invoquée par la personne publique, quel que soit son mode de recouvrement, constitue un litige relevant de la compétence des tribunaux de l'ordre judiciaire, en l'absence d'une disposition législative spéciale régissant une telle action civile* », Conseil d'État, 4 juillet 2024, n°464689.

Manuels, traités et précis de droit de l'urbanisme

- AUBY J.-B., NOGUELLOU R., PÉRINET-MARQUET H., *Droit de l'urbanisme et de la construction*, LGDJ, Précis Domat, 2025.
- BERNARD, F.- C., *Guide des contentieux de l'urbanisme*, 2e éd., LexisNexis, 2018.
- CARPENTIER, É. ; SOLER-COUTEAUX, P., *Droit de l'urbanisme*, 9e éd., Dalloz, coll. « HyperCours », 2025.
- DROBENKO, B., *Droit de l'urbanisme*, 20e éd., Gualino (Lextenso), 2025.
- FOULQUIER, N., *Dictionnaire du droit de l'urbanisme*, Le Moniteur, 4e éd., 2024.
- GÉRARD, P. ; ROBERT, C., *Pratique du droit de l'urbanisme*, 8e éd., Eyrolles, coll. « BTP », 2024.
- JACQUOT, H. ; PRIET, F. ; MARIE, S., *Droit de l'urbanisme*, 10e éd., Dalloz, coll. « Précis », 2025.
- LEBRETON, J.-P. (dir.), *Droit de l'aménagement, de l'urbanisme et de l'habitat*, 1re éd., Lextenso, 2018.
- LE BOT, O., *Droit de l'urbanisme*, Lefebvre Dalloz, 2025-2026.
- MORAND-DEVILLER J., FERRARI S., *Droit de l'urbanisme*, Mémento Dalloz, 11e éd. 2023, Lefèbvre Dalloz.
- SAVARIT-BOURGEOIS, I., *L'essentiel du droit de l'urbanisme*, 21e éd., Gualino (Lextenso), 2025.

Articles doctrinaux, études, commentaires et notes

Contentieux de l'urbanisme (général)

- BOTTEGHI, D., « Le ministère chargé de l'urbanisme et les réformes du droit de l'urbanisme depuis 10 ans », DAUH, éd. Le Moniteur 2024, p. 13.
- CARPENTIER, É., « Le droit de l'urbanisme aléatoire dans les prétoires », RDI, 2020, p. 20.
- DE LESQUEN, X., « Le contentieux de l'urbanisme : avant-garde ou déviance », DAUH, éd. Le Moniteur, 2024, p. 59.
- DEBOUY, C., « 20 ans de réforme depuis la loi Bosson », JCP Adm., 29/2014, n° 2233.
- HACHEM, B., « La préoccupante indifférence du Conseil constitutionnel face aux atteintes au droit au recours en matière d'urbanisme », Semaine juridique, Administrations et collectivités territoriales, 12 décembre 2022, n° 49, 6 p.
- HACHEM, B., « Lettre ouverte à ceux qui souhaitent (encore) restreindre le droit au recours en matière d'urbanisme ». Semaine juridique, Administrations et collectivités territoriales, 30 juillet 2018, n°30-34, p.3-6
- LE BOT, « Contentieux de l'urbanisme », Répertoire de contentieux administratif, Dalloz, 2023, 120 p.

- MAUGUE, Ch. ; BARROIS DE SARGNY, C., « 2018 : une nouvelle étape de la spécificité du contentieux de l'urbanisme », RFDA, 2019, p. 33.
- MAUGUE, Ch. ; BARROIS DE SARGNY, C., « Le contentieux de l'urbanisme : vers une spécificité encore plus marquée », BJDU, 1/2019, p. 3.
- NOGUELLOU, R., « La réforme du contentieux de l'urbanisme », AJDA, 2019, 2, pp. 107-112.
- NOGUELLOU, R., « Loi du 26 novembre 2025 : nouvelles évolutions du contentieux de l'urbanisme », AJDA, 2026, n°6, p. 316.
- RADIGUET, R., « Restriction des droits d'accès au juge par la procédure administrative contentieuse », in M. MORALES et R. RADIGUET (dir), Le droit au juge à l'épreuve de l'évolution du contentieux de l'urbanisme, JCP A 2019, n°25, étude n°2183.
- ROLLIN, F., « Réformer le contentieux de l'urbanisme, pour quoi faire ? », DAUH 2019, éd. Le Moniteur, pp. 25 à 44.
- SOLER-COUTEAUX, P., « Le recours au juge : restrictions et garanties », RFDA, 2023, p. 383.
- SOLER-COUTEAUX P., « Libres propos sur la loi du 26 novembre 2025 », Revue de droit immobilier. Urbanisme - construction, Sirey - Dalloz, 2026, n°02, p. 56.
- SOLER-COUTEAUX P., « La simplification de l'urbanisme : le desserrement du carcan », Revue de droit immobilier. Urbanisme - construction, Sirey - Dalloz, 2026, n°02, p. 68.

◆ Cristallisation des moyens

- BAHOUALA, M., « Le contentieux de l'urbanisme n'obéit qu'à une seule règle de cristallisation », AJCT, 2025 n°1, p. 65.
- LE BOT O., « Annulation d'un refus d'autorisation d'urbanisme : cristallisation des règles d'urbanisme et obligation de délivrance de l'autorisation », CE 13 nov. 2023, Commune de Saint-Didier-au-Mont-d'Or, n° 466407, Lebon, JCP. A, 2024, 2014.
- MAMOUDY, O., « La cristallisation des moyens ne perdure pas en appel », AJDA, 2019, p. 822.
- PEYNET, P., « Délai raisonnable et urbanisme », AJCT, 2025 n°2, p. 86.
- REVERT, M., « L'examen de régularisation exercé d'office par le juge de l'article L. 600-5-1 du code de l'urbanisme », RDI, 2025 n°6, p. 325.
- REVERT, M., « L'examen de régularisation exercé d'office par le juge de l'article L. 600-5-1 du code de l'urbanisme », RDI, 2019, n°6, p. 361.
- SOLER-COUTEAUX, P., « Les effets de la cristallisation des moyens sont limités à l'instance au cours de laquelle elle est intervenue et cessent avec la clôture de l'instruction », RDI, 2019, p. 231.
- SOLER Couteaux P., « Sont irrecevables les moyens dépourvus de précisions permettant d'en apprécier la portée et le bien-fondé à la date de cristallisation », RDI, 2026, n°06, p. 326.

◆ **Exception d'illégalité**

- BARLOY F., « La restriction des moyens de l'illégalité invocable, la mort programmée du vice de procédure et de l'exception d'illégalité », JCP Adm., 2019, n° 2187.

◆ **Infractions d'urbanisme - Pénal**

- DIEU, F., « La dépénalisation des travaux entrepris », La Lettre juridique, n°340/ 5 mars 2009.
- SOLER-COUTEAUX P., WALTUCH J., « Renforcement de la répression administrative des infractions au droit de l'urbanisme », RDI. Urbanisme - construction, Sirey - Dalloz, 2026, n°03, p. 161.
- SOLER-COUTEAUX P., « La fraude au permis de construire révélée par des éléments postérieurs à sa délivrance », RDI. Urbanisme - construction, Sirey - Dalloz, 2026, n°1, p. 42.
- « Fausses indications d'une demande de permis de construire », Ordonnance rendue par Tribunal administratif de Rennes, AJDA, 2023, p. 2317.

◆ **Intérêt à agir**

- BIGET, C., « Intérêt pour agir contre une autorisation », CE, 25-janv. 2023, n° 445937, AJDA, 2023, p. 156.
- KALFLÈCHE G., Les restrictions de l'intérêt à agir des particuliers en droit de l'urbanisme : une réforme inutile ? RDP janv. 2020, p. 17.
- GIOCANTI, F., « Les "circonstances particulières" au sens de l'article L. 600-1-3 du code de l'urbanisme », Conclusions sur TA Marseille, 12 février 2024, 2108218, AJDA, 2024, p. 1123.
- HACHEM B., « Considération sur l'inconstitutionnalité de l'article L. 600-1-3 du code de l'urbanisme tel que mis en œuvre par la jurisprudence Société Ocean's Dream Resort », Semaine juridique. Administrations et collectivités territoriales, Éditions du Juris-classeur – LexisNexis, 30 mai 2022, n° 21, p. 37.
- PAULIAT H., « Intérêt à agir des personnes morales en matière d'urbanisme et d'environnement : une approche libérale pour les personnes privées, restrictive pour les personnes publiques », CE, 1er déc. 2023, La Semaine Juridique. Administrations et collectivités territoriales, Éditions du Juris-classeur - LexisNexis, 2024, n°9, p. 2067.
- POULET, F., « L'intérêt à agir des associations », RDP, 1/2020, p. 31.
- ROMBAUTS-CHABROL T., « Restrictions des droits d'accès au juge par la réforme de l'intérêt à agir : vers un contentieux subjectif ? La Semaine Juridique. Administrations et collectivités territoriales, Éditions du Juris-classeur – LexisNexis, 2019, 25, n° 2184. p. 23.
- SOLER-COUTEAUX, P « L'établissement de l'intérêt pour agir contre une autorisation d'urbanisme : mode d'emploi », RDI. Urbanisme - construction, Sirey - Dalloz, 2015, n°09, p. 434.

- **Notification des recours**

- SOLER COUTEAUX P., « Un recours administratif non notifié peut être régularisé par un nouveau recours dans un délai de quinze jours », RDI. Urbanisme - construction, Sirey - Dalloz, 2026, n°04, p. 209.

- **Office du juge**

- ACH, N., « Le contentieux de l'urbanisme ou la quintessence de l'effet utile », Semaine juridique. Administration et collectivités territoriales, n°47, 2023.
- BOUL, M., « L'office du juge de l'urbanisme : vers un juge-administrateur ? », Semaine juridique. Administration et collectivités territoriales, n°25, 2019.
- CARPENTIER, É., « L'office du juge : perfectionnements et insuffisances », RFDA 2/2023, pp. 386-390.

- **Pouvoirs du maire**

- CARPENTIER, É. ; TREMEAU, J., « La simplification en demi-teinte du droit de l'urbanisme », AJDA, 2026, n°6, p. 300.
- MAUPIN, E., « Délai de prescription de l'action publique et mise en demeure de démolir des constructions irrégulières », CAA de Toulouse 12 fév. 2026, n° 23TL02992 », AJDA, 2026, n° 7, p. 352.
- SAGNIER, P.-Y., « Les infractions d'urbanisme : le temps administratif et le temps pénal », Conseil d'Etat, 2 octobre 2025, n° 503737 », AJDA, 2025, p. 2168.
- SOLER-COUTEAUX P., « La délivrance d'un permis de construire paralyse la mise en œuvre de l'article L. 481-1 du code de l'urbanisme », RDI. Urbanisme - construction, Sirey - Dalloz, 2026, n°03, p. 165.

- **Recours abusifs**

- HANSEN, S., « Le recours abusif en urbanisme », BJDU, juillet-août 2005.
- LE COUSTUMER, J.-C., « Les recours abusifs contre les autorisations », LPA, 2018, p. 68.
- MARCON, N., « Les stratégies contentieuses des requérants », DAUH, p. 25, éd. Le Moniteur, 2024, p.25.

- **Référé**

- KALFLÈCHE, G., « Pour l'instauration de référés spéciaux », JCP Adm., n° 25, 24 juin. 2019, Étude n° 2196.
- KALFLÈCHE, G., « De quelques précisions sur la notion d'urgence du référé-suspension en matière d'urbanisme », CE 25 juillet 2013, n° 363537 ; CE 12 juin 2013, n°358922 ; CE 28 juin 2013, n°365861, RJE, 4/2013 p. 651.

- PASTOR, J.-M., « Levée de l'urgence pour la demande de suspension d'une décision d'aménagement », CE 27 déc. 2024 n° 489079 », AJDA, 2025, n°1 p. 16.
- PASTOR, J.-M., « Présomption d'urgence et pouvoir d'instruction du juge du référé suspension », CE 14 avr. 2023 n° 460040, AJDA, 2023, n° 15, p. 749.

◆ Régularisation

- BOUKHELOUA, N., « La régularisation juridictionnelle des autorisations d'urbanisme, un mécanisme "à double détente" dont la mise en œuvre continue d'être précisée », AJDA, 2022, p. 1197.
- DUTHEILLET DE LAMOTHE, L., « La régularisation en urbanisme », RFDA, 2019, n°3, p. 543.
- HACHEM. B., « La régularisation des autorisations d'urbanisme, entre "effet utiles" du recours pour excès de pouvoir et dislocation du principe de légalité », in Les tribunaux administratifs et la légalité, Colloque des 70 ans des juridictions administratives, Bordeaux, Lexis-Nexis, 2025.
- MARTIN, J., « Existe-t-il une limite à la régularisation ? », RDP, 1/2020.
- MICALEF, R., « L'incidence des pouvoirs du juge administratif sur l'évolution du mécanisme de régularisation des autorisations d'urbanisme », BJDU, 2020, p. 81.
- NOGUELLOU, R., « La régularisation dans le contentieux de l'urbanisme », RFDA, 2023, p. 763.
- SOLER COUTEAUX P., Pour l'application de l'article L. 600-5-1, le juge régularisateur ne peut connaître de la légalité d'un refus de la mesure de régularisation RDI. Urbanisme - construction, Sirey - Dalloz, 2022 p.122.
- SOLER COUTEAUX P., « La circonstance que la zone soit devenue inconstructible ne fait pas obstacle par principe à la régularisation du permis de construire », RDI. Urbanisme - construction, Sirey - Dalloz, 2026, n°05, p. 269.

◆ Suppression de l'appel

- RENAUDIE, O., « Accès au juge et suppression de l'appel », RDP, 2020, p. 5-16.

Thèses

- CHARPENTIER E. L'office du juge administratif de la légalité dans le contentieux de l'urbanisme. Droit. Université d'Orléans, 2022, HALId : tel-04536815 https://theses.hal.science/tel-04536815v1

Structures éditoriales du groupe L'Harmattan

L'Harmattan Hongrie
Kossuth l. u. 14-16.
1053 Budapest
harmattan@harmattan.hu

L'Harmattan Sénégal
10 VDN SICAP AMITIE 3
BP 45034 Dakar-Fann
direction@senharmattan.com

L'Harmattan Cameroun
Tsinga/Derrière polyclinique FECAFOOT
BP 11486 Yaoundé
Jacques.koukam@harmattan.fr

L'Harmattan Burkina Faso
Villa 281, secteur 23 623, rue 14.32
Ouagadougou
zagbie@outlook.fr

L'Harmattan Guinée
Almamya, rue KA 028 OKB Agency
BP 3470 Conakry
harmattanguinee@yahoo.fr

L'Harmattan RDC
185, avenue Nyangwe
Commune de Lingwala – Kinshasa
matangilamusadila@yahoo.fr

L'Harmattan Congo
219, avenue Nelson Mandela
BP 2874 Brazzaville
deunovmikhael@gmail.com

L'Harmattan Mali
Immeuble Mgr Jean Marie Cissé
Aci Hamadallaye
BP 145 Bamako
syllaka@yahoo.fr

L'Harmattan Togo
Djidjole – Maison Amela
face EPP BATOME
02 BP 20680 Lomé
didieramela11@gmail.com

L'Harmattan Côte d'Ivoire
Résidence Karl – Cité des Arts
Abidjan-Cocody
03 BP 1588 Abidjan
harmattan.ivoire@gmail.com

L'Harmattan Bénin
Rue 604, (Immeuble à l'entrée
de la rue UCAO- Cite de Saint-Jean)
Cotonou
stepcorpus@gmail.com

Nos librairies en France

Librairie internationale
16, rue des Écoles
75005 Paris
librairie.internationale@harmattan.fr
01 40 46 79 11
www.librairieharmattan.com

Librairie des savoirs
21, rue des Écoles
75005 Paris
librairie.sh@harmattan.fr
01 46 34 13 71
www.librairieharmattansh.com

www.ingramcontent.com/pod-product-compliance
Lightning Source LLC
LaVergne TN
LVHW050807061126
851857LV00012B/717
* 9 7 8 2 3 3 6 6 3 2 9 6 4 *